TEXAS

Eine Übersichtskarte von Texas mit den eingezeichneten Routenvorschlägen finden Sie in der vorderen Umschlagklappe.

Horst Schmidt-Brümmer

TEXAS

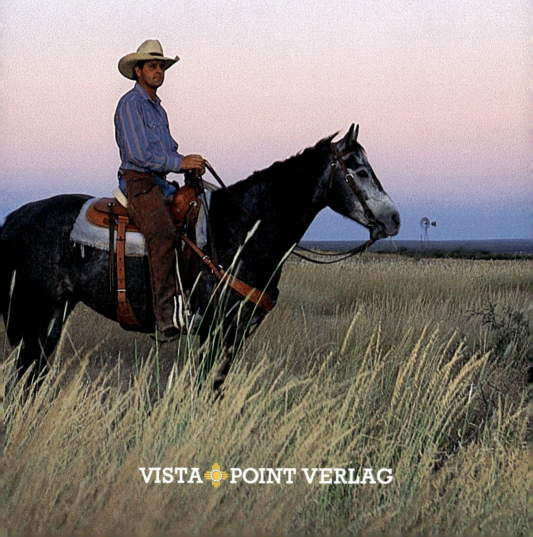

VISTA ◆ POINT VERLAG

Inhalt

The Lone Star State
Willkommen in Texas 8

Routen und Routenplanung
Varianten zwischen zehn Tagen und drei Wochen . . 22

Rinder, Öl und Elektronik
Landeschronik 26

ZEHN ROUTENVORSCHLÄGE FÜR ZENTRAL-TEXAS UND DIE GOLFKÜSTE

1 **Cowtown:** Fort Worth 40

2 **The Big D:** Dallas 54

3 **Die aparte Hauptstadt:** Austin 70

4 *Gone With The Wurst:* New Braunfels 82

5 **Kaffeeklatsch im Wilden Westen**
Fredericksburg 90

6 **Texas Hill Country**
Von Fredericksburg nach San Antonio 98

7 *¿Hi Baby, Que Pasa?* – San Antonio 110

8 **Koloss am Bayou:** Houston 120

9 **Ab auf die Insel:** Nach Galveston 128

10 **Texas Riviera** – Von Galveston nach Corpus Christi . . 144

ZWEI ROUTEN DURCH OST-TEXAS

1 **Chili und Öl:** Von Galveston nach Beaumont 156

Evergreen Country
② Streifzug durch das östliche Texas 162

DREI ROUTEN DURCH SÜD-TEXAS

① **Ranchin'** – Die King Ranch und die *Tip o' Texas* . . 168

② **Wintergärten:** Im Rio-Grande-Tal 176

③ **Tex-Mex-Tour:** Von Laredo nach Del Rio 184

SECHS ROUTEN DURCH WEST-TEXAS

① **Hart an der Grenze**
Del Rio und Ciudad Acuña, Mexiko 186

② **Die Große Biege:** Big Bend National Park 194

③ **Big Bend National Park** 204

④ **Traumweiten:** West-Texas 212

⑤ **Wüster Gips:** White Sands National
Monument 222

⑥ **Sun City:** El Paso 234

ZWEI ROUTEN FÜR DEN TEXAS PANHANDLE

①② **Yellow Rose of Texas:** Amarillo 240

Service von A–Z 249

Danksagung 261
Orts- und Sachregister 262
Namenregister 268
Bildnachweis, Impressum 272
Zeichenerklärung . . . hintere innere Umschlagklappe

Kathedrale der Körner: Getreidesilo im Texas Panhandle ▷

The Lone Star State
Willkommen in Texas

Stets hat der einsame Stern seinem Land heimgeleuchtet und ihm gute Dienste erwiesen. Seit den alten Tagen, als Texas noch unabhängige Republik war, ist er als Sinnbild allseits beliebt: auf den Helmen der Footballspieler, auf den flatternden Landesfahnen, auf den »Longneck«-Bierflaschen. Die Bilanz kann sich sehen lassen, denn wie ein Phönix ist Texas aus dem Staub des Wilden Westens zum Superstar des amerikanischen Sonnengürtels aufgestiegen.

Wahre Trecks von Jobsuchern haben sich in den letzten Jahren in seine Richtung bewegt. So wie einst die Spanier dem Phantom der sieben Goldenen Städte nachjagten, so kommen die neuen Schatzsucher in den *Sunbelt*, den amerikanischen Süden. Nicht mehr zu Pferde, sondern oft nur im Wohnwagen, um von einem Parkplatz aus eine neue Karriere im Baugewerbe zu starten.

Sie kommen aus Detroit, Südostasien, Mailand, Mexiko und El Salvador. Niedrige Steuern, kaum staatliche Einmischung und wenig Neigung für gewerkschaftliche Ansprüche und kostspielige Umweltauflagen halten die Wirtschaft ebenso in Schwung wie die angestammten Tugenden des Selfmademan, jenes amerikanischen Unternehmertyps, der in Texas noch in Reinkultur zu besichtigen ist. Leute wie die Ölmilliardäre Hunt, der frühere Gouverneur John Connally oder der ehemalige US-Präsident Lyndon B. Johnson verkörpern mit ihren Bilderbuchkarrieren dieses Ideal, den amerikanischen Traum im Großformat.

Glanz und Geld werfen auch Schatten. Sie fallen in erster Linie auf die sozial Schwachen im Land, auf die ethnischen Minderheiten, die Hispanics, wie sich die Mexiko-Amerikaner hier nennen, deren Bevölkerungsanteil zur Zeit am schnellsten wächst, und auf die Schwarzen, die keine mehr sind *(black was beautiful)*, weil sie nun *African-Americans* heißen. Die gesetzliche Wohlfahrtsbeihilfe liegt in Texas weit unter der nationalen Armutsgrenze. Nur Mississippi zahlt weniger. Immer noch ist es erlaubt, kleine Schulbezirke zu bilden, um den Nachkommen der Wohlhabenden gute Schulen dadurch zu sichern, dass man Schüler aus ärmlichen Wohnvierteln ausschließen kann. Nach wie vor setzt sich der unverhüllte Reichtum der Städte von der Not in den Ghettos und *barrios* ab, aber auch von einigen Gegenden des ländlichen Texas, wo vieles an die Dürftigkeit des Alten Südens erinnert. Dennoch, trotz sozialpolitischer Spannungen – an der wirtschaftlichen und gesamtgesellschaftlichen Robustheit des Staates besteht kein Zweifel. Dafür sitzen *agribusiness* und Energiewirtschaft, Raumfahrtindustrie und Elektronikbranche zu fest im Sattel.

Anzeichen von Größenwahn? Ein bisschen schon, denn die Texaner lassen sich den Glauben an ihre Einmaligkeit nicht gern nehmen. Es war schon schlimm genug, als sie ihre Unabhängigkeit aufgaben und der Union beitraten. Das schmerzt so manchen heute noch. »Wir sind die einzige Nation, die jetzt ein Bundesstaat ist«, erklärt ein Patriot aus San Antonio. Ganz ernst meint er das natürlich nicht, aber ein bisschen doch. Wie er neigen viele Texaner zu nostalgischen Trips in die glorreiche Vergangenheit. Dass aber Alaska in die USA aufgenommen wurde, das ärgert sie nun wirklich alle, denn plötzlich war Texas nicht mehr der größte Bundesstaat, sondern nur noch die Nummer zwei.

Dabei liebt dieses Land die Superlative. Die dicksten Steaks, die größte Ranch, die schönsten Girls, die höchsten Wolkenkratzer, das erfolgreichste Baseball-Team, die meisten Millionäre – alles und alle müssen möglichst *made in Texas* sein. *Think big* ist gefragt. Wer's mit zurückhaltendem *talking small* versucht, setzt sich dem Verdacht aus, ein Yankee zu sein, ist also unbeliebt. Das sind überhaupt alle, die nördlich des Red River geboren wurden. Diese Nordstaatler missfallen den Texanern durch ihre, wie sie finden, arrogante Art, ihr ständiges Gekrittele und unnötiges Getue. Auch wegen ihrer gelegentlichen Heuchelei. »Wenn die hier sind, dann fallen sie über unsere Steaks und Drinks her. Aber hinterher reden sie abfällig über uns«, schimpft ein Barkeeper in Dallas nach der Abreise einer Beratergruppe aus Boston.

Umgekehrt muss man sich wegen des Imponiergehabes aber auch das eine oder andere sagen lassen. »If God meant for Texans to ski, he would have made bullshit white«, lautet so ein Spruch – fast ebenso unübersetzbar wie hämisch. Da die Texaner als Angeber in der Familie der Vereinigten Staaten gelten, halten viele Yankees sie für hemdsärmelige Haudegen und Machos, die alberne Hüte tragen und nicht mal gutes Englisch sprechen. Texaner, das sind halt die Rebellen und Südstaatler von gestern, die nichts dazugelernt haben. In Europa klingt das kaum anders. Auch hier lächeln viele

In Texas ist alles größer: Hier blockieren Mega-Melonen die Landstraße ...

The Lone Star State: Willkommen in Texas

milde, wenn vom *Lone Star State* die Rede ist. Gern denkt man sich da sein abendländisches Teil.

Und liegt damit meistens schief. Sehr schief. Mitnichten nämlich ist Texas die grobschlächtige Hinterwelt verschwitzter Viehtreiber. So manche Ranch besitzt längst ihren eigenen Flugzeugpark samt Rollbahn. Computer statt Cowboys zählen die Rinder, und zudem leben 80 Prozent aller Texaner längst in Städten und träumen allenfalls noch romantisch vom Land (wie im übrigen die meisten Städter auf der Welt). Dieses besteht auch nicht bloß aus platter Prärie mit und ohne Ölpumpen, sondern präsentiert eine faszinierende Vielfalt: zerklüftete Bergregionen und Canyons, magische Wüsten und duftende Nadelwälder, Bayous mit Entenflott und tropische Zitrusgärten. Von der fast 1 000 Kilometer langen Golfküste ganz zu schweigen.

Musical Mix: Fiesta San Antonio

The Lone Star State: Willkommen in Texas

Man hält die Texaner für permanente Steakesser mit ausufernden Bierbäuchen – wahrscheinlich, weil man noch wenig gehört hat von den Leckerbissen einer inzwischen sehr verfeinerten Südwestküche, den Gerichten der Cajuns oder den Raffinessen der Haute Cuisine. Kaum einer stellt sich Texas – Herzzentrum hin, NASA her – nicht als kulturelle Hinterwelt vor. Dabei verfügen Dallas, Fort Worth und vor allem Houston über Top-Museen

Dallas Museum of Art

und Kunstsammlungen in zum Teil aufsehenerregender Architektur, die den internationalen Vergleich nicht zu scheuen braucht. Sie haben eine Vielzahl prächtiger spanischer Missionskirchen, deren originale Bausubstanz (etwa im Vergleich zu Kalifornien) erheblich besser erhalten ist, progressive Country & Western- Musik (Austin!) und eine bedeutende Filmproduktion. Hinzu kommen die sehr lebendige hispanische Kultur mit ihrer englisch-spanischen Zweisprachigkeit und die frappierende Erbfolge deutscher Siedler in Orten wie Fredericksburg, Luckenbach oder New Braunfels, die mit bayerisch-deftiger Folklore die Herzen der Amerikaner höher schlagen lässt.

Früher schien das mit den Stereotypen und Abziehbildern von Texas besser zu klappen. Im 19. Jahrhundert pries Hoffmann von Fallersleben die texanischen Freiheiten, und Karl Anton Postl, alias Charles Sealsfield, konnte mit seinem Roman »Das Kajütenbuch« auswanderungswilligen Deutschen den Mund für einen Trip nach Texas wässrig machen. Karl May gelang es immerhin, der Alten Welt den *Llano Estacado* einzuprägen, jenen Teil der Great Plains, der das nördliche Texas und den Panhandle einnimmt. Schließlich trug Hollywood mit Western-

The Lone Star State: Willkommen in Texas

Piloten statt Cowboys überwachen die Pferde auf den weitläufigen Ranches

filmen kräftig zu dem Texas-Bild in unserer Fantasie bei – an einem Traumstaat aus Postkutschen, die in den Hinterhalt sausen, Indianern, die durch den Rio Grande oder den Rio Pecos schwimmen, und aus Heldenfiguren – mal Männer des Rechts wie Judge Roy Bean oder Wyatt Earp, mal solche jenseits davon wie John Wesley Hardin oder Billy the Kid.

Zuletzt lieferte *Dallas* ein Texas fürs Wohnzimmer. Ihm fehlte zwar der regionale Touch, weil die TV-Serie von Anfang an als ein Produkt konzipiert war, das schlichtweg synthetisch sein musste, um es weltweit vermarkten zu können. Immerhin aber brachte Dallas dem *Lone Star State* Sympathien. Vielleicht, weil ihm, aufs Ganze gesehen und trotz aller Gemeinheiten seitens J. R., das Monströse und Gewalttätige fehlte, das immer noch das Landes-Image mitprägt. Die Ermordung John F. Kennedys, der Kultfilm Easy Rider und die Frequenz der To-

TEXAS: *Büffelherden – das war einmal. Der Boom kam mit dem Öl und blieb mit Texas Instruments, Herzchirurgie und der NASA*

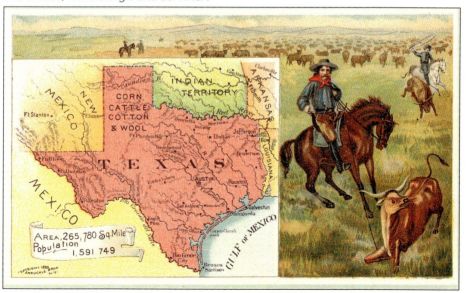

desstrafenurteile tragen dazu bei, dass sich daran bisher nichts geändert hat. Aber wenn Miss Ellie die Pferde streichelte, dann schien die Welt auch in Texas wieder in Ordnung.

Wie auch immer: Reisen ist oft das beste Mittel gegen Gemeinplätze, die über ferne Länder im Umlauf sind, auch und vielleicht erst recht bei einem so großen. Der Einstieg verläuft, wie dürfte es anders sein, über einen der großspurigsten Flughäfen der USA: **Dallas/Fort Worth International Airport**, die Gemeinschaftsanlage bringt es auf eine Fläche größer als Manhattan für mehr als 2 000 Starts und Landungen täglich. Die Zwillingsstädte könnten nicht verschiedener ausfallen und sind deshalb ein seltsames Pärchen. Hier Dallas, die schicke Metropolis der Prärie, die gern New York sein will, und auf der anderen Seite Fort Worth, die *cowtown* mit ihren ruppigen *stockyards*, aber eben auch einem feinen *Arts District*. Kühe und Kunst – näher als hier können sie sich kaum kommen. Die eine Seite, Dallas, liegt am Ende des fruchtbaren Ost-Texas, bei ihrem Gegenüber fängt der Westen an. Der östliche Nachbar bleibt trotz seiner komplizierten Finanzwelt und eher puritanischen Gesinnung der Südstaatenmentalität verpflichtet, der Nachbar im Westen schlicht dem Cowboy-Image. Der eine trägt meist Schlips, der andere eher den Kragen offen.

Rosettenfenster an der Mission San José in San Antonio

Was spricht also dagegen, die Reise durch Texas in **Fort Worth** zu beginnen, um erst einmal das angenehme Grundgefühl zu spüren, Boden unter den Füßen zu haben: mit Stallgeruch in den Stockyards, durch Kunstgenuss, im urbanen Sundance Square, benannt nach dem Tunichtgut Sundance Kid, den wohlwollende Kritiker gern als den Robin Hood des Wilden Westens sehen? Er soll hier einmal sein Hauptquartier gehabt haben. Erst danach kommt das neureiche **Dallas** an die Reihe, eine Stadt, die dem Besucher nicht gerade gleich um den Hals fällt, die aber durch eine Strategie gezielter Kostproben überraschende Qualitäten an den Tag legt.

Austin, die in den letzten zehn Jahren beträchtlich angewachsene Hauptstadt, kann sich immer noch auf seine den Gang der Dinge deutlich beeinflussende Universität und eine geradezu einmalige Country-Music-Szene verlassen, die sich vom Big Business in Nashville, Tennessee, und Branson, Missouri, durch alternativen Klang und nachdenklichere Verse unterscheidet – geprägt nicht zuletzt von den Country-Originalen Waylon Jennings und der lebenden Legende und *King of outlaw music*, Willie Nelson. Bluegrass, Rock'n'Roll, Polka und Walzer, Blues und *honky-tonk* – alles und mehr gibt's in Austin zu hören.

The Lone Star State: Willkommen in Texas

Pause: auf dem »Wurstfest« in New Braunfels

Deep in the Heart of Texas: So macht sich ein bekannter Song seinen Reim auf das gefällige Hügelland rund um Austin, das **Texas Hill Country**. Die natürlichen Reize seiner sanften Bergrücken und saftigen Weiden, die kühlen Creeks und Flüsse, die Wildblumen und Obstgärten locken Jahr für Jahr massenhaft Naturfreunde und Ausflügler an. Aber auch Kulturgeschichte wird hier groß geschrieben. Schließlich feierten Landes- und Gründervater Stephen Austin und seine Leute hier ihre Siedlungspremiere, dicht gefolgt von Deutschen, Wenden, Tschechen, Polen, Skandinaviern. Sie alle drückten dem Hill Country ihren Stempel auf, der diesen Landesteil noch heute von anderen Gegenden in Texas unterscheidet. Was die Fahrradclubs oder Camper, die Autopilger und Wandersleute, die Teenies und Senioren bei den ersten warmen Sonnenstrahlen im Jahr hierher lockt, ist neben Auslauf die hübsch herausgeputzte Kultur von damals. Hinzu kommen folkloristische *fests* und eine Küche, die bei budgetbewussten US-Touristen vor allem durch ihre großen Portionen Zufriedenheit schafft. Eins der pit-

Music City, Texas: Austin

The Lone Star State: Willkommen in Texas

Koloss am Bayou: Skyline von Houston

toresken Städtchen hier heißt sogar Utopia. Na bitte! Immer wieder wechseln auf den kleinen *farmroads* die Grünschattierungen, und manchmal ist es, als fahre man durch ein verkleinertes Siebengebirge, durchsetzt mit gepflegten Weiden und noch gründlicher gepflegten Rindern.

Flüsse, Wasserfälle, Höhlen und Seen zählen zu den erfrischenden Vorgaben, die hier das Erwachen heiterer Gefühle bei Ankunft auf dem texanischen Lande fördern. Die Seenkette nordwestlich von Austin – Lake Travis, Lake Marble Falls, Lake Buchanan – ebenso wie Lake Medina, Medina River und die Umgebung von **New Braunfels** machen klar: Wasser hat's reichlich – in der sengenden Sommerhitze dieses Landesteils eine gute Gabe Gottes!

San Antonio ist zweifellos die beliebteste und sicher auch schönste Großstadt von Texas, jedenfalls die europäischste. Den zentralen Riverwalk darf man getrost als einen touristischen Geniestreich bezeichnen, von dem andere Stadtväter eigentlich träumen müssten, denn er bringt eine ganze Stadt auf einen schönen Filmstreifen – ohne störende Übergänge, Durststrecken und Lärm. Im Klartext: Der Riverwalk wirbt laufend für San Antonio, ohne dass dieses sich selbst überhaupt zeigen müsste!

Mit Superlativen, besonders auf architektonischem Feld, schmückt sich vor allem **Houston**. Um die Jahrhundertwende noch lieblich Magnolia City genannt, hat sich die Stadt zu einem petrochemischen Moloch entwickelt und gleichzeitig bestens davon profitiert. Drei Fakten brachten sie auf Touren: Galveston, der wirtschaftliche Mitbewerber im Süden, wurde 1900 durch einen Hurrikan und eine Springflut ausradiert; im

The Lone Star State: Willkommen in Texas

benachbarten Beaumont wurde reichlich Öl entdeckt; und der Bau des Ship Channel machte Houston zum drittgrößten Seehafen der USA, obwohl es 50 Meilen vom Golf entfernt liegt.

Lange Zeit konnte jeder bauen, was und wie er wollte *(no zoning),* was viel Wildwuchs zur Folge hatte und Houston Los Angeles immer ähnlicher machte – durch einen *urban sprawl,* zusammengehalten durch ein Netz von Freeways. Diese heiße Phase ist vorbei und Houston erwachsener geworden. Geblieben ist das Wetter, das vor allem im Sommer nicht jedermanns Sache ist. So erteilt die Stadt jedem Besucher denn erst einmal eine wohltuende Lektion zum Thema Air-conditioning, wenn man nach dem Schwitzbad im heißen Gelee des semitropischen Klimas (draußen) plötzlich in eine Tiefkühltruhe (drinnen) gerät, und umgekehrt.

Was wäre eine Reise durch Texas ohne die NASA, die High-Tech-Version von Peterchens Mondfahrt? Also führt die Route zum **Space Center** Houston südlich der Stadt, dem Hauptquartier des amerikanischen Raumfahrtprogramms und der Bodenstation des recyclebaren Spaceshuttle, das 1962 gebaut wurde.

Das verträumte **Galveston** bringt ein bisschen Ruhe in die Reise – wie überhaupt die Fahrt am Golf entlang zur erholsamen **Mustang Island**, der schmalen Insel, die schützend **Corpus Christi** vorgelagert ist. Nur wenige nehmen es recht zur Kenntnis: Immerhin knapp 1000 Kilometer lang ist diese Texas Riviera zwischen Louisiana und Mexiko.

Wer sich in Galveston für die Osterweiterung der Route entscheidet, gerät in eine andere texanische Welt, denn ein Hauch vom Alten Süden weht durch die dortigen dich-

Schlappes Schleppnetz: Fischerpärchen in Corpus Christi

The Lone Star State: Willkommen in Texas

ten Wälder und stillen Wasser. Die Baumwoll- und Plantagenkultur des Old South hat die Landesgrenzen nie so recht akzeptiert. Mal drängten Siedler ins texanische Waldland, mal rabiate Freibeuter, die *filibusters*, mal prächtige Antebellum-Villen, liebliche Magnolienbäume und Azaleen. Umgekehrt hat Louisiana texanische Importe erhalten. Bonnie und Clyde, das Gangsterpärchen, wurden 1934 von Texas Rangers in einen Hinterhalt gelockt und östlich von Shreveport beim Ambrose Mountain erschossen. Und heute

Laster mit Longhorn: Route 66 bei Amarillo

geht es vor allem im Nordosten Louisianas eine Spur forscher zu als im behäbigeren Süden des Bayou-Staates. Auch landschaftlich sehen sich die beiden Seiten links und rechts vom grenzbildenden Sabine River ähnlich – die Marschen am Golf, die feuchten Waldböden, die Bayous und Wasserzypressen, die die Ufer der Flussläufe und Seen drapieren.

Nach der anfangs erfolgreichen Baumwollproduktion besann sich der Osten auf die kommerzielle Ausbeutung des nächsten (und naheliegenden) Rohstoffs, seines immensen Baumbestands. Zwischen 1890 und 1940 ging es Millionen und Abermillionen Hektar Kiefern an den Kragen. Dann sprudelte das Öl, kurz vor der Wende zum 20. Jahrhundert zuerst in Corsicana, gleich danach – und wie ein Paukenschlag – aus der Mega-Quelle Spindletop bei Beaumont und schließlich (das große Finale in den 1930er Jahren) in Kilgore.

Der kurze Streifzug durch den immergrünen (weil regenreichen) Osten führt von Galveston nach **Beaumont**, durchs urwaldähnliche Dickicht des **Big Thicket National Preserve**, ins Reservat der Alabama-Coushatta-Indianer, zum erfrischenden **Lake Livingston** und schließlich nach **Woodlands**, einer Resort-Gemeinde mit Modellcharakter – durch ihre gelungene Mischung aus Naturnähe und komfortablem Service.

Zurück zu Corpus Christi, der Stadt mit dem denkwürdigen Namen. Hier setzt für alle, die noch nicht heimwärts reisen, die Südroute durchs struppige Brush Country an, die über die zierliche **King Ranch** (die größte in den USA) nach **South Padre Island** führt. Auf der munteren Insel werden zwar die Meeresschildkröten geschützt, nicht aber ahnungslose Touristen, die zufällig Anfang des Jahres während der so genannten Spring Break zeitgleich mit den College-Schülern hier aufkreuzen, die dann massenhaft die Post abgehen lassen.

Landwirtschaft ist im Tex-Mex-Gebiet des unteren Rio-Grande-Tals Trumpf, in Harlingen, McAllen, Reynosa, Laredo und Nuevo Laredo – alles Städte mit überdurchschnittlichem Wachstum. In Ciudad Juárez leben heute eine Million, in Nuevo Laredo bereits 280 000 und in Matamoros inzwischen 250 000 Menschen.

Das 2 006 Kilometer lange Flussbett der Rio Grande/Rio Bravo zwischen Texas und Mexiko ist mit allen Wassern gewaschen. Von Anfang an war der Fluss *la frontera*, Grenzlinie, Durchgang und Kämpferzone. Lange wollten die Mexikaner ihn als Grenze nicht anerkennen. Den Nueces River ja, aber nicht den Rio Grande. Das brachte Ärger, meist blutigen. Hier tobten die ersten Gefechte des amerikanisch-mexikanischen

The Lone Star State: Willkommen in Texas

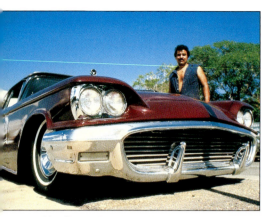

Mexikanischer »lowrider«

Kriegs, dann die des Bürgerkriegs mit seinen Baumwollblockaden. Es folgten Attacken der *bandidos* auf die Texas Rangers und umgekehrt. Hier kreuzten die Schnapsschmuggler, die *tequileros* und *rumrunners* während der Prohibition, und in jüngster Zeit folgten die Drogenschmuggler. Hier suchten die straffällig gewordenen Gringos Zuflucht am anderen Ufer, und die zahllosen Mexikaner auf Jobsuche trieb es auf die Gegenseite. Der Rio Grande – wer ist durch ihn nicht schon geschwommen, geritten, gewatet oder gefahren!

Mehr als 20 Prozent aller Texaner sind mexikanischer Abstammung. Die weitaus meisten leben inzwischen in den Städten. In den Grenzorten am Rio Grande stellen die Mexiko-Amerikaner meist die Mehrheit. Lange verdienten sie nur einen verschwindenden Teil der Löhne, die Anglos gezahlt werden, blieben oft lebenslänglich Analphabeten und verspielten damit jede Chance, weiterzukommen. Ein rigides Patronatsprinzip sorgte für klare Verhältnisse. Die so genannten *patrons* waren meist Sheriffs mit guten Beziehungen zum Öl- und Banken-Establishment, die bei ihren mexikanischen Arbeitern für die rechte Stimmabgabe bei Wahlen zu sorgen wussten. Notfalls mussten angeheuerte *pistoleros* nachhelfen.

Erst die Bürgerrechtsbewegung der 1960er Jahre brachte Änderungen. Organisationen wie die *La Raza Unida*-Bewegung, öffentliche Proteste, Wählerinitiativen und Rechtshilfefonds führten zur Verbesserung der Lebens- und Arbeitsverhältnisse in Stadt und Land. Von den Erfolgen, wie sie die gewerkschaft-

The Lone Star State: Willkommen in Texas

lich organisierten Landarbeiter in Kalifornien unter Cesar Chavez errangen, blieben die mexikanischen Kollegen in Texas zwar weit entfernt, aber es gelang ihnen, zahlreiche Volksvertreter in die Schul- und Stadträte zu wählen.

Die Einwandererströme aus dem Süden versorgen nach wie vor die texanischen Felder, Ranches und Kleiderfabriken mit ungelernten Arbeitern, die Restaurants, Hotels und privaten Haushalte mit Personal und Hilfskräften. Und sie füllen die Blutbanken im südlichen Grenzland. Mexiko, auf der anderen Seite, freut sich über die Entlastung seines Arbeitsmarktes. Unter dem Druck des schwachen Peso betreibt Mexiko die Politik verstärkter Grenzansiedlung, um sein Arbeitslosenproblem Texas näher zu bringen und um die Landflucht in die eigenen Großstädte zu bremsen. Umgekehrt: US-Firmen siedeln gern knapp hinter der Grenze, weil hier die Löhne niedriger sind. *Maquiladora* heißen die

Herbst am Rio Grande: im Big Bend National Park

The Lone Star State: Willkommen in Texas

Montagewerke, die sich zwischen Ciudad Juárez und Matamoros der billigen Arbeitskräfte bedienen.

Die lange, »unsichtbare« Grenze ist praktisch nicht zu sichern. Das leuchtet jedem ein, der einmal irgendwo einen Blick auf den Rio Grande wirft. Die übersichtlichen Kanalschneisen, durch die der Fluss innerhalb der wenigen städtischen Bereiche läuft, enden nach ein paar Meilen genauso schnell wieder wie die Maschendrahtzäune. Weiträumige Flussauen, dichtes Gestrüpp und unwegsames Geröll bilden ein geradezu perfektes Terrain für Versteckspiele. »Es ist, als ob man mit einem kurzen Messer gegen den Degen Zorros kämpft«, beklagt ein US-Grenzer seine Ohnmacht gegenüber dem Zustrom heimlicher Einwanderer. Auf sieben Millionen schätzt man zur Zeit die Zahl der unter der Hand eingereisten *Chicanos*.

Gegen solche Zugkraft sind die *Border-patrol*-Leute letztlich machtlos, trotz Hubschrauber-Patrouillen und ausgeklügelter Überwachungslogistik. Der Run auf den Dollar setzt einfach zu viele in Trab – einzelne, die es auf eigene Faust versuchen, und Grüppchen, organisiert von *coyotes*, professionellen Menschenschmugglern, die Taktik und Terrain beherrschen. Da nutzt es wenig, Strafen festzusetzen für den, der in Texas Mexikaner als Tramper mitnimmt. Trotz verschärfter Grenzkontrollen reichen die demographischen Schockwellen mexikanischer Immigranten inzwischen bis in den Neuengland-Staat Maine, wo sie Sardinen verpacken, Unkraut jäten und auf Eierfarmen arbeiten. Von den Carolinas bis nach Hawaii bilden sie als *low-wage work force* inzwischen das sich fortlaufend selbst erneuernde Rückgrat der amerikanischen Landwirtschaft.

Die westliche Region des *Lone Star State* ist nicht nur geographisch, sondern auch kulturhistorisch aufs engste mit dem gesamten Südwesten der USA verbunden. In **El**

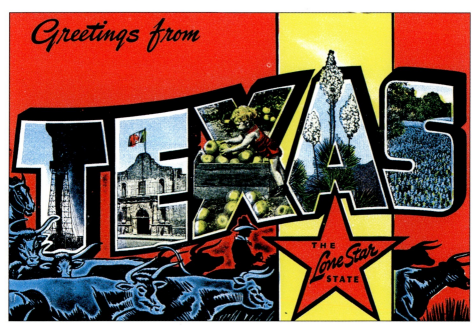

The Lone Star State: Willkommen in Texas

Paso stehen sich die Südzipfel der Rocky Mountains und die Nordzipfel der Sierra Madre gegenüber. Und Judge Roy Bean, der legendäre Friedensrichter, der jenseits des Rio Pecos einst für *law & order* zuständig war, residierte in Langtry, also sogar noch östlicher als Big Bend, die »Große Biege« des Flusses. Das Wichtigste aber: West-Texas wartet mit einigen der schönsten Westernlandschaften der USA auf, und mit einer, die noch kaum einer kennt.

In der Nähe von **Brackettville** sieht das gelegentlich heute noch so aus. Dort dient die Kino-Ranch »The Alamo« der kommerziellen Reprise guter alter Westernfilme. Wenigstens hier bekommt man mit Sicherheit einmal eine Herde echter Longhorn-Rinder zu sehen, denn sie gehört hier, fest angestellt, zur Komparserie.

Von **Del Rio** in Richtung Norden durchquert die West-Texas-Route das karge alte Land des Trans-Pecos-Gebiets, die einstmals letzte *frontier*. Hier ist es so trocken, dass meist sogar der Regen aufgibt und verdurstet, bevor er überhaupt die Erde erreicht. Dass in diesen wundersamen Weiten einer der schönsten Naturparks der USA liegt, wissen die wenigsten. Die meisten machen um den **Big Bend National Park**, die Krümmung des Rio Grande, einen großen Bogen. Verständlich, denn er liegt weitab vom Schuss. Big Bend: eine Art touristisches Rumpelstilzchen!

No-Name-Nester wie **Shafter, Marfa** und **Van Horn** unterbrechen die Breitwandpanoramen des texanischen Westens, bis sich am Horizont das urzeitliche Riff der **Guadalupe Mountains** aus dem kargen Wüstenboden der Chihuahua-Wüste erhebt zur Reise in die Unterwelt, dem Abstieg in die Superhöhlen des **Carlsbad Caverns National Park** im südlichen New Mexico. Und eine weitere imposante Landschaftsform folgt auf dem Fuß, die schlohweiße Gipswüste **White Sands**. Über **Las Cruces** geht es zurück nach **El Paso**.

Der **Panhandle** ist die nördlichste der hier vorgestellten texanischen Reiseprovinzen. Ein Blick auf die Landkarte zeigt, woher der Name kommt. Die Kontur des Landzipfels ähnelt tatsächlich dem »Stiel«, der die »Riesenpfanne« des *Lone Star State* gut im Griff hat. Oder sind das weite flache Hochplateau, der endlose Pelz aus Grasland und die zerklüfteten Canyons doch nur eine Hinterwelt, in der es heftig windet und sich die Präriehunde gute Nacht sagen? Kaum, denn die südlichen Ausläufer der Great Plains besitzen durchaus ihre herben Reize. Einsam und endlos dehnen sich die Äcker und Weiden unter einem riesigen Cinemascope-Himmel. Berüchtigt sind *die blue northers*, heftige Stürme, die plötzlich lostoben, rapide Temperaturstürze bescheren und ebenso rasch wieder abflauen – ein Land im Windkanal.

Kein Wunder, dass sich die ersten Siedler an die Baukunst der heimischen *prairie dogs*, der Erdhörnchen, hielten, die in Löchern siedeln. Die Neuankömmlinge machten es den drolligen Moppeln nach – in Form von Erd- und Grubenhäusern, den so genannten *dugouts*, um sich in diesem windigen Westen zu schützen. Der Wassermangel war groß. Lange kannten nur die Indianer und Büffel die wenigen Quellen und wussten sich deshalb im unendlichen Grasmeer zu bewegen und zu behaupten. Zur Orientierung rammte man Stöcke in den Boden, daher der Name: *Staked Plain* oder *Llano Estacado*.

Unsere Exkursion beschränkt sich auf Amarillo und seine Umgebung, das vorzügliche **Panhandle Plains Museum**, den **Palo Duro Canyon** und, last, not least, die ulkige **Cadillac Ranch**, Sinnbild amerikanischer Autokultur, ausgerechnet an einer Straße, die dafür wie keine andere steht: die **Route 66**.

Routen und Routenplanung
Varianten zwischen zehn Tagen und drei Wochen

Trotz seiner Wundertüte voller touristischer Angebote ist Texas erst noch auf dem Weg, ein Reiseland zu werden, das sich Europäer gern einmal allein vornehmen und im Zusammenhang erschließen möchten.

Das hat vielerlei Gründe. Vom vermutlich wichtigsten war schon die Rede: alte Klischees und Vorurteile von Texas haben sich zäh und die Neugier entsprechend gering gehalten. Anders als die pausenlos umworbenen Renner unter den US-Destinationen – Florida, Kalifornien, der Südwesten und, mit Einschränkungen, auch die Südstaaten – hat sich Texas in der Vergangenheit auf den internationalen Reisemärkten eher zurückgehalten und keine klangvollen oder neuen Ansatzpunkte für Ferienträume geschaffen. Die TV-Serie Dallas hat der Popularität zwar geholfen, aber nicht nachhaltig; seine Küste liegt weder am Pazifik noch am Atlantik, sondern am (noch weitgehend unentdeckten) Golf; texanische Indianerkultu-

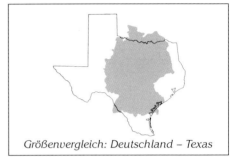

Größenvergleich: Deutschland – Texas

Goin' Texan – so wie die Reiter in diesem nostalgischen Treck, der über den »Salt Grass Trail« alljährlich von Cat Springs nach Houston zur Livestock Show führt

ren blühen eher am Rande und im Verborgenen und Willie Nelson heißt nun mal nicht Arnold Schwarzenegger. Metropolen wie Dallas, Austin, Fort Worth oder Houston ziehen, was ihr Image angeht, gegenüber New York, San Francisco, Washington, ja selbst Las Vegas erfahrungsgemäß den Kürzeren. San Antonio macht da eine gewisse Ausnahme, aber eine Stadt allein, von New York einmal abgesehen, motiviert noch zu keiner USA-Reise.

Nimmt man die simple Tatsache hinzu, dass der *Lone Star State* bereits durch seine physische Größe (1 300 Kilometer Ost-West, 1 500 Kilometer Nord-Süd) schlecht in die meist knapp bemessenen Urlaubszeiten passt, so wundert es nicht, dass Texas bisher allenfalls an seinen Rändern touristisch angeknabbert wurde, quasi als Zugabe auf jene Regionen, die, wie gesagt, traditionell in der Gunst der europäischen Reisenden liegen:
– von New Orleans und den Südstaaten aus in Richtung Houston und Golfküste
– von Phoenix/Tucson/Albuquerque aus in Richtung El Paso und West-Texas
– auf der Route 66 durch den Panhandle.

Die hier vorgeschlagenen Routen berücksichtigen zunächst das Terrain dieser Schnuppertouren, aber sie gehen darüber weit hinaus. Je nach individueller Präferenz und verfügbarer Zeit lassen sie sich so kombinieren, dass sie ein weitgehend umfassendes Bild dieses Staates ergeben. Zusammengenommen lassen sie sich wohl in den seltensten Fällen als reine Autotour realisieren, sondern eher als eine Art Froschhüpfen nach Fly-Drive-Manier. Das ist gerade in Texas nichts Besonderes, denn die Texaner benutzen das Flugzeug in ihrem eigenen Staat so wie wir hierzulande Bahn oder Bus.

Für jedes Fly-Drive-Programm bietet **Southwest Airlines** flexible Möglichkeiten, die wesentlich billiger sind als die der großen Fluggesellschaften. (Southwest Airlines, P.O. Box 37611, Love Field, Dallas, TX 75235, ℡ 214-353-6100). Mehrfach täglich fliegt diese populäre Fluglinie die wichtigsten Städte an: Amarillo, Austin, Corpus Christi, Dallas (Love Field), Houston (hier sowohl Houston International Airport als auch Houston Hobby), Lubbock, Midland/Odessa, Rio Grande Valley (Harlingen) und San Antonio. Einen ausführlichen Flugplan mit allen Flügen und den Rufnummern zur Reservierung gibt es an den Flughafenschaltern von Southwest Airlines.)

Kernroute: Zentral-Texas und Golfküste (10–14 Tage)

Nach der Ankunft am Airport Dallas/Fort Worth, dem wichtigsten Ankunftsflughafen von Transatlantikflügen, beginnt die Kernroute in Fort Worth, geht ans Ostende des *Metroplex*, nach Dallas, und quer durchs Zentrum in die musikalische Hauptstadt Austin, durch das in vieler Hinsicht überraschende Hill Country nach San Antonio, dann in den Osten nach Houston, von dort zum Golf nach Galveston und an der Küste entlang bis Corpus Christi und nach Mustang Island. Von hier kann man nach San Antonio zurückfahren und von dort über Dallas/Fort Worth wieder nach Hause fliegen.

Routen und Routenplanung – Varianten zwischen zehn Tagen und drei Wochen

Route: Ost-Texas (2 Tage)

Ausgangspunkt: Galveston. Es folgen Beaumont, die Wälder von Big Thicket, das Reservat der Alabama-Coushatta-Indianer und der Lake Livingston. Übernachtungsstopps liegen in Beaumont und entweder am Lake Livingston oder in The Woodlands weiter südlich.

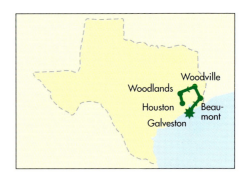

Route: Süd-Texas (3 Tage)

Ausgangspunkt ist Corpus Christi. King Ranch, South Padre Islands, das Rio Grande Valley und die beiden Laredos markieren die Wegstrecke durch das südlichste Stück von Texas. Von Laredo geht es direkt nach Del Rio, wo man Anschluss an die West-Texas-Route bekommt. Übernachtungen: South Padre Island und Laredo.

Route: West-Texas (6 Tage)

Die Erkundung des flächenmäßig üppigen Westens beginnt in San Antonio (es sei denn, man fährt von Laredo gleich nach Del Rio), führt an den Rio Grande und folgt ihm durch die Trans-Pecos-Region bis in den Big Bend National Park und nach Presidio, von wo aus sich die Route auf die gewaltigen Guadalupe Mountains und die kühlen Höhlen der Carlsbad Caverns zubewegt. Auf dem

Rückweg nach El Paso geht es noch am stillen Gips der Wüste von White Sands vorbei. Übernachtungen: Del Rio, Big Bend (2 x), White's City (Carlsbad), El Paso (2 x).

Von El Paso kann man entweder nach Dallas/Fort Worth zurückfliegen oder weiter nach Amarillo. Wer die Geduld aufbringt, von El Paso durch die Provinz nach Dallas zurückzufahren, erlebt ein nahezu unbekanntes Texas der kleinen Städte und Ranches. Dazu der folgende Routenvorschlag (für 2–3 Tage):

El Paso auf US 62/180 nach Osten und Carlsbad (264 km; unterwegs Hueco Tanks, Guadalupe Mountains, Carlsbad Caverns); Carlsbad auf US 285 nach Süden nach Pe-

Routen und Routenplanung – Varianten zwischen zehn Tagen und drei Wochen

Northstar Mall, San Antonio

cos (136 km); Pecos auf I-20/US 80 nach Osten und Odessa (118 km; spektakuläre Dünen östlich von Monahans); Odessa auf US 385 nach Süden über Crane nach McCamey (85 km); McCamey auf US 67 nach Osten über Rankin, Barnhart nach San Angelo (189 km); San Angelo auf US 67 nach Osten bis S 206, diese nach Norden und Coleman (120 km); in Coleman auf S 206 weiter nach Cross Plains (43 km); Cross Plains S 36 nach Osten und Pioneer und weiter bis County 587 nach Sipe Springs (38 km); Sipe Springs County 587 bis De Leon, dort S 6 nach Dublin (43 km); Dublin auf US 377 nach Stephenville (21 km); Stephenville auf US 67 nach Chalk Mountain (30 km); Chalk Mountain auf US 67 weiter nach Glen Rose (21 km; Dinosaur Valley State Park); Glen Rose auf US 67 nach Cleburne (38 km); oder alternativ: Glen Rose auf S 144 nach Granbury (30 km; vgl. S. 41); Cleburne S 174, I-35 West nach Fort Worth (48 km); alternativ: Granbury US 377 nach **Fort Worth** (70 km).

Route: Texas Panhandle (2 Tage)

Am besten startet man den Abstecher in den »Pfannenstiel« vom Flughafen in El Paso. Selbstverständlich geht das auch von Dallas/Fort Worth. Richtige Route-66-Fans werden Lust verspüren, von Amarillo ein Stück auf dieser legendären Route zu fahren, z. B. nach Osten und nach Oklahoma City – ein typischer und schöner Streckenabschnitt, der zahlreiche Highlights bereithält: die No-Name-Nester Shamrock und McLean, ein vorzügliches Route-66-Museum in Clinton und Oklahoma City, eine freundliche Midwestern-Stadt, die mit der Cowboy Hall of Fame ein erstklassiges Cowboy-Museum bietet. Von dort Rückflug nach Dallas/Fort Worth.

Rinder, Öl und Elektronik
Landeschronik

Was hierzulande der Neandertaler, das war in Nordamerika die »Midland Minnie« – eine Urtexanerin sozusagen, von der man 1953 auf der Scharbauer Ranch bei Midland Kopf und Knochen fand. Man nimmt an, dass sie zu den Plainsbewohnern zählte, die ihrerseits den nomadischen Jägern zugerechnet werden. Lebensumstände und -formen dieser prähistorischen Texaner sind aber noch weitgehend unbekannt.

Mehr weiß man über die so genannten *West Texas Cave Dwellers*. Diese Höhlenbewohner (ähnlich wie die *Basket Makers* in Arizona und New Mexico) hinterließen Felsbilder, Knochen und Gegenstände des täglichen Gebrauchs, die die Archäologen auf ihre Spur brachten. Sie führt in den State Historical Park von Seminole Canyon bei Comstock, wo es noch heute sehenswerte Felszeichnungen dieser frühen *Rock art* gibt.

Als die ersten Europäer in das Gebiet des heutigen Texas kamen, fanden sie im Wesentlichen vier Indianergruppen vor. Zunächst, in der Küstenregion des Golfs, die mit der See verbundenen Stämme der Attacapas und der Karankawas; südlich von San Antonio die der Coahuiltecans. Im Osten wohnten die friedlichen Caddo-Stämme in Dörfern aus Holzbauten und Tempelhügeln und bestellten ihr Land. Bei ihnen setzten die Franziskaner mit ihren ersten Bekehrungsversuchen an. Außerdem trafen sie auf nomadische Plains-Indianer, vertreten durch die Tonkawas in Zentral-Texas, die Apachen im Nordwesten und später, gegen 1700, die Comanchen und Kiowas. Schließlich begegneten sie den Umsiedlern der Pueblo-Stämme aus dem Norden, die weiter südlich am Rio Grande bei El Paso ihre Kultur etablierten, den Boden künstlich bewässerten und ihre Lehmbaukunst pflegten.

Indianer auf Büffeljagd. Stich nach einem Ölbild von George Catlin

Rinder, Öl und Elektronik: Landeschronik

Heute leben in Texas noch wenige Mitglieder dreier Indianerstämme. Es sind die Tiguas südlich von El Paso und die Alabama- und Coushatta-Indianer in den *Big Thicket*-Wäldern von Ost-Texas.

1519	Alonso Alvarez de Piñeda entdeckt auf der Fahrt von Florida nach Yucatán bei der Suche nach einem direkten Wasserweg nach Indien den Golf von Mexiko und die Mündung des Rio Grande. Er erklärt das Land zum Territorium Spaniens und zeichnet die erste Karte. (1513 war Florida entdeckt worden.) In den folgenden Jahren scheitert eine weitere Expedition am Widerstand der Indianer.
1528	In der Nähe von Galveston Island wird eine Gruppe von Schiffbrüchigen mit Cabeza de Vaca, einem spanischen Granden, an Land gespült. Sie erlangt die Achtung der dortigen Karankawa-Indianer durch die Fähigkeit, Krankheiten zu heilen. 1535 ziehen die angesehenen Medizinmänner weiter und erreichen nach langem Fußmarsch und unter großen Entbehrungen den Golf von Kalifornien. 1542 publiziert de Vaca in Spanien die erste Erzählung vom Landesinneren. Das Territorium heißt Neu-Spanien, denn Spanien sieht es als sein Eigentum an, obwohl es von Indianern besiedelt ist. Insgesamt 92 Expeditionen führen in der Folgezeit durch dieses Neu-Spanien: auf der Suche nach Land, Gold und Sklaven.
1541	Unter ihnen sind 1541 Francisco Vásquez de Coronado, der West-Texas erkundet, und Hernando de Soto, der mit seinem Trupp durch den Ostteil des Landes und Zentral-Texas zieht. Sie geben dem Land zahlreiche Namen, unter anderem »Amichel«, »New Philippines« und »Tejas«. Die Caddo-Indianer hatten den Spanier Luis de Moscoso mit dem Wort »Tayshas« oder »Teyas« empfangen, was soviel wie Freundschaft bedeutete. Daraufhin nennen die Spanier alle Indianer in Ost-Texas so. Später bezieht sich das Wort, das schließlich zu »Texas« wird, auf den gesamten Staat.
	Die Reiseberichte der prominenten Spanier Coronado und de Soto sind so entmutigend, dass erst einmal für eine Weile keine weiteren Versuche der Landerkundung unternommen werden. 50 Jahre lang kommen keine neuen Entdecker mehr. Niemand scheint Neigung zu verspüren, das flache Küstenland oder das ruppige West-Texas in Besitz zu nehmen. Im übrigen findet man die Indianer sehr unfreundlich und kriegerisch. Gold und Silber sind nicht in Sicht.
1660	Immer mehr Indianer verschaffen sich Pferde, die die Spanier importiert hatten, und erhöhen so ihre Mobilität beträchtlich.
1680	Tigua-Indianer gründen das Dorf Ysleta del Sur bei El Paso. Sie wurden zusammen mit den Spaniern durch den Pueblo-Aufstand am oberen Rio Grande (aus dem Isleta Pueblo südlich von Albuquerque) vertrieben. Ein Jahr später entsteht hier eine spanische Mission.
1685	Ein Schiff der Flotte von Sieur de La Salle strandet in der Matagorda Bay. Sofort beanspruchen die Franzosen den Rio Grande als Westgrenze des Louisiana Territory und bauen das Fort St. Louis am Garcitas Creek. Aber Pech und Indianer bereiten der allzu nonchalanten Art der französischen Kolonialpolitik ein rasches Ende.

Rinder, Öl und Elektronik: Landeschronik

1690 Auch die Spanier setzen den Franzosen zu, denn die Fortgründung spornt sie ihrerseits zu neuen Kolonialmaßnahmen an, unter anderem zum Bau neuer Missionskirchen. Spanien ist wieder Herr im Hause.

1700 Dennoch, die spanischen Missionen im Osten müssen bald wieder aufgegeben werden. Stattdessen betreibt man beschleunigt den Aufbau neuer Kirchen im zentralen Süden des Landes, rund um Goliad und San Antonio (1718). Bis ins 19. Jahrhundert hinein bleiben sie die einzig nennenswerten Siedlungen im ganzen Land.

1719 Die Querelen zwischen Frankreich und Spanien enden vorerst damit, dass Texas wieder spanisch wird. Die Spanier leben in Grandenmanier im wilden Land, dessen Bedingungen sie sich nicht anzupassen verstehen. Ihre Bemühungen zielen mehr auf die Pflege feiner Tischsitten bei Festmählern als auf die Bebauung des Landes oder die Rinderzucht. Das gilt nicht für die Missionen. Sie funktionieren als straff von Mönchen durchorganisierte Kleinzellen.

1800 Die Alabama- und Coushatta-Indianer ziehen von Louisiana nach Texas, als sie erfahren, dass Louisiana an die USA verkauft werden soll, was tatsächlich 1803 mit dem so genannten Louisiana Purchase auch geschieht.

1810 Die Herrschaft Spaniens in der neuen Welt gerät langsam aber sicher ins Wanken. Die mexikanische Revolte seit dem legendären 16. September unter Pater Miguel Hidalgo springt auf Texas über. Obwohl sie niedergeschlagen wird, folgen unruhige Jahre. Texas, das keine natürlichen Grenzen im Osten hat, zieht mehr und mehr Abenteurer, Freibeuter und Banditen an. Immer wieder müssen die spanischen Soldaten Abwehrkämpfe gegen illegale Einbrüche in ihre Provinz bestehen.

Auch angloamerikanische Siedler drängen in das als reich und begehrenswert beschriebene, unbewohnte Land. Und obwohl die US-Regierung 1819 in einem Vertrag mit Spanien formal alle Besitzrechte fallen lässt, stoßen weiterhin bewaffnete Gruppen nach Texas vor. 1813 nehmen sie sogar einmal kurz San Antonio ein.

1821 In diesem Jahr, in dem Mexiko seine Unabhängigkeit von Spanien durchsetzt, beginnt die moderne Geschichte von Texas. Es wird zusammen mit Coahuila mexikanische Republik. Um das riesige Territorium unter Kontrolle zu bringen, vergibt die junge Nation forsch Land an jeden, der sich dort niederlassen und es bebauen will. Mit der Zustimmung Mexikos übernimmt Stephen F. Austin die Ansiedlung von 7 000 Angloamerikanern rund um die 1823 von ihm gegründete Metropole der Kolonie, San Felipe de Austin. Damit führt er das Werk seines Vaters fort, der bereits 1820 von der spanischen Regierung die Erlaubnis erhalten hatte, 300 Familien in Texas einwandern zu lassen. Das Leben für die Siedlerfamilien ist mittelalterlich hart, ohne jeglichen Luxus der westlichen Zivilisation. In einer zeitgenössischen Quelle heißt es: »Texas ist für Männer und Hunde der Himmel – aber die Hölle für Frauen und Ochsen.«

Austin legt Wert auf die Integrität seiner Siedler, doch er kann nicht verhindern, dass immer mehr »G.T.T.'s« (»Gone to Texas«) nach Texas stürmen – kriminelle Elemente, auf der Flucht vor Strafverfolgung. Kolonialagenten, so genannte *empresarios*, treten auf den Plan und steigern die Zuwanderungsquoten. Die Siedler bauen hauptsächlich Baumwolle an und leben von der Arbeit der Sklaven, die sie aus den Regionen des Alten Südens mitbringen. Ihre Mentalität unterscheidet sich beträchtlich von der der Lateinamerikaner. Die unabhängigen, beharrlichen Individualisten stehen den der Tradition eng verhafteten und römisch-katholischen Spaniern verständnislos gegenüber – und umgekehrt.

1825 Die USA versuchen, das Land östlich des Rio Grande für eine Million Dollar zu kaufen.

1828 Die Kolonisten rebellieren jetzt offen gegen Mexiko, es kommt zum so genannten Fredonian War, aber der bringt nichts ein.

1830 Mexiko sieht sich immer mehr durch den großen US-Nachbarn und die wachsende Zahl seiner Siedler bedroht. Deshalb wird am 6. April eine Verordnung erlassen, die die Registrierung weiterer US-Emigranten vorschreibt. Texas soll von nun an im Wesentlichen nur noch von Mexikanern besiedelt werden. Doch obwohl mexikanische Soldaten in Texas stationiert werden, können die Kontrollen den Zuzug aus dem Norden nicht bremsen. Das Verhältnis der angloamerikanischen Siedler zu den mexikanischen beträgt 4:1. Und auf beiden Seiten wachsen die bösen Gefühle.

Zusätzlichen Zündstoff liefern die Versuche Mexikos, die Sklaverei zu begrenzen, und nicht zuletzt die Tatsache, dass die Militärdiktatur von Santa Ana die mexikanische Verfassung von 1824 ständig missachtet. Schließlich formen die Kolonisten eine »Kriegspartei« – zum Unwillen Mexikos.

1831 Friedrich Ernst, ehemaliger Gärtner und Verwalter in feudalen deutschen Diensten, erwirbt Land in Austin County und ermuntert seine Freunde in Westfalen und Niedersachsen zur Emigration. Zahlreiche Familien wandern daraufhin nach Texas aus, darunter auch die Klebergs und die von Roeders. Sie siedeln 1843 in Cat Springs, westlich von Houston. Friedrich Ernst selbst gründet 1838 die Siedlung Industry.

1833 Stephen F. Austin reist mit einer Bittschrift nach Mexiko, in der er für seine Siedler die amerikanischen Bürgerrechte fordert. Daraufhin wird er für fast zwei Jahre ins Gefängnis geworfen, das er erst 1835 als kranker Mann verlässt. Seine folgende Rede zeigt Wirkung: »Texas braucht Frieden und eine lokale Regierung. Seine Bewohner sind Farmer. Sie brauchen ein ruhiges und friedliches Leben. Aber wie kann jemand unparteiisch bleiben, wenn unsere Rechte, unser Alles, in Gefahr sind?« Aufruhr breitet sich aus. Der Diktator Santa Ana schickt Truppen.

1835–36 Beginn der texanischen Revolution. Am 9. Oktober 1835 nehmen 50 freiwillige Texaner Fort Goliad ein. Austin wird Kommandeur der neuen texanischen Armee. Zwei Tage später marschiert sie mit 700 Mann nach San Antonio, das belagert und am 9. Dezember eingenommen wird. Für die Texaner ist damit der Krieg mit Mexiko beendet. Doch Santa Ana zieht eine riesige Armee zusammen, erobert Goliad zurück und erreicht am 23. Februar 1836 San Antonio. Die texanischen Soldaten mit den später zu Volkshelden stilisierten Travis, Jim Bowie und David Crockett sind der Überzeugung, dass das dortige Fort, die sogenannte Alamo, gehalten werden müsse, um die

Rinder, Öl und Elektronik: Landeschronik

Gral von Texas: The Alamo in San Antonio

Mexikaner daran zu hindern, weiter ins Landesinnere vorzudringen. Doch heftige politische Kontroversen verhindern eine rechte Übersicht und Organisation der unterschiedlichen militärischen Vorgänge.

So kommt es, dass die Verteidiger der Alamo (knapp 200 an der Zahl) keinen Nachschub bekommen und einem Heer von 6 000 Mexikanern gegenüberstehen. Nach zermürbenden Gefechten folgt schließlich der letzte Angriff am 6. März 1836, der die erschöpften Texaner im Schlaf überrascht. Kein männlicher Verteidiger der Alamo überlebt, nur 15 schutzsuchende Frauen, Kinder und Sklaven. Das Opfer dieser 188 Männer macht die Alamo seither zur Pilgerstätte texanischer Patrioten. Schon vier Tage vor der Schlacht in der Alamo, am 2. März, erklärte Texas seine Unabhängigkeit in Washington am Brazos River. Am 21. April kommt es zur Entscheidungsschlacht der mexikanischen Armee unter Santa Ana und der texanischen unter Sam Houston – dort, wo sich Buffalo Bayou und San Jacinto River treffen. Während der Siesta überraschen die Texaner ihre Feinde mit dem Schlachtruf: »*Remember the Alamo! Remember Goliad!*« und entscheiden die Schlacht von San Jacinto nach nur wenigen Minuten für sich.

1836–46 Die *Lone Star*-Zeit. Zehn Jahre lang dauert die Außenposten-Demokratie von Texas als unabhängige Nation. Sam Houston wird erster Präsident der Republik Texas. Sein Ziel ist der Anschluss an die USA. Doch bis dahin muss das Land erst einmal im Alleingang harte Jahre überstehen. Der Krieg hat einen hohen Preis gefordert, ständige Einfälle der Mexikaner auf texanisches Gebiet ebenso wie Überfälle der Indianer kommen hinzu. Austin hatte bereits 1835 eine Gegenkampftruppe entwickelt: die Texas Rangers – ursprünglich zehn berittene Männer, die das Land der Siedler durchstreifen, um sie vor möglichen Gefahren zu schützen: vor Viehdieben, Banditen und Alkoholschmugglern. Eine Konsequenz aus der Arbeit jener Männer, die »wie Mexi-

Rinder, Öl und Elektronik: Landeschronik

kaner reiten und wie Tennesseeans schießen« konnten, ist, dass die Stämme der Karankawas und der Attakapas schließlich 1844 flohen – einige nach Mexiko, andere auf die Insel Padre Island.

1839 Sam Houston ist um faire Verträge mit den Indianern bemüht, aber er kann seine eigenen Leute davon nicht überzeugen. Als sein Nachfolger, Mirabeau Lamar, Präsident der Republik wird, sind die Versöhnungsmöglichkeiten endgültig dahin. Unter dem Vorwand, die Cherokees würden mit den Mexikanern gemeinsame Sache machen, lässt er die Indianer durch Truppen aus dem Land jagen. Da sie sich wehren, kommt es zum sogenannten »Cherokee-Krieg«, den die Indianer verlieren. Anderen Stämmen, die sich mit den Angloamerikanern anzufreunden versuchen, ergeht es genauso.

1841 Unter dem Pseudonym Charles Sealsfield veröffentlicht Karl Anton Postl den populären Reiseroman »Das Kajütenbuch«. Die Handlung spielt in Texas, und das Werk beeinflusst in der Folgezeit potentielle Auswanderer erheblich. Weitere Reisebücher folgen, Romane, regelrechte Reiseführer, aber auch Gedichte und Lieder über Texas. Hoffmann von Fallersleben zum Beispiel schreibt ein Gedicht über die Schlacht von San Jacinto und Abschiedslyrik für Auswanderer wie etwa »Der Stern von Texas«. Viele Schriftsteller und Intellektuelle der unruhigen Generation der so genannten Jungdeutschen um 1840 begeistern sich für die Neue Welt. Büchner, Heine oder Börne sind überzeugt, dass man Deutschland am besten den Rücken kehren sollte.

1842 In Bieberich bei Mainz tritt der so genannte Adelsverein zusammen. Carl, Prinz zu Solms-Braunfels, übernimmt den Vorsitz. Aufgabe: Organisation und Schutz der deutschen Aussiedler in Texas. Im Einvernehmen mit der texanischen Regierung beginnt die Übersiedlung der ersten großen Kolonistenschar von 600 Familien. Die Segelschiffe brauchen zwölf Wochen bis

Die Grenzen der Republik Texas von 1844

Mission de Nuestra Señora de Guadalupe, Ciudad Juárez, Chihuahua, Mexiko (El Paso) um 1850

nach Galveston. (Bei Führungen durch das Solmser Schloss Braunfels verweist der Fremdenführer noch heute auf den »Texas Carl«, wenn er seine Gruppe am Bild des weltläufigen Prinzen vorbeilotst.)

1843 Sam Houston, zum zweiten Mal Präsident der Republik, versucht in Einzelverträgen, das erschütterte Vertrauen der Indianerstämme zurückzugewinnen. Einer seiner Unterhändler ist Jim Shaw, Delaware-Indianer, Scout, Übersetzer und Diplomat, der später (1847) dem deutschen Unterhändler von Meusebach bei dessen Friedensvertrag mit den Comanchen helfen wird. Ähnliche Vermittlungsdienste leistet 1850 Jesse Chisholm, Halb-Cherokee, bei den Comanchen und Kiowas. Die junge Republik hat ihre Probleme mit der schwankenden Währung, internen Streitigkeiten und Löchern in der Staatskasse. – Die Forderung Englands nach größeren Baumwoll-Lieferungen bestärkt die US-Regierung in ihrem Entschluss, Texas zu annektieren.

1845 Texas wird 28. Staat der USA und J. P. Henderson erster Gouverneur. Die stolze *Lone Star*-Flagge rückt nun hinter das Streifen- und Sternenbanner der USA auf Platz zwei. Der letzte texikanische Präsident fasst das in die Worte: »*The Republic of Texas is no more.*«

1846 Mexiko sieht die Annexion als Kriegserklärung der USA an. Der amerikanisch-mexikanische Krieg beginnt. Die erste Schlacht wird bei Brownsville ausgefochten. Baron Ottfried Hans von Meusebach, zweiter Vorsitzender des Adelsvereins und Preuße, gründet Fredericksburg, während mit der »Galveston Zeitung« die erste deutsche Zeitung in Texas erscheint.

1848 Mit dem Vertrag von Guadalupe Hidalgo endet der amerikanisch-mexikanische Krieg. Die USA bekommen von Mexiko das Territorium zwischen Rio Grande und Nueces River; der Rio Grande wird endgültig Staatsgrenze. Texas erhält seinen Anspruch auf Gebiete nordöstlich des Rio Grande aufrecht. Ein Kompromiss regelt das so: Für zehn Millionen Dollar verzichtet

Texas auf weitere Gebietsansprüche im heutigen New Mexico und Colorado. Bis heute haben viele Texaner diese Schmälerung nicht verwunden. Andererseits freuen sich so manche New Mexicans heute, keine Texaner zu sein. Die Flüchtlinge der 48er Revolution in Deutschland kommen nach Texas. Ein Jahr darauf gründen Freidenker und Intellektuelle eine Farmkommune mit dem Namen Tusculum, das spätere Boerne.

1850 In Texas leben jetzt rund 200 000 Einwohner. Rund 20 Forts sollen die Siedler vor Übergriffen der Indianer schützen. Die Caddo-Stämme fliehen aus Texas, die der Tonkawas werden einem Reservat zugewiesen. – Rund 20 Prozent beträgt inzwischen der deutsche Anteil unter den weißen Siedlern. Sie ziehen zunehmend aus den Städten aufs Land und engagieren sich in Farmen und Ranchbetrieben.

1853 Erstes deutsches Sängerfest in New Braunfels; Ferdinand Lindheimer gibt die »Neu-Braunfelser Zeitung« heraus. Die »San Antonio Zeitung« erregt Unmut, weil sie Position gegen die Sklavenhaltung bezieht. Dampfschiffskapitän Richard King kauft einen riesigen Batzen Land im südlichen Texas und beginnt mit der Zucht von Longhorn-Rindern. Die King Ranch wird einmal die größte in Nordamerika werden.

1854 Noch eine sozialistische Kommune entsteht in Nord-Texas: La Réunion, von französischen Siedlern unter Berufung auf die Philosophie Fouriers ins Leben gerufen. Weitere europäische Auswanderer treffen ein, aus Norwegen, Polen und der Schweiz. Zahlreiche Klubs zur Pflege von Kultur und Gesellschaft werden von den deutschen Siedlern ins Leben gerufen: ein deutsch-texanischer Sängerbund, eine literarische Gesellschaft mit dem poetischen Namen »Prärieblume«, der Casino-Club und der Männerchor in San Antonio und zahlreiche Turnvereine.

Abenteuerreisen: Überquerung des Pecos River. Stich von 1851

Rinder, Öl und Elektronik: Landeschronik

1857   Die erste Postkutsche fährt von San Antonio nach San Diego, Kalifornien. Die Zeit zwischen der Annexion und dem Beginn des Bürgerkriegs bringt Texas einen geradezu explosionsartigen Bevölkerungszuwachs. Überall wird Land zur Besiedlung angeboten, immer mehr Städte erscheinen auf der Landkarte, Schulen und Straßen werden gebaut, und eine gewisse soziale und sicherheitspolitische Ordnung macht sich breit. Die meisten Siedler kommen aus den Südstaaten, samt Baumwollkultur und Sklaven. Die westliche Region des Staates wird nur schleppend besiedelt, obwohl sie durch eine Reihe von Forts gegen den indianischen Widerstand gesichert wird.

1861   In den späten 50er Jahren des 19. Jahrhunderts erreicht die Sklavenfrage auch Texas. Schnell gewinnen extreme Pro-Sklavenvertreter und Befürworter der Sezession die Oberhand, während Sam Houston, schon zweimal Präsident der Republik und 1846–59 US-Senator, gegen die Sklavenhaltung und für die Union votiert. Zu seinem Schaden. Nachdem er 1859 zum Gouverneur gewählt worden war, wird er abgesetzt und ins Exil geschickt. Präsident Lincoln bietet ihm Truppen zur Unterstützung an, doch Houston lehnt ab. Die Texaner sagen sich von der Union los und schließen sich der Konföderation an.

1862   Als sich einige Deutsche für die Ziele der Union einsetzen und sich bewaffnen, geraten sie in einen Hinterhalt der Konföderierten. Die so genannte Schlacht von Nueces beendet die kurze Tradition des liberal-radikalen Zweigs der Deutschen in Texas.

1863   Die siegreichen Schlachten von Galveston und Sabine Pass verhindern zwar eine Invasion der Unionisten über den Seeweg nach Texas, aber nicht, dass die Union die Häfen schließt. Texas versorgt sich und andere Konföderierte

Bürgerkrieg: Die kleinen Baumwollschiffe (die mit den Doppelschornsteinen) der Konföderierten zerstören gerade (1863) die Unionsflotte vor Galveston

Rinder, Öl und Elektronik: Landeschronik

mit Waren aus Europa, die über Mexiko eingeführt werden, sowie mit eigenen Vorräten und Erzeugnissen. Wer sich den Idealen der Konföderation widersetzt – Unionstreue im Norden des Landes und die deutschen *Counties* in Zentral-Texas –, wird unter Druck gesetzt, muß fliehen oder wird aufgehängt.

Büffeljagd in Taylor Country (1874) △ ▽

1865 Ende des Sezessionskriegs. General Granger landet in Galveston und erklärt alle Sklaven für frei. Rassenkonflikte breiten sich aus, und der Ku-Klux-Klan gewinnt an Boden.

1865–69 Während der Ära der so genannten *reconstruction* steht Texas unter einer Militärregierung: Gleiche Rechte für Schwarze und Weiße sollen eingeführt werden.

1866 Der erste Viehtreck nach Kansas leitet zahlreiche Herden-Trails dieser Art ein.

1868 In der Nähe von Texarkana wird Scott Joplin geboren, der als Begründer des klassischen Ragtime gilt. Seine berühmteste Komposition: *Maple Leaf Rag*.

1870 Texas ist wieder Staat der Union. Rund 820 000 Menschen leben jetzt hier. John B. Stetson, Hutmacher in Philadelphia, produziert jene Hüte, die von nun an zur Standardkopfbedeckung der Texaner werden.

1872 Ernst Hermann Altgelt baut sich ein Haus im King William District von San Antonio und legt damit den Grundstein dieses vornehmen Wohnviertels der deutschen Oberschicht. – Die *reconstruction* dauert bis 1877. Die riesigen Longhorn-Herden erweisen sich als Retter des verarmten Staates nach dem Bürgerkrieg. Zusammen mit anderen Rindern werden sie in Millionenzahl auf die großen Trails zu den Fleischtöpfen des Nordens getrieben.

Deutsche Blaskapellen sind noch heute in Texas beliebt. Das Foto zeigt die Loescher Band in Cat Springs um 1890

1875 Die Indianer, immer weiter nach Westen gedrängt, sind so gut wie vernichtet. Die Überlebenden (z. B. die Comanchen) werden in Reservate nördlich des Red River eingewiesen.

Deutsche in Texas (1892): Gartenfest bei Anton Wulff auf der King William Street in San Antonio

1879	Die Zeit des offenen Landes, der *open range*, ist passé. Der Stacheldraht sorgt dafür. Die Siedler umzäunen damit ihre Felder oder pferchen ihre Schafe ein. Die Auseinandersetzungen zwischen Ranchern und Farmern gipfeln im so genannten *fence cutting war*. Erst zerschneiden die Rinderbarone die Zäune der neuen Siedler, der *homesteaders,* dann tun es ihnen die Rancher nach und umzäunen einfach alles – ihr eigenes Land, öffentliches Land, Wasserlöcher, alles. Dagegen wehren sich wiederum andere und schneiden die Drähte nachts wieder durch. Seit 1884 verbietet ein Gesetz, Zäune zu durchschneiden. In die 80er Jahre fällt eine kurze Periode der Reformen, die auf Gleichstellung der Schwarzen abzielt, aber schon am Ende des Jahrhunderts will davon keiner mehr etwas wissen: die Rassentrennung ist praktisch installiert.
1883	Die Universität von Texas nimmt ihren Lehrbetrieb auf, und die Eisenbahn beschert wirtschaftliche Fortschritte. Dennoch kehren die alten wilden Zeiten wieder. Banditen, Viehdiebe und Pistoleros machen die Gegend unsicher, und ständig gibt es Ärger an den Grenzen. Die Texas Rangers haben Hochkonjunktur. – Das erste Rodeo findet in Pecos statt.
1885	In Waco erfindet ein experimentierfreudiger Drogist die bis heute beliebte süße Dr. Pepper-Limonade. Ab 1923 wird sie bundesweit vertrieben.
1900	In Texas leben jetzt über drei Millionen Menschen, davon 82 Prozent auf dem Lande. Am 8. September fegen ein verheerender Hurrikan und eine Springflut über Galveston, töten 6 000 Menschen und verwüsten die Stadt.
1901	Die Spindletop-Quelle in Beaumont beginnt zu sprudeln, ihr Öl prägt die Entwicklung des Landes entscheidend. 1904 folgt der nächste große Ölfund bei Humble, in der Nähe von Houston.

Vor dem Saloon der Gebrüder Schmidt in Fredericksburg (ca. 1895)

1912 Die mexikanische Revolution seit 1910 macht die texanisch-mexikanische Grenze wieder unsicher. 1914 werden US-Truppen in Fort Bliss in El Paso stationiert. 1916 leitet General Pershing eine militärische Strafexpedition gegen die Übergriffe von Pancho Villa.

1915 Einführung der allgemeinen Schulpflicht.

1900–20 Texas mausert sich zu einem modernen Staat, der Industrie, Landwirtschaft (Bewässerungssysteme) und Straßen ausbaut. Der *Cotton Belt*, der vor dem Bürgerkrieg bei San Antonio und Fort Worth endete, dehnt sich nun bis in die südlichen Plains aus. 1914 wird James E. Ferguson Gouverneur, und mit ihm kommt eine Reformpolitik zum Zuge, die von seiner Frau fortgeführt wird. Erfolg: Verdrängung des Ku-Klux-Klan, der inzwischen zu einer politischen und sozialen Bedrohung geworden war.

1918 Frauen erhalten Wahlrecht, die Prohibition wird verhängt, die Zahl der Städte hat sich seit 1900 fast verdoppelt.

Zu Beginn des 20. Jahrhunderts: eine amerikanische Gruppe unterwegs mit Wagen voller Wolle

Rinder, Öl und Elektronik: Landeschronik

So sah es am 6. Oktober 1902 auf dem »Spindletop« aus, dem legendären Ölfeld bei Beaumont

1930	Die Depression trifft auch Texas hart. Dürreperioden und verstärkte Bodenerosionen kommen erschwerend hinzu.
1931	Reiche Ölfunde in Ost-Texas.
1936	Buddy Holly kommt in Lubbock zur Welt. Mit seiner Band *(The Crickets)* beeinflusst er die Rock 'n' Roll Szene.
1940	Zu Beginn des Zweiten Weltkriegs wird Texas zu einem großen Truppen-Ausbildungslager. General Eisenhower und der Flottenadmiral und Oberbefehlshaber der Pazifikstreitkräfte Nimitz sind Texaner. Während und nach dem Krieg erlebt Texas einen wirtschaftlichen Aufschwung und einen neuen Konservativismus. Die Reformen aus den *New-Deal*-Programmen werden entweder umgangen oder verzögert, und es wird alles unternommen, um den Einfluss der Gewerkschaften klein zu halten. Die Universität von Texas gerät aufgrund ihres Liberalismus unter Beschuss.
1942	Die erste Margarita wird gemixt, angeblich in Juárez, gegenüber von El Paso.
1953	Dwight D. Eisenhower wird der erste in Texas (Denison) geborene US-Präsident.
1954	Der Oberste Gerichtshof verbietet die Rassentrennung an allen öffentlichen Schulen, doch es dauert noch zehn Jahre, bis die Gesetze tatsächlich vorliegen.
1958	Die Elektronikfirma Texas Instruments entwickelt in Dallas den ersten Computer-Chip, der den Beginn des Computerzeitalters einläutet.
1961	Houston wird zum Forschungszentrum der NASA für den bemannten Raumflug.
1963	Am 22. November wird John F. Kennedy in Dallas ermordet. Lyndon B. Johnson, geboren in der Nähe des texanischen Stonewall, rückt als 36. US-Präsident nach.
1965	Edward H. White (1930–67) aus San Antonio ist der erste Texaner im All und zugleich der erste Amerikaner, der im Weltraum spazieren geht.
1973	Der gebürtige Texaner Willie Nelson tritt zum ersten Mal in Austin auf und formt in den folgenden Jahren den *Austin sound*.

Rinder, Öl und Elektronik: Landeschronik

Deutsche Schule um 1915 in Castell, Texas

1978	Nach 100 Jahren wird wieder ein Republikaner Gouverneur: Bill Clements.
1980	Der Film *Urban Cowboy* hat in Houston Weltpremiere und löst in den USA einen modischen Cowboy-Kult aus. Die South Fork Ranch mit Fiesling J. R. Ewing steigt für ein paar Fernsehjahre zum weltweit bekanntesten Fleck von Texas auf.
1988	George Bush, Houstonian, wird zum 41. US-Präsidenten gewählt.
1990	Unter den wirtschaftlich erfolgreichen Staaten im *Sun Belt* hat Texas nach wie vor die Nase vorn. Sowohl der Wert der Bodenschätze wie auch der konsequente Ausbau der Elektrotechnologie sichern die Fortsetzung dieser Rolle, vorausgesetzt, der Staat löst seine dringenden Probleme. Dazu gehören u. a. die Beziehungen der weißen Mehrheit zu den ethnischen Gruppen, die partielle Wasserknappheit und die gravierenden Umweltschutzprobleme.
1998	Nach Südkalifornien (1) und Atlanta (2) wachsen die **Metroplexe** Dallas/Fort Worth (3) und Houston (4) in den USA am schnellsten. Ungewöhnlich hohe Wachstumsraten verzeichnen auch die Städte entlang der *frontera*, der texanisch-mexikanischen Grenze: Laredo, McAllen und Brownsville.
2000	Die republikanische Partei (GOP) nominiert den texanischen Gouverneur George W. Bush zum Präsidentschaftskandidaten.

ZENTRAL-TEXAS UND DIE GOLFKÜSTE

❶ Cowtown: Fort Worth

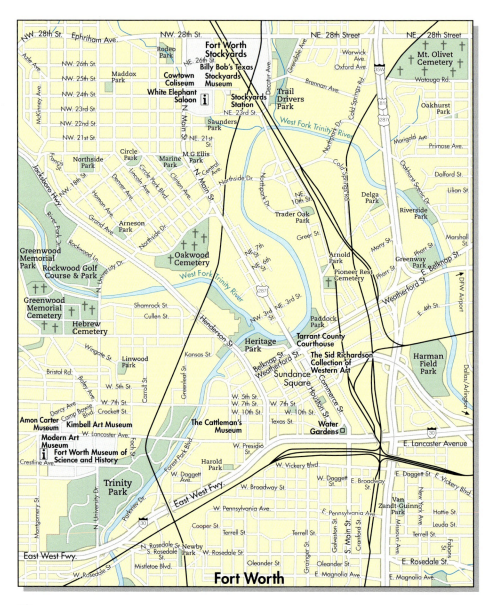

Fort Worth

1. Programm: Fort Worth

Vormittag Spaziergang im **Stockyards Historic District**, später Lunch.
Nachmittag Besuch des **Kimbell Art Museum** und/oder anderer Museen, später **Sundance Square**.

Extras: Wer sich ein bisschen mehr Zeit als hier vorgesehen in Ft. Worth nimmt, dem wird vielleicht das **Fort Worth Nature Center and Refuge** am nordwestlichen Ufer von Lake Worth gefallen. Erreichbar vom Hwy. 199 (Confederate Park Rd. Exit), 9601 Fossil Ridge Rd., Fort Worth, TX 76135, ✆ (817) 237-1111. Öffnungszeiten: Park tägl. 9–17 Uhr; Visitor Center Di–Sa 9–16.30, So 12–16.30 Uhr. – In dem schilfgerahmten See angeln die Leute am Wochenende und verzehren ihren Fang meist gleich an den alten Picknicktischen. Trails führen zur Tiersammlung des Besucherzentrums und außerdem zu Freigehegen mit böse blickenden Büffeln oder ängstlich blinzelnden Erdhörnchen. Bei der *Prairie Dog Town* ist ein interessanter Lageplan angeschlagen, der zeigt, in welchen Immobilien diese quirligen Burschen leben: Sie hausen überaus gesellig in unterirdischen Suiten mit Toilette, Trockenhaus, zwei Schlafzimmern, einer Vorratskammer, Horchraum (!) und einem Notausgang! Eintritt frei.

Die Seen rund um Fort Worth locken überall aufs Land. Hinter Lake Worth beispielsweise versucht es der **Eagle Mountain Lake** mit Erfolg bei Anglern, Bootsleuten und – am Twin Points Beach – bei Strandhockern: mit blauem Wasser und Wiesen voller *bluebonnets*. Hier gibt es auch einen guten Campingplatz: AAA Twin Points Resort and Beach, 10200 Ten Mile Bridge Rd., ✆ (817) 237-3141. – Im Südwesten konkurrieren der **Benbrook Lake** und **Lake Granbury** um die besten Plätze am Wasser. Bevor 1960 ein Damm den Brazos River staute, war das stille **Granbury** auf dem absteigenden Ast. Erst der Kunstsee brachte Besucher, neue Einwohner und neues Geld. Klugerweise steckten die Granburianer einen Teil davon in die Pflege ihres Ortsbilds, das heute beispielhaft zeigt, wie eine Kleinstadt in Texas um die Wende zum 20. Jahrhundert ausgesehen hat. Wie damals das Essen so schmeckte, das versuchen rührige alte Damen im **Nutt House Hotel And Dining Room** am Town Square (wo auch das alte Theater von 1886 steht) gegenüber dem alten Landgerichtsgebäude zu simulieren. Sie kochen und servieren wie Pionierfrauen in Omahäubchen leckere Gerichte, die den heutigen Gast auf jenen Geschmack bringen sollen, den sie schon zu ihrer Jugendzeit liebten, ✆ (817) 573-5612.

Fort Worth zum Auftakt für Texas? Ja, dafür spricht eigentlich alles. Mehr als für Dallas. Denn was sind schon vergleichsweise junge TV-Serienbilder von Dallas gegen ewige Cowboy-Träume, von denen Fort Worth von jeher lebt? Da draußen, im Holzgatter der offenen Viehhöfe der Stockyards stehen die Longhorns beieinander und warten auf ihren Auftritt bei der Auktion im **Livestock Exchange Building**, wo die Rancher bieten. Es heißt, hier wären einst mehr Millionäre ein- und ausgegangen als in einem anderen Gebäude der Welt. Der lu-

1 Fort Worth

sucher auftauchten, verwegene Goldsucher unterwegs nach Kalifornien, gebeutelte Reisende in Kutschen, durstige *cattlemen* und Cowboys. Sie trieben Hunderttausende Rinder über die Trampelpfade, um Fleisch in den Norden zu bringen, dessen Dollars dem bürgerkriegsgeschädigten Texas willkommen waren. Die meisten Langhörner trotteten über den legendären *Chisholm Trail*

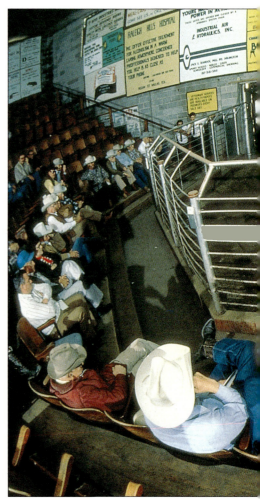

krative Kuhhandel machte die Adresse zur *Wall Street of the West*.

Wer sich hier heute als Newcomer im falschen Moment an der Backe kratzt, hat schon den Zuschlag für einen Zuchtbullen bekommen und eine Menge Geld verloren.

»Fort Worth – wo der Westen beginnt«: Das passt zum Texas-Image, zu Erdnähe, Staub, Sägemehl und den Spucknäpfen, die in dem einen oder anderen *Western wear shop* herumstehen. Also, warum nicht auch gut zum Auftakt der Reise?

Freilich, mit dem Romantischen allein hätten sich Prärie und kultureller Höhenflug, Viehmarkt und F-16-Düsenjäger-Produktion (durch General Dynamics) in dieser vielleicht texanischsten Stadt wohl nie so innig gefunden. Es ist gar nicht mal so viel Zeit vergangen, seit die Comanchen sie ins Leben riefen. Die Versuche Sam Houstons, mit ihnen 1841 vertraglich ins Reine zu kommen, gingen schief. Die weißen Rancher respektierten die verabredeten Grenzen nicht; die Indianer wehrten sich prompt mit Überfällen. Ein Militärposten ließ nicht lange auf sich warten, er entstand 1849 am Hang zum Trinity River.

Die Soldaten packten allerdings bald wieder ihre Sachen; die Siedlung lebte als Trading Post weiter, bis neue Kurzbe-

Fort Worth

und genau durch Fort Worth. Eine großdimensionierte Wandmalerei des Trompe-d'oeil-Künstlers Richard Haas an der Main Street (Nr. 400) bringt diese Geschichte unübersehbar an die Wand.

Den Namen »Cowtown« aber bekam die Stadt erst angehängt, als kurz nach der Ankunft der Texas und Pacific Railroad 1876 die Viehbörse gegründet wurde, die Livestock Exchange. Jahrzehntelang ging es dort hoch her. Die Eisenbahn beschleunigte nicht nur die Viehtransporte, sondern brachte auch ein buntes Völkchen in die Stadt, vor allem Cowboys, die mal gern einen draufmachen wollten, Träumer auf der Suche nach besseren Welten, Spieler und Krawallmacher.

Fort Worth kam als »Höllenacker« in Verruf. Hotels, Saloons und Bordelle sorgten für Publicity, und die meisten der

Viehauktion im Livestock Exchange Building

Fort Worth: Stockyards

prominenten Wilden des Westens machten hier Station, so auch Butch Cassidy und Sundance Kid. Eingebuchtet wurden die Rowdies vom Sheriff aber immer erst, nachdem sie ihr Geld ausgegeben hatten. Fort Worth – eine Stadt mit Vergangenheit, aber, wie man sieht, auch eine mit viel Realismus.

Große Fleischverarbeitungsfabriken entstanden 1902 bei den Stockyards, kurz darauf (1908) gefolgt vom **Coliseum** mit seiner überdachten Rodeo-Anlage. Nicht nur bockende Pferde und wilde Bullen zogen hier ihre Show ab, sondern auch Entertainer wie Enrico Caruso und Elvis Presley. Dieses Viehhandelszentrum der USA blieb bis in die 1950er Jahre intakt. Dann schrumpfte der Viehmarkt, die Fabriken machten dicht, das Viertel Pause. Erst Mitte der 1970er Jahre wehte frischer Wind durchs vergammelte Viertel. Seither wissen zumindest die Touristen wieder, wo der »Westen« beginnt.

Öl schrieb das zweite entscheidende Wirtschaftskapitel der Stadtgeschichte, genauer gesagt, die beträchtlichen Funde im Gebiet von Wichita County. Auch diesen Segen sieht man der Stadt heute an, denn Fort Worth und seine gut 500 000 Bewohner leben weiß Gott nicht nur von den hölzernen Pferchen der Stockyards, sondern auch von gläsernen Hochhaustürmen und den Geschäften, die sich dort abspielen, und nicht zuletzt von einer international angesehenen Museumskultur und zumindest einem städtebaulich geglückten Vorzeigestück, dem ansehnlichen Sundance Square mit seinen 14 Straßenblocks.

Aber beginnen wir bei den Ställen, den **Stockyards**, jenem leicht zugänglichen Paradies für Western-Nostalgiker, wo der Sheriff noch zu Pferd durch die Straßen und die Cowboys auf dem Rodeo reiten, wo noch die Stiefel auf den Brettern der Gehsteige klappern und die Toiletten-

Es war einmal: Viehherden wurden auf dem Chisholm Trail nach Kansas getrieben

Fort Worth: Billy Bob's Texas, Stock Yards Station

türen drastische Schilder tragen, die Bullen von Kühen *(Bulls* von *Heifers)* trennen und nicht, wie sich's eigentlich gehört, *Gentlemen* von *Ladies*. Dort liegt **Billy Bob's Texas**, der Super-Saloon, erstanden aus einem ehemaligen Viehstall. Platz gibt's dort im texanischen Übermaß. Die 43 (in Worten: dreiundvierzig) Bars, Tanzflächen und Spielhallen fassen 5 000 trinkfeste Cowboys und füllige T-Shirts texanischer Cowgirls auf einmal.

Natürlich ist auch für Souvenirfreunde gesorgt: die **Stock Yards Station** zum Beispiel – ein ehemaliger Schweine- und Schafstall, der zum Shopping- und Restaurationskomplex mutiert ist und die Touristenherzen höher schlagen lässt: Indian Shops, Pop Corn, Ledermalerei und der *Tarantula Express*, eine alte Eisenbahn, die durch die Halle rauscht und zur Vergnügungsfahrt ins nahegelegene Grapevine animiert. Wem das alles noch

Kostümfest: beim Festival der Pioneer Days geht es in Ft. Worth bunt her

Beliebtes Steakhaus im Stockyard-Viertel

Fort Worth: Cultural District, Kimbell Art Museum, Amon Carter Museum

nicht bunt genug zugeht, der kann sich draußen vor der Tür auf einem echten Longhorn ablichten lassen – wie auf dem Drachenfels. Eine kleine Herde dieser gehörnten Viecher wird seit kurzem täglich zweimal über die Straße getrieben – zur Freude ganzer Schulklassen und Seniorengruppen.

Ein kräftiges Lunch im Umkreis der Vieharena schafft eine solide Grundlage fürs Höhere, die Kunst – kurz: den **Cultural District.** Keine Frage, hier ist nicht gespart worden. Warum auch. Wer, wie Fort Worth, ständig das große »D« von Dallas vor der Nase hat, der muss sich was einfallen lassen. *Metroplex* hin, *Metroplex* her – das reicht den Lokalpatrioten von Fort Worth nicht. Also hat man hier gleich zwei wunderschöne Museen hingepflanzt, in dichtester Nachbarschaft sogar, eins schöner als das andere. Das **Kimbell Art Museum** zählt ohne Frage zu den schönsten kleinen Museen in den gesamten USA – und das schon, bevor man eins seiner Exponate gesehen hat, denn die Architektur des Louis Kahn überzeugt durch seine wohltuende Raumgestaltung und Lichtführung.

Auch das benachbarte **Amon Carter Museum** hat, außer seiner hervorragenden Sammlung von *Western art* zusätzliche optische Qualitäten: von der Ter-

Kimbell Art Museum

Fort Worth: Amon Carter Museum, Sundance Square, Watergardens

Wilder Westen in Öl: Amon Carter Museum

rasse des von Philip Johnson entworfenen Baus hat man einen freien Blick auf Fort Worth, weil Ölmogul, Zeitungsverleger und Kunstsammler Carter sich den Platz, wo seine Bilder ausgestellt werden sollten, sorgfältig ausgesucht hat.

Dass in Fort Worth wieder ein urbanes Herz schlägt, verdankt die Stadt dem ansehnlich herausgeputzten und mit Recht preisgekrönten **Sundance Square**, der seit 1998 noch durch die **Bass Performance Hall**, ein von Millionenhand finanziertes Konzert- und Opernhaus, eine bedeutende Erweiterung erfahren hat. Was die Hunts für Dallas, das sind die Gebrüder Bass für Fort Worth: Leute, die von jeher sehr viel Geld in die Stadt stecken – für Kultur, Hotels, Schulen und eine eigene private Sicherheitstruppe auf gelben Fahrrädern in der Innenstadt. Gleich nebenan ist da noch die hübsch terrassierte und rauschende Wasser-Oase der **Water Gardens,** die (wiederum) Philip Johnson gegenüber vom Convention Center in Szene gesetzt hat. Ausgerechnet an einem Ort, der als *Hel's Half Acre* in die Stadtgeschichte eingegangen ist – ein notorischer Bar- und Bordellbe-

1 Fort Worth: Trinity Park

zirk, wo sich die Cowboys noch ein paar nette Stunden zu machen pflegten, bevor es über den langen Trail des Jesse Chisholm nach Abilene, Kansas, ging.

In Städten kommt die Cowboywelt heute verständlicherweise anders zum Tragen: in erster Linie modisch. Die Auswahl in den einschlägigen Läden für Wildwest-Textilien ist beträchtlich, hier in Fort Worth genauso wie in El Paso oder San Antonio. Beispiel: Cowboystiefel. Es gibt sie aus Rind-, Kamel- und Ziegenleder, aus der Haut von Fröschen, Nashörnern, Haifischen, Straußen, von Alligatoren, Aalen, Echsen, Pythonschlangen, Schildkröten und Antilopen, aus Wasserbüffeln, Leguanen, Seehunden und Salm. Ein Paar vom Fell eines Ameisenbärs, handgemacht, kann da locker an die Tausend Dollar herankommen. Die Preise für diese Nobelgaloschen schwanken zwischen 70 und 1 400 Dollar; der Schnitt liegt zur Zeit bei etwa 250–400 Dollar. So was reicht natürlich nicht für prächtiges Design am Stiefel, wie es vor allem Rockstars lieben. Schon Cowboy-Idol Tom Mix gab sich nicht mit Dutzendware zufrieden. Ebenso wenig Will Rogers oder Gene Autry, der Autor des legendären Songs über die *Yellow Rose of Texas*.

Hutabteilungen bieten eine ähnliche Palette. Da die Hüte zumeist aus Biberfell bestehen, kommt es weniger auf die Materialien an, dafür um so mehr auf die Machart. Denn abgesehen vom *Memorial Day*, wenn alle US-Männer sich Strohhüte aufsetzen und Ausflüge machen, braucht jeder Typ und jede Gelegenheit den passenden Hut. Durch heißen Dampf fix in Form gebracht, kann sich ein New Yorker Geschäftsmann in wenigen Minuten in einen Drugstore-Cowboy verwandeln lassen. Bei den Stars im Schaugeschäft sind verzierte Hüte gefragt, mit Federn oder anderem Schmuck. Auch den einen oder anderen der bunten Hüte gibt es noch, die mit der *Urban Cowboy*-Welle aufkamen. »Die tragen jetzt nur noch junge Leute, die hier nicht wohnen. Winter-Texaner zum Beispiel«, verrät die versierte Kathy hinter dem Ladentisch. Federbänder seien passé, Anstecknadeln erst recht.

Doch der Abbau von Extras wird sicher nicht mehr zu den Grundfunktionen der Hüte zurückführen. Sie wurden ja nicht nur getragen, sie waren Vielzweckwerkzeuge: Fächer, zum Anwedeln des Feuers; Peitschen, um Pferde auf Trab zu bringen; Kopfkissen zum Schlafen; Behälter zum Trinken und Tränken; Signale, um mit ihnen zu winken.

Mehrzwecknutzung ist dagegen beim obligaten Halstuch, der *bandana*, auch heute noch drin. Früher diente das Baumwolltuch als Staubschutz oder Maske, heute kehrt es als Stirntuch oder Serviette wieder, als Flattermann an der Autoantenne oder als Babywindel.

Wen weder Cowtown, Arts Town noch Downtown, weder Kuhduft noch Kulturluft interessieren, der sollte sich in die Büsche schlagen, z. B. in den weitläufigen **Trinity Park** – mit oder ohne Picknick, zum Spazieren, Inline Skating oder Nichtstun. Viel erholsames Grün, ein japanischer und ein botanischer Garten verschönern die Flussufer und den University Drive. Am Überweg für die Enten erkennt man, dass der **Duck Pond** nicht weit sein kann, diese besonders friedliche Idylle mit Wasserschildkröten, hüpfenden Hörnchen und den überall in Texas schnarrenden blauschwarzen *blackbirds*.

Nachts punktieren zahllose Lichterketten die Umrisse der Skyline so, als wäre in Cowtown immer Weihnachten.

1 Infos: Fort Worth

Fort Worth Convention & Visitors Bureau
415 Throckmorton Ave. & 4th St.
Fort Worth, TX 76102-7410
✆ (817) 336-8791 und 1-800-433-5747
Fax (817) 336-3282
www.fortworth.com
Mo–Fr 8.30–17, Sa 10–16 Uhr

AAA Fort Worth
5431 S. Hulen St.
Fort Worth, TX 76132
✆ (817) 370-2503

Longhorn Trolley
1600 E. Lancaster Ave.
Fort Worth, TX 76102
✆ (817) 215-8600
www.the-t.com
Bequemer **Pendelbus** zwischen Downtown, Stockyards (tägl. 11–23 Uhr) und Cultural District (tägl. 11–18 Uhr), jeweils alle 20 Min. Haltestellen im **Stockyard-Viertel:** Billy Bob's Texas, Cowtown Coliseum, Fort Worth Herd, Livestock Exchange Building, Stockyards Station, Tarantula Train, White Elephant Saloon; im **Cultural District:** Amon Carter Museum, Botanical Garden, Casa Manana, Fort Worth Museum of Science and History, Zoo, Kimbell Art Museum, Log Cabin Village, Modern Art Museum, Trinity Park, Will Rogers Memorial Center; in **Downtown:** Amtrak/Santa Fe Depot, Bass Hall, Caravan of Dreams, Cattle Raisers Museum, Outlet Square, Sid Richardson Collection of Western Art, Sundance Square, Water Gardens.
Einfache Fahrt $ 2.

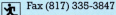
Renaissance Worthington Hotel
200 Main St. (Sundance Sq.)
Fort Worth, TX 76102
✆ (817) 870-1000 und 1-800-HOTELS-1
Fax (817) 335-3847
www.renaissancehotels.com/dfwdt
Erstklassige Adresse in zentraler Lage. Restaurants, Pool, Sauna, Fitnesseinrichtungen, guter Service. $$$$

Die Auflösung der $-Symbole finden Sie auf S. 258 und in der hinteren Umschlagklappe.

Etta's Place
200 W. 3rd & Houston Sts. (Sundance Sq.)
Fort Worth, TX 76102
✆ (817) 654-0267, Fax (817) 878-2560
www.caravanofdreams.com
Boutique-Hotel – mittendrin. $$$$

Best Western Executive Inn
2000 Beach St. (Cultural District)
Fort Worth, TX 76103
✆ (817) 534-4801 und 1-800-465-4329
Fax (817) 534-3761
Mit Restaurant und Pool. Ausfahrt Beach Street von I-30. $$

Residence Inn by Marriott
1701 S. University Dr.
Fort Worth, TX 76107
✆ (817) 870-1011 und 1-800-331-3131
Fax (817) 877-5500
Komfortables Suiten-Hotel mit Pool, Sportplätzen und Joggingpfaden. In der Nähe liegt der Cultural District mit seinen Museen.
$$$–$$$$

Stockyards Hotel
109 Exchange
Fort Worth, TX 76106
✆ (817) 625-6427, Fax (817) 624-2571
www.stockyardshotel.com
jvara@stockyardshotel.com
Old Cowboy Hotel von 1907 mit deftigem Charme und bühnenreifem Dekor – mitten im Entertainment-Komplex der Stockyards. $$$–$$$$

Hotel Texas
2415 Ellis Ave., Nähe Kreuzung Main St. & Exchange Ave.
Fort Worth, TX 76106
✆ (817) 624-2224 und 1-800-866-6660
Fax (817) 624-7177
Klein und einfach, mitten im Stockyards-Viertel. $$

1 Infos: Fort Worth

Miss Molly's Hotel/Bed & Breakfast
109 1/2 W. Exchange Ave.
Fort Worth, TX 76106
✆ (817) 626-1522 und 1-800-996-6559
www.missmollys.com
Hübscher B & B mit 8 Zimmern, mitten im Stockyard-Viertel. $$$–$$$$

Fort Worth Midtown RV Park
2906 6th St.
Fort Worth, TX 76107
✆ (817) 335-9330 und 1-800-435-9330
www.gocampingamerica.com/fortworthmidtown
Städtischer Standplatz, Nähe Arts District. *Full hookups.*

Treetops RV Village
1901 W. Arbrook Blvd.
Arlington, TX 76015
✆ (817) 467-7943 und 1-800-747-0787
Zwischen Dallas und Ft. Worth gelegen, eignet sich dieser Campingplatz mit ca. 160 Plätzen als Standort für beide Städte.

Kimbell Art Museum
3333 Camp Bowie Blvd.
Fort Worth, TX 76107-2792
✆ (817) 332-8451, Fax (817) 877-1264
www.kimbellart.org
muirheid@kimbellmuseum.org
Di–Do, Sa 10–17, Fr 12–20, So 12–17 Uhr, Mo geschl.
Feine kleine Sammlung des texanischen Industriellen Kay Kimbell in einem von Louis Kahn entworfenen Bau. Hübsche (und gute) Cafeteria. Eintritt frei.

Amon Carter Museum
3501 Camp Bowie Blvd.
Fort Worth, TX 76197
✆ (817) 738-1933
www.cartermuseum.org
Wird z. Zt. erweitert und bleibt voraussichtlich bis Ende 2001 geschl.
Das führende Museum für *American* und *Western art* in Texas: Tafelbilder und Plastiken von Frederic Remington (z. B. *A Dash for the Timber*), Charles M. Russell, Thomas Moran, George Catlin, Carl Wimar, Albert Bierstadt, George Caleb Bingham, Winslow Homer, Charles Demuth und Georgia O'Keeffe (z. B. eins ihrer bekanntesten: *Ranchos Church, Taos, New Mexico* von 1930). Von der Terrasse des von Philip Johnson errichteten Baus hat man einen freien Blick auf Downtown Fort Worth, weil Kunstsammler Carter sich den Platz, wo seine Bilder ausgestellt werden sollten, sorgfältig überlegt hat. Eintritt frei.

Sid Richardson Collection of Western Art
309 Main St. (Sundance Sq.)
Fort Worth, TX 76102
✆ (817) 332-6554 und 1-888-332-6554
www.sidrmuseum.org
Di/Mi 10–17, Do/Fr 10–20, Sa 11–20, So 13–17 Uhr, Mo geschl.
Die Schätze des Ölmilliardärs werden den Freund der Westernmalerei erfreuen. In Ergänzung zum Amon Carter Museum gibt es weitere Werke von Russel und Remington zu sehen. Eintritt frei.

Modern Art Museum
1309 Montgomery St. (Camp Bowie Blvd.)
Fort Worth, TX 76107
✆ (817) 738-9215
Di–Fr 10–17, Sa 11–17, So 12–17 Uhr
Zeitgenössische Kunst, u. a. mit Werken von Pablo Picasso, Jackson Pollock, Mark Rothko, Frank Stella und Andy Warhol. Eintritt frei.

Cattle Raisers Museum
1301 W. 7th St.
Fort Worth, TX 76102
✆ (817) 332-7064
Mo–Fr 8.30–16.30 Uhr
Videos, Filme und Cowboy-Memos verlebendigen die Geschichte des Viehhandels. Angeblich besitzt das Haus die größte Sammlung an Brandeisen. Eintritt $ 3.

Bass Performance Hall
4th & Calhoun Sts. (Sundance Sq.)

❶ Infos: Fort Worth

 Fort Worth, TX 76102
✆ (817) 597-7827 und 1-888-597-7827
 www.basshall.com
Aufwendiges Konzert-, Ballett- und Opernhaus mit mächtigen Posaunenengeln an der Marmorfassade. Führungen Mi und Fr 14.30 Uhr, Sa 10.30 Uhr.

 Fort Worth Water Gardens
Gegenüber vom Convention Center
1502 Commerce St.
Fort Worth, TX 76102
✆ (817) 871-7698
Von Garten keine Spur, aber eine interessante, von Philip Johnson und John Burgee 1974 entworfene, terrassierte Wasserlandschaft aus 5 Brunnen und einem Pool. Die nasse Oase kostete 7 Millionen Dollar, Bauzeit 8 Jahre. Gut gegen Hitze!

 Thistle Hill
1509 Pennsylvania Ave.
Fort Worth, TX
✆ (817) 336-1212
Führungen stündl. Mo–Fr 11–14, So 13–15 Uhr
Gut erhaltene Villa im georgianischen Stil von 1903. Eintritt $ 4.

 Outlet Square
Sundance Sq. (Downtown)
Fort Worth, TX 76102
✆ (817) 415-3720
www.fwoutletsquare.com
Mo–Do 10–19, Fr/Sa 10–21, So 12–18 Uhr
Shopping Center mit Eislaufbahn.

 Barnes & Noble
401 Commerce St.
Fort Worth, TX 76102
✆ (817) 332-7178, Fax (817) 332-6819
Tiefgekühlte Filiale der Buchhandelskette im Stadtzentrum – mit einem (stets integrierten) **Starbucks Coffee Shop**.

 Luskey's Western Stores
2601 N. Main St.
Fort Worth, TX 76106
✆ (817) 625-2391 und 1-800-725-7955
Alles für Ross und Reiter: Bluejeans, Stiefel, Lassos, Decken, Sporen ...

 M. L. Leddy's
2455 N. Main St.
Fort Worth, TX 76106
✆ (817) 624-3149
Western-Textilien vom Feinsten: Kleider, Hüte, Sättel.

 Fincher's White Front
115 E. Exchange Ave.
Fort Worth, TX 76106
✆ (817) 624-7302
Mo–Sa 9–18 Uhr
Seit 1902 spezialisiert aufs Western Outfit: Lederwaren, Stiefel etc.

  Maverick Fine Western Wear
100 E. Exchange Ave.
Fort Worth, TX 76106
✆ (817) 626-1129
www.maverickwesternwear.com
Kleiderladen und Bar. Während die Frauen anprobieren, können die Männer einen trinken.

 Angeluna
215 E. Fourth St.
Fort Worth, TX 76102
✆ (817) 334-0080
Schickes Plätzchen für geschmackvolle Kleinigkeiten (Lunch) und eklektische Hauptgerichte (Dinner). $$–$$$

 Joe T. Garcia's
Nähe Stockyards
2201 N. Commerce & 22nd Sts.
Fort Worth, TX 76107
✆ (817) 626-4356
Seit 1935: heiße Tex-Mex-Gerichte und eisige Margaritas bei munteren Mariachi-Klängen beim Pool. Tipp: *chicken flautas* (Tortillaröllchen mit Huhn). Keine Kreditkarten! $$

 8.0 Restaurant
111 E. 3rd St. (Sundance Sq.)
Fort Worth, TX 76107

❶ Infos: Fort Worth

✆ (817) 336-0880
Mo–Mi 11–24, Do/Fr 11–2 Uhr, Sa 12–2 Uhr, So 17–24 Uhr
Tägl. Lunch und Dinner: Meeresfrüchte, Pasta, Tex-Mex-Gerichte. Bestellen Sie ruhig mal die *fried purple worms* als Vorspeise! In der Woche Familienrestaurant, Nachtclub am Wochenende – mit Live-Musik. $$

 Mi Cocina
509 Main St. (Sundance Sq.)
Fort Worth, TX 76102
✆ (817) 877-3600
Vorzügliche Tex-Mex-Küche. $–$$

 Reata
Bank One Tower (34. Stock)
500 Throckmorton St. (zwischen 4th & 5th Sts.)
Fort Worth, TX 76102
✆ (817) 366-1009
So geschl.
Geschmackvolle Südwestküche, delikate Steaks, toller Panoramablick auf die Stadt. $$

 Lucile's Stateside Bistro
4700 Camp Bowie Blvd.
Fort Worth, TX 76107
✆ (817) 738-4761
Familiäres Bistro mit leckeren Suppen, Burgern und Sandwiches. Spezialität des Hauses: Hummersuppe *(lobster bisque)*. Frühstück, Lunch und Dinner. $–$$

 Jubilee Cafe
2736 W. Seventh St.
Fort Worth, TX 76107
✆ (817) 332-4568
Amerikanische Küche *(homecooking)*. Beliebt zum Frühstück und Lunch. $

 H3 Ranch
1055 E. Exchange Ave.
Fort Worth, TX 76106
✆ (817) 624-1246
www.h3ranch.com
Gute Adresse für Steaks, Rippchen und Forellen. Urige Western-Bar. $$

 Star Cafe
111 W. Exchange Ave. (Stockyards)
 Fort Worth, TX 76106
✆ (817) 624-8701
So geschl.
Freundliches Lokal und Bar; beliebt sind die saftigen Steaks und Hamburger. Lunch und Dinner. $–$$

 Del Frisco's Double Eagle Steak House
812 Main St.
Fort Worth, TX 76102
✆ (817) 677-3999
So geschl.
Top-Adresse für Steaks. $$–$$$

 Angelo's Bar-B-Que
2533 White Settlement Rd.
Fort Worth, TX 76107
✆ (817) 332-0357
So geschl.
Klassisches BBQ-Lokal. Lunch und Dinner. $

 White Elephant Saloon
106 E. Exchange Ave. (Stockyards)
Fort Worth, TX 76102
✆ (817) 624-1887
So–Do 12–24, Fr/Sa 12–2 Uhr
Alte Wildwest-Bar, oft Live-Musik und Tanz. Biergarten und Rippchen.

 Billy Bob's Texas
2520 Rodeo Plaza (Stockyards)
Fort Worth, TX
✆ (817) 624-7117
www.billybobstexas.com
Mo–Do 11–2, Fr/Sa 11–17 und 18–2, So 12–2 Uhr
Das Tadsch Mahal der Western Bar-Szene: mehr als 5 000 Gäste passen in diesen größten *honky-tonk* der Welt: 40 Bars, 2 Tanzflächen. Live-Musik (an Wochenenden Rodeo). Eintritt $ 5–7.

Infos: Fort Worth

 Caravan of Dreams
312 Houston St. (Sundance Sq.)
Fort Worth, TX 76102
✆ (817) 877-3000
Mittendrin, im Souterrain und oben drauf: unten Light Jazz und Blues; Grotto-Bar auf dem Dach – mit Kuppeldom.

 Grape Escape
500 Commerce St.
Fort Worth, TX 76102
✆ (817) 336-9464
So geschl.
Sympathische Wein-Bar. Weinproben werden in kleinen dosierten Einheiten (4–5 in Serie) serviert, als so genannte *flights*. $

Wichtige Feste:

Januar/Februar: **Southwestern Exposition and Livestock Show and Rodeo Pioneer Days** in den Stockyards.
August-Wochenende vor Labor Day: Gun Fights, Stunt Shows, Rodeos, Wildwest-Show, Musik, Essen. Kinderspiele. Eintritt $ 5.
Spätes Oktoberwochenende: **Red Steagall Cowboy Gathering & Western Swing Festival**, Treffen authentischer Cowboys in der Stadt in den Stockyards. Eine Riesensache (30 000–40 000 Besucher) für Cowboy-Fans: Arbeitstechniken, Musik, Cowboy-Küche, Poetry, Rodeo.

Supergrafik: Wandmalerei in Fort Worth

❷ The Big D: Dallas

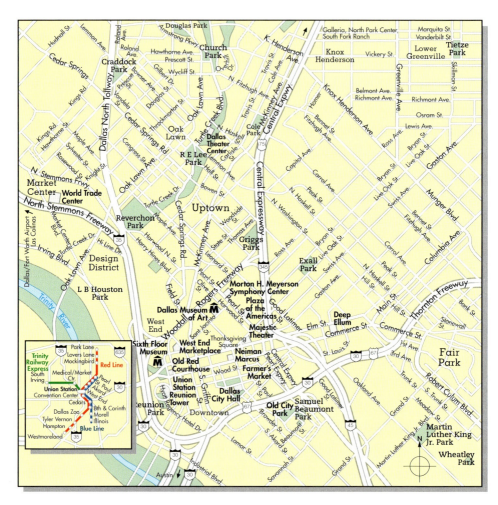

2. Route/Programm: Fort Worth – Dallas (50 km/31 mi)

km/mi	Zeit	Route/Programm
50/31	Vormittag	In **Fort Worth** auf I-30 East über Arlington nach **Dallas** (Fahrzeit, je nach Verkehrslage, ca. 45 Min.). Stadtrundgang: **The Sixth Floor Museum**, **Reunion-Komplex.** Lunch (McKinney Ave.).

The Big D: Dallas

Nachmittag **Dallas Art Museum, Farmers Market**.
Abend Entweder **West End, Greenville Avenue, Highland Park** oder **Deep Ellum**.

Alternativen & Extras: **Southfork Ranch,** 3700 Hogge Rd., Parker, TX 75002, ✆ (972) 442-7800. Tägl. 9–17 Uhr. Legendäre Ranch mit grasenden Longhorn-Rindern, die der TV-Serie »Dallas« von 1978–1990 als Kulisse diente. Die Innenräume haben keinerlei Ähnlichkeiten mit denen in der Serie, weil alle Innenaufnahmen in Hollywood Studios gedreht wurden. Kleines Museum mit TV-Memorabilien; Shop für *Western wear*. Von Downtown Dallas ca. 40 Auto-Minuten: US 75, Exit 30, über Parker Rd. nach Osten ca. 10 km bis Hogge Rd. (= FM 2551), dort nach Süden bis zum Eingangstor. Eintritt $ 6.
– Auf halbem Weg zwischen den Großstädten liegt **Six Flags Over Texas,** I-30 & Hwy. 360, 2201 Road To Six Flags, Arlington, TX 76011, ✆ (817) 640-8900, www.sixflags.com/texas/general. Tägl. 10–22 Uhr. Themenpark, der den 6 Nationen nachgebildet ist, die Texas kontrolliert haben: Spanien, Frankreich, Mexiko, Republik von Te-

Fun Park: Six Flags Over Texas

xas, Konföderation, US. Eintritt $ 38, $ 19 für begleitende Kinder oder Senioren.
– Lohnendes Kurzausflugsziel in Dallas und täglich außerhalb der Messezeit geöffnet: **Fair Park**, östlich von Downtown, begrenzt von Parry Ave., Cullum Blvd., Fitzhugh & Washington Aves., ✆ (214) 890-2911: im Oktober überfülltes Messegelände, sonst populärer Stadtpark mit dem neuen **Women's Museum** (s. u.), Aquarium, Gewächshaus, Eisenbahnmuseum, **Museum of Natural History**, Health and Science Museum, der **Hall of State**, einem schönen Art-déco-Bau und Großarenen: Cotton Bowl Stadium (75 000 Plätze), State Fair Coliseum (7 000 Plätze für Rodeo, Pferde-Shows etc.) und einem Vergnügungspark.

Morgens, beim Transfer von Fort Worth nach Dallas, liegt der *Metroplex* (der Großraum Dallas, Gesamteinwohner: 4,9 Millionen; Dallas allein: 1 Million) meist schon unter einer leicht bräunlichen Smogdecke, *L.A. style*.

Zwischen den beiden namhaften Metropolen stecken die kleineren Städte wie Arlington, Grand Prairie oder Irving nicht nur geographisch in der Klemme. Was nützt ihnen schon die Mitgliedschaft im Metroplex, wenn die beiden größten Brü-

Six Flags Over Texas, Dallas

der ständig alles wegnehmen und für sich beanspruchen?

So sind die stolzen Bürger von Arlington sofort beleidigt, wenn es heißt, der Vergnügungspark **Six Flags Over Texas** gehöre zu Dallas. Das spielt allerdings spätestens dann keine Rolle mehr, wenn man den Gerätepark aus Achterbahnen und Abschussrampen betritt – ein Cape Canaveral des Nervenkitzels, auf halber Strecke zwischen Fort Worth und Dallas. Hören und Sehen sind hier schnell vergangen, zum Beispiel auf dem rasanten Teil mit dem besinnlichen Namen *Shock Wave*, in den wüsten Schlauchbooten auf den *Roaring Rapids* oder beim wohl tollsten Härtetest, dem *Texas Cliff Hanger*. Dieses Ding lässt den Betroffenen in einer Kabine einfach fallen, um ihn erst in letzter Sekunde wieder abzufangen. Um den Turmbau berechtigterweise *Cliffhanger* nennen zu können, hatten sich die Vergnügungs-Klempner einen Stuntman aus Hollywood geholt. Der bestätigte, dass der Fall tatsächlich dem Sprung aus einem zehnstöckigen Gebäude gleiche. Auch wer den *Mr. Freeze* besteigt, ist nervlich nicht aus dem Schneider, sondern zischt wie Batman raketenähnlich durchs imaginäre Terrain.

Unten auf dem Highway wirkt die Welt derweil überschaubarer, auch **Dallas** sieht von vornherein so aus, als hätte es festen Boden unter den Füßen. Banken, Ölfirmen, Versicherungen, hypermoderne Hotelkomplexe, Kongresszentren und Messeanlagen imponieren mit spiegelnden Glasfassaden. Klar, Ehrgeiz und Optimismus, nicht Selbstzweifel und Nachdenklichkeit geben hier den Ton an. Computerfirmen wie *Texas Instruments* und Verwaltungsbauten à la *Caltex* haben Dallas zu einer Hochburg der elektronischen Industrie und der Petrochemie gemacht. Und dabei gibt es weder einen Bohrturm noch eine Raffinerie innerhalb der Stadtgrenzen. Und die *Texas Rangers* haben im Baseball ebenso die Nase vorn wie ihre Kollegen im Football, die *Dallas Cowboys*.

Hinter den Superlativen stehen die Macher, die in dieser Stadt das Sagen haben. Das sind in erster Linie die einflussreichen Familiendynastien und Clans, die Oligarchie der Mächtigen, in deren Händen sich ein unvorstellbares Kapital zusammenballt. Milliardäre und Geschäftsgiganten wie der inzwischen über 90-jährige Stanley Marcus (Gründer des prominenten Kaufhauses Neiman Marcus) und die Gebrüder Hunt (Söhne des Öl-Krösus H. L. Hunt) bilden nur die namhafte Spitze eines erzkonservativen Geldimperiums, von dem so gut wie alles hier abhängt. Natürlich auch der extravagante Lebensstil dieser geschlossenen Gesellschaft, der Aufputz der Goldfische im Pool der Superreichen. Trotz deren Publicity-Scheu lebt die Presse nicht schlecht mit der Hofberichterstattung.

Dallas

Dollars aus Dallas fließen nicht nur in die nahe liegenden Taschen. Sie reisen auch. Während des Vietnamkriegs wurden mit ihnen ganze Spionageaktionen in Nordvietnam finanziert. Auch Befreiungscoups zur Zeit der Geiselnahme im Iran. Politik auf eigene Faust und Kosten. Ross Perot lässt grüßen!

Vor allem sorgen die scheinbar unerschöpflichen Mittel dafür, das neureiche Dallas als einen international wettbewerbsfähigen Marktplatz zu erhalten und, so ganz nebenbei, dem Konkurrenten Houston ein Schnippchen zu schlagen. *Big Business* und Stadtverwaltung unterhalten deshalb von jeher eine tatkräftige Allianz. Und wo private und öffentliche Hände einander berühren, springt oft durchaus Brauchbares für die Stadt heraus. Viele öffentliche Aufgaben (Schulen, Parks, Kliniken) sind durch Spenden gelöst worden. Gönner und Geschäftsleute sorgen mit beträchtlichem Aufwand dafür, dass das Schicksal vieler amerikanischer Großstädte nicht auch Dallas ereilt: die Pleite. Kommune (Mayor) und Kommerz arbeiten unter einem (überparteilichen) City Manager Hand in Hand am Image einer kapitalistischen Musterstadt.

Der unbändige Drang nach mehr Wachstum stampft ständig neue Bau-

Downtown Dallas

Dallas

projekte, Shopping Malls und Handelszentren aus dem Steppenboden. Aus dem Terrain, das hier so platt ist wie eine Bratpfanne, wächst ein riesiger Schmuckkasten nach dem anderen empor: aus vergoldetem oder schwarzmattiertem Glas, blinkendem Stahl, rosarot poliertem Granit und anderen kostbaren Steinen. Die klassischen Materialien sind nicht allein fürs Auge, sie wirken auch wertsteigernd, denn so kann man höhere Mieten verlangen. Ganze Satellitenstädte sind mit von der Neubau-Partie. Beispielfall: die *planned community* Las Colinas – eine privat erschlossene Stadt am (künstlichen) Lake Carolyn, durchzogen von Magnetbahnen und mahagonibraunen Wassertaxis. Hier konzentrieren sich heute im Wesentlichen Filmstudios.

Wilder Wein und stramme Waden helfen auch in Dallas, das Stadtbild aufzuheitern

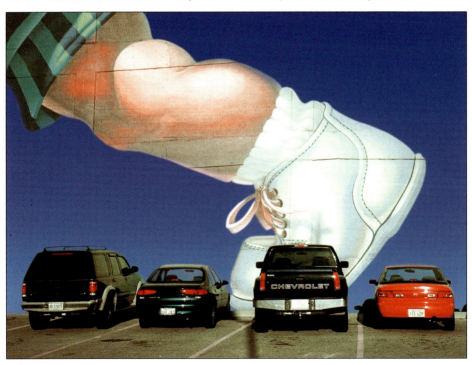

Dallas: Magnolia Petrolium Building, Majestic Theater, Adolphus Hotel

In Downtown wehrt sich die alte Bausubstanz kaum noch gegen Abrissbirnen. Nur Einzelkämpfer haben es geschafft, zum Beispiel das altehrwürdige **Magnolia Petrolium Building** (1401 Commerce & Akard Streets), 1922 gebaut und lange Zeit das höchste Gebäude westlich des Mississippi mit dem Pegasus, dem fliegenden roten Pferd, auf der Spitze und heute ein Klasse-Hotel. Ja, und das prächtige **Majestic Theater**, das ursprünglich als Vaudeville-Palast und seit den 1930er Jahren fürs Kino genutzt wurde. Dagegen scheinen die Stunden vieler kleiner Läden, Drugstores, Sandwich-Cafés im Stil der »Sesamstraße« und im Schatten der gläsernen Wolkenkratzer gezählt.

Das berühmte **Adolphus Hotel** an der Commerce Street hat Glück gehabt. Der in barockem Eklektizismus errichtete Bau des Bier-Barons Adolphus Busch war lange das einzige Hotel weit und breit, ein gesellschaftliches Zentrum, wo man sich traf. Heute, nach der kostspieligen Renovierung, finden sich hier wieder viele Damen zum Fünf-Uhr-Tee ein, vernaschen ihre *petits fours* und plaudern in der luxuriösen Lobby über Dallas, wie es früher war.

Nostalgie ist hier sonst weniger gefragt. Warum auch, das Durchschnittsalter seiner Bürger liegt schließlich unter 30 Jahren! So was bringt Schwung und beflügelt den Ehrgeiz der Yuppies zwischen 9 und 17 Uhr – und den der Playboys nach Büroschluss. Die Scheidungsquote in Dallas liegt in den USA auf einem Spitzenplatz. Bei aller emsiger Geschäftemacherei bleibt also doch genug Zeit fürs Private. Swinging Dallas erkennt man am reichen Angebot von Bars, Nachtclubs, Discos und Wildwest-Schuppen. Man merkt es an exquisiten Restaurants ebenso wie an zünftigen Kneipen mit viel Bier und knackigem

Adolphus Hotel

Barbecue. Der stellvertretende Direktor der Versicherungsfirma fährt nur mal schnell nach Hause und vertauscht den Nadelstreifen mit der abgeschabten Jeans – schon passt er ins Gaudi im »Dusty Trail« zum Beispiel, einem der zahllosen Steakhäuser im Country & Western-Milieu.

Dabei kannte man die Stadt lange überhaupt nicht, und später wollte man sie nicht mehr kennen, denn sie war mit einem Schlag verrufen – an jenem düstersten Tag ihrer Geschichte, am 22. November 1963, als John F. Kennedy hier erschossen wurde. Das brachte über Jahre schlechte Presse. Dallas, die Stadt von Bonnie und Clyde, ja, im übertragenen Sinne ganz Texas, schienen Faustrecht und Gewalt gepachtet zu haben.

Der Schock wirkte bis zum Start der Fernsehserie *Dallas* 1978 nach. »Erst dachten wir, der Bösewicht J. R. würde dem Ruf der Stadt schaden«, erzählt ein

Dallas

Verkäufer in Downtown, »aber dann merkten wir, dass uns gar nichts Besseres hätte passieren können. So beliebt wurde der Mann.« *Dallas* hat Dallas vom Trauma befreit. Aber dennoch waren es in erster Linie handfest-wirtschaftliche Gründe, die das Image aufpolierten. Auf die internationale Ölkrise, die der heimischen Förderung sagenhafte Gewinne einbrachte, folgte der aufwendige Flughafenbau, der Dallas/Fort Worth zum wichtigsten Luftverkehrskreuz zwischen den Küsten machte und seine Handelstradition ausweitete.

Dann setzte die neue Völkerwanderung ein, die zum Sonnengürtel. Der *Sunbelt* war plötzlich gefragt wie nie zuvor. Dallas wurde, ähnlich wie Atlanta oder Houston, zum Beschäftigungsmagneten. Das liegt bis heute an der vielseitigen Wirtschaft, an den zukunftsträchtigen »sauberen« Industrien – High Tech (die drittgrößte Konzentration in den USA, der Ausdruck »Silicon Prairie« spielt darauf an), Banken und Versicherungen, Kosmetik, Mode und die so genannte *hospitality industry*, bei der neben dem Tourismus vor allem Kongresse eine Rolle spielen. Schließlich wollen knapp 60 000 Betten während der jährlich 3 600 Messen und Kongresse auch belegt sein.

Wirtschaftliche Pluspunkte sammelt die Stadt aber auch durch ihre niedrigen Steuersätze, das Fehlen bürokratischer Auflagen und die dürftige gewerkschaftliche Mitsprache. Damit bleiben die Löhne unter Kontrolle, insbesondere die für die billigen Arbeitskräfte.

Das sind in der Mehrzahl *African-Americans*, gefolgt von den *Hispanics*. Sie spielen im gesellschaftlichen Leben von Dallas eine vergleichsweise geringe Rolle. Und das, obwohl ihr Bevölkerungsanteil bei 30 Prozent liegt (16 Prozent davon von *African-Americans*) und ständig wächst, wie übrigens in anderen Ballungszentren des Südwestens auch. Im Gegensatz zu San Antonio scheinen im konservativeren Dallas die Uhren der ethnischen Integration nachzugehen. Zwar gibt es im Vergleich zu anderen US-Großstädten keine regelrechten innerstädtischen Ghettos mit entsprechenden Konflikten. Wohl aber Siedlungsmuster, die die Einkommensgruppen – und damit auch die ethnischen Gemeinden – räumlich auf Distanz halten.

Die Top-Reichen haben sich im Highland Park eingerichtet, einer Villen-Enklave inmitten von manikürten Rasen, die von W. D. Cook entworfen wurde, dem Landschaftsarchitekten, der auch Beverly Hills gestaltet hat. Die Nur-Reichen residieren im Norden. Die neue Heimat der *nouveaux riches* liegt im Osten. Und diejenigen, die immer noch an ihrer ersten Million krebsen, haben ihr Quartier in den kleinen Gemeinden im Norden bezogen, unter anderem in Plano, Richardson oder Carrollton, also in der »Silicon-Prärie«, so genannt, weil sich dort die Elektronikbranche etabliert hat. Unberührt von allen diesen Grüppchen: die Minderheiten. Sie wohnen fast alle im Süden.

Downtown: viel Schau am Bau und meist luxuriös ausgestattete Binnenwelten. Büros, Restaurants, Geschäfte und Freizeitanlagen vereinen sich unter einem Dach, das Lärm und Hitze fernhält. Gläserne Liftgondeln mit strahlenden Lichterkränzen lassen die Leute wie Weihnachtsengel auf und ab schweben. 24 Stunden kann man hier zubringen, ohne einen Fuß ins Freie zu setzen. Unterirdische Passagen und Verbindungsbrücken *(skyways)* schaffen ein lückenloses System der Abschottung nach draußen. Säuselnde Brunnen und plätschernde Wasserspiele, grünes Gehänge und dekorativ postierte Palmwedel sug-

Dallas: Plaza of the Americas, Thanks-Giving Square, Sixth Floor Museum

gerieren das Gefühl, mitten in der Natur zu sein. Wer die **Plaza of the Americas** besucht, bekommt sogar noch ein Extrabonbon: eine kühle Eislaufbahn! In den Monaten der brütenden Sommerhitze wird man solche Räume, wie überhaupt das gesamte Underground Dallas zu schätzen wissen!

Und doch gibt's natürlich ein Draußen. An den Bushaltestellen warten fast ausschließlich Schwarze, an die Häuserfronten gelehnt. Keiner benutzt hier den Porsche aus der Firmentiefgarage, sondern halt das lahme Bussystem. Einigermaßen funktionierende öffentliche Verkehrsmittel stecken trotz einer schicken Straßenbahn (DART) im BVB-Kartoffelkäfer-Look noch tief in den Kinderschuhen. Dass viele *Dallasites* gerade auf dieses Bähnchen mächtig stolz sind, ändert nicht viel.

Gefälliger wirkt da schon die grüne, dreieckige und von Philip Johnson entworfene Oase des **Thanks-Giving Square**, auf den sich die fleißige Welt der Angestellten zur Lunchzeit ergießt. Dann hocken sie auf den Mäuerchen, einzeln oder in Grüppchen. Oder flanieren und futtern Mitgebrachtes. Auffällig die vielen Braun-, Beige- und Dunkelblautöne in der dezenten Kleidung dieser pausierenden Belegschaft. Die Männer adrett mit Anzug und Krawatte, mal mit, mal ohne Westernhut. Die Damen tadellos in Rock und Stöckelschuhen, alle wohl frisiert. Wenn die Pause zu Ende geht (in der Regel gegen 14 Uhr), bekommt das Publikum buntere Tupfer. Dann eilen Schnellköche in Schürzen vorbei, Jogger, schlunzig gekleidete Jungs vom Gas- und Wasserwerk. Die Mehrheit trägt Pappbecher mit sich herum, in denen »Dr. Pepper« schwappt, jene teuflisch süße Limonade, die aus der Soft-Drink-Szene der USA nicht wegzudenken ist. Firmensitz: Dallas.

Hyatt Regency Hotel, Dallas

Aber gehen wir doch der Reihe nach vor. Den Vormittag in Dallas sollte man zum Besuch des **Sixth Floor Museum** nutzen, jener Räume im fünften Stock des ehemaligen Lagerhauses für Schulbücher, aus denen einst auf Kennedy geschossen wurde. Wer auf die Fotos und Videos und nachher durchs Fenster hinunter auf die Straße sieht, der blickt genau aus der Perspektive des Todesschützen. Auch Bob, der die Räumlichkeiten seit ihrer Eröffnung 1990 mitgestaltet hat, glaubt übrigens nicht, dass die offizielle Version (Oswald/Ruby) stimmt. Aber keiner hat bisher etwas anderes vorgelegt. Zukünftig will man die Dokumentation um Artefakte erweitern, um das Geschirr und Besteck, mit dem Kennedy sein letztes Lunch hier in Dallas gegessen habe und alle Kameras der Augenzeugen.

Dallas: Reunion-Komplex, Union Station, Arts District

Vom erinnerungsträchtigen Eckhaus zum postmodernen Hochhaus: das könnte der Sprung hinüber zur kaltblauen Sciencefiction-Kulisse des **Reunion-Komplexes** sein. Auf dem Weg dorthin liegt, isoliert im gleißenden Sonnenlicht, der alte Hauptbahnhof, **Union Station**. Lange herrschte hier High-Noon-Stimmung, denn der Zugverkehr lag still. Heute fahren wieder Personenzüge nach Chicago und San Antonio, wo weitere Verbindungen nach Los Angeles, New Orleans und Florida warten.

Kaum hundert Meter weiter und durch einen Tunnel verbunden grüßen bereits der schmucke Aussichtsturm, die Sportarena und das Hyatt. Hier tagen, schmausen und jubeln keine Gäste, die vom Bahnhof kommen; der moderne Stadtadel pflegt mit dem Hubschrauber einzuschweben. Im Shopping Center der »Plaza of the Americas« süffeln Pärchen an der Bar ihre Margarita und stolze Eltern blicken auf die Eisbahn, wo gerade der Nachwuchs Sprünge macht.

Szenenwechsel: zum Lunch auf **McKinney Avenue** im weitläufigen **Arts District**, wo ein hochkarätiges Kunstmuseum, die Oper und ein Konzertsaal versammelt sind, um sicht- und hörbar das kulturelle Mitspracherecht der texanischen Metropole zu unterstreichen. Schon die Callas sang in Dallas. McKinney präsentiert sich als eine teils backsteingepflasterte Straßenzeile, über die eine nostalgische Straßenbahn *(trolley)* rollt, vorbei an einer ganzen Reihe schicker Patio-Restaurants, chromblitzender Diner, aber auch monströser Stilblüten – wie dem unübersehbaren *The Crescent* zum Beispiel, einem 1986 von der Hunt-Familie hochgezogenen, neoviktorianischen verkorksten Hotel- und Büroteil. Immerhin, das prominente Architektenduo Philip Johnson und John Burgee zeichnen dafür verantwortlich.

Farmer's Market

Dallas: Museum of Art, Farmer's Market, West End, Deep Ellum

Oder man geht gleich zur sympathischen Cafeteria des **Dallas Museum of Art**, um sich anschließend auf einem Rundgang an diesem spannenden Kunstinstitut zu erfreuen.

Der spätere Nachmittag eignet sich gut für den Besuch des quirligen **Farmer's Market**. Terry, der Gemüsehändler, pendelt berufsbedingt zwischen Stadt und Land. Jede Woche fährt er mit seiner Tochter im Pickup in die Innenstadt. Am Stand bietet er sein Obst und Gemüse den eingefleischten Steak-Liebhabern unter den *Dallasites* als Alternative an. »Es braucht so seine Zeit, bis das die Leute hier begreifen. J.R. war da anders.« – »J.R.?« – »Ja, Larry Hagman war früher häufig hier. Er sah überhaupt nicht gemein aus. Ein netter Mensch. Ja, und Vegetarier!«

Abends, vor Sonnenuntergang, führt die strenge Ost-West-Ausrichtung des Straßenrasters dazu, dass die entsprechenden Achsen (etwa Commerce, Main, Pacific und Ross Street) in gleißendes Licht getaucht sind, wie Glühstäbe, während die Nord-Süd-Achsen im tiefen Schatten liegen. Im weißen Abendhimmel schwirren die Flugzeuge wie die Mücken am See. Die richtige Zeit also, sich im **West End** umzusehen, dem restaurierten Backstein- und Warehouse District, mit dem üblichen Entertainment-Mix, Restaurants und *eateries* zum draußen sitzen.

Oder man nimmt die kleinen Ausflüge nach **Greenville Avenue** oder **Highland Park** auf sich, um den Tag zu beschließen. Oder den nach **Deep Ellum**, zur Elm Street (»Ellum« ist die alte charakteristische Aussprache für *Elm*) ein Stückchen weiter östlich, von Downtown aus gesehen, wo den Besucher ein frischer Mix aus Musikclubs, Galerien und experimentellen Theatern erwartet. Dieses erste Schwarzenviertel von Dallas nahe den

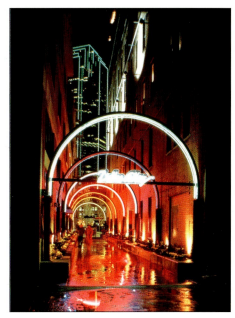

West End

Eisenbahngleisen, Standort zahlreicher Fabriken und Heimat einiger Bluessänger (Blind Lemon Jefferson z.B.), wandelte nach dem Zweiten Weltkrieg sein Outfit. Als die Schwarzen in die (vor allem südlichen) Vororte umzogen, setzte eine Art Soho-Effekt ein: Künstler, Theatergruppen und Galeriebetreiber nutzten die günstigen Mieten und drückten dem ehemaligen Mini-Harlem einen neuen Stempel auf. So oder so, die dallas'sche Turmbaukunst aus Protz und Pracht im Glitzer-Look entgeht niemandem. Eine Fata Morgana in der Prärie? Keineswegs. In weniger als hundert Jahren ist aus einer einsamen Blockhütte eine energiegeladene (und verschwendende) Millionenstadt geworden: das »Big D«. Der Taxifahrer meint abends auf der Heimfahrt: »Dallas hat genug Geld, die Lichter in den Wolkenkratzern nachts brennen zu lassen, obwohl sie leer sind.«

❷ Infos: Dallas

Achtung: bei Ortsgesprächen in Dallas immer auch den *area code* mitwählen – also entweder 214 oder 972! Deshalb sind im Folgenden die Vorwahlnummern ausnahmsweise nicht in Klammern gesetzt.

Dallas Tourist Information Center
100 S. Houston St. (Old Red Courthouse)
Dallas, TX 75202
✆ 214-571-1301
Fax 214-741-2091
www.dallascvb.com
Im roten Schmuckkasten des ehemaligen Gerichtsgebäudes (1892) kann man sich traditionell oder in der Cyber Lounge online informieren.

Adolphus Hotel
Downtown
1321 Commerce & Akard Sts.
Dallas, TX 75202
✆ 214-742-8200 und 1-800-221-9083
Fax 214-651-3561
www.hoteladolphus.com
Grandhotel alter Klasse (1912), das Einzige in Dallas noch erhaltene – mit Antiquitäten, Ölportraits, Wandteppichen, Lüstern und viel Marmor. Exquisites Restaurant (**The French Room**). $$$$

Mansion on Turtle Creek
2821 Turtle Creek Blvd.
Dallas, TX 75219
✆ 214-559-2100 und 1-800-526-5345
Fax 214-559-2100
Gilt als bestes Hotel in Texas, aber: Schon ein mitreisendes Haustierchen kostet $ 50 pro Nacht. Pool, Sauna, Fitnessraum, Babysitting, Top-Restaurant (edles Ambiente, feine Speisen – wie in einer italienischen Villa, $$$). $$$$

The Stoneleigh Hotel
2927 Maple Ave.
Dallas, TX 75201
✆ 214-871-7111 und 1-800-255-9299
Fax 214-871-9379
stonehot@flashnet

www.stoneleighhotel.com
Schön gelegen (Turtle Creek Area) mit europäisch angehauchtem Charme. Zwei gute Restaurants: **Seville** (mit spanischer Küche) und **Sushi at Stoneleigh**. Fitnesszentrum. $$$$

The Magnolia Hotel
1401 S. Commerce St.
Dallas, TX 75201

✆ 214-915-6500, Fax 214-253-0053
sales@themagnoliahotel.com
www.themagnoliahotel.com
Elegantes Design haucht dem historischen Gebäude neues Leben ein. Schon die wunderschöne Lobby lädt zum Verweilen. Einschließlich Frühstück, *happy hour drink*, Fitnessraum, Dampfbad und Jacuzzi. $$$$

Wyndham Anatole Hotel
2201 Stemmons Fwy. (I-35 E., Southeast)
Dallas, TX 75207
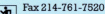
✆ 214-748-1200 und 1-800-WYNDHAM
Fax 214-761-7520
Erstklassige Adresse (1 620 Zimmer) mit ausgezeichneten Restaurants (z. B. das chinesische **Plum Blossom**). Pools, Sauna, Fitnessraum, Babysitting. $$$$

The Aristocrat Hotel
1933 Main St.
Dallas, TX 75201

✆ 214-741-7700 und 1-800-231-4235
Fax 214-939-3639
Im Auftrag von Conrad Hilton 1925 erbaut, war der heute denkmalgeschützte Bau das erste Hotel in den USA, das seinen Namen trug. Sympathischer alter Kasten mit europäischem Flair. Restaurant, Bar. Parkhaus gegenüber. $$$–$$$$

Hampton Inn West End
1015 Elm St.
Dallas, TX 75202
✆ 214-742-5678, Fax 214-748-1179
Ordentlich, preisgünstig und zentral. Pool, Fitnesseinrichtungen, kleines Frühstück. $$$

2 Infos: Dallas

AmeriSuites Dallas/West End
1907 N. Lamar St.

Dallas, TX 75202
✆ 214-999-0500 und 1-800-833-1516
Fax 214-999-0501
www.amerisuites.com
Günstige Lage, kleines Frühstück, Fitnessraum und Pool. Preiswertere Wochenendraten. $$$–$$$$

Holiday Inn – Market Center
1955 Market Center Blvd.
Dallas, TX 75207

✆ 214-747-9551, Fax 214-747-0600

Ordentliches Haus mit Restaurant, Pool und Fitnessraum. $$$

Super 8 Motel
9229 John Carpenter Fwy. (Hwy. 183 & Regal Row)

Dallas, TX 75247
✆ 214-631-6633 und 1-800-662-7437
su8dallas@aol.com
Preisgünstig, zwischen Airport und Downtown gelegen: Pool, Fitnessraum, Sauna und kleines Frühstück. $–$$

Red Roof Inn – Dallas Downtown
4500 Harry Hines
Dallas, TX 75219
✆ 214-522-6650
Fax 214-526-0049
Am Rande von Downtown. Einfach, solide, kleines Frühstück. $$

The Sixth Floor Museum at Dealey Plaza
411 Elm St.
Dallas, TX 75202
✆ 214-747-6660 und 214-653-6659
www.jfk.org
Tägl. 9–18 Uhr
Rekonstruierte Räume, aus denen Lee Harvey Oswald auf JFK geschossen haben soll. Seit 1990 authentische Gedenkstätte. Eintritt $ 6.

Union Station/Amtrak
400 S. Houston St.
Dallas, TX 75202
✆ 214-653-1101
www.philiplamb.com/US08.html
Der 1914 erbaute Bahnhof hat nach langen Jahren des Stillstands wieder Verkehr: die lokalen Busse von DART und AMTRAK-Verbindungen nach San Antonio und Chicago.

Reunion Tower/Hyatt Regency Dallas
300 Reunion Blvd.
Dallas, TX 75207

✆ 214-651-1234
Der 50-stöckige Turm besitzt eine Aussichtsplattform, ein Restaurant und eine Bar.

Dallas County Historical Plaza
Main, Record, Houston & Elm Sts.
Dallas, TX 75202
Kombo aus Erinnerungsbauten: die **Founder's Plaza** gedenkt des Stadtgründers und ersten Siedlers John Neely Bryan durch eine Original-Blockhütte aus der Zeit, als dieser 1841 am Ufer des Trinity River einen Trading Post errichtete; die von Philip Johnson konzipierte **Kennedy Memorial Plaza** erinnert an das Attentat.

West End Market Place
603 Munger Ave.
Dallas, TX 75202

✆ 214-748-4801
www.dallaswestend.org
Mo–Do 11–22, Fr/Sa 11–24, So 12–18 Uhr
Restaurierte Backsteinlagerhallen: Läden (z. B. **Wild Bill's Western Wear**: von preiswerten Tretern bis zu exklusiven Exemplaren für Tausende von Dollars, die sich Medienherren wie Schwarzenegger und Bruce Willis hier haben anfertigen lassen), Restaurants und Entertainment-Komplex **Dallas Alley**, die Nr. 1 der (nächtlichen) Attraktionen von Dallas – hot spot für C & W, R & B, Piano- und Karaoke-Bars.

Dallas Museum of Art (DMA)
1717 N. Harwood St. (St. Paul & Ross Sts.)

② Infos: Dallas

Dallas, TX 75201
☏ 214-922-1200
www.dm-art.org/
Di, Mi, Fr 11–16, Do 11–21, Sa/So 11–17 Uhr., Mo geschl.
Dallas' internationale Kunstsammlung (seit 1903) ist hier in einem ansprechenden Museumsbau (1984) untergebracht. Schöne Einzelstücke wie z. B. Max Liebermanns großformatiges Tafelbild *Im Schwimmbad*. Museumscafé. Eintritt frei.

The Women's Museum
3800 Parry Ave., Fair Park
Dallas, TX 75226
☏ 214-421-7835 und 1-888-337-1167
411@thewomensmuseum.org
www.thewomensmuseum.org
Di–So 10–17 Uhr
Museum in Zusammenarbeit mit der Smithsonian Institution: Geschichte, Rollen und Leistungen der amerikanischen Frauen von der Kolonialzeit bis heute: Unvergessliche Frauen, Ikonen vom Glamour Girl zum Power Girl, Emanzipation, Literatur und Musik, Frauen in Sport, Comedy, Medizin und Wissenschaft sowie *Mothers of Invention*. Displays, Multimedia Shows, digitales Infozentrum (*Cyberspace Connection*). Eintritt $ 5.

American Museum of the Miniature Arts

2001 Lamar St. & Munger Ave. (West End)
Dallas, TX 75202
☏ 214-969-5502
Di–Sa 10–16.30, So 13–16 Uhr
Kuriose Liliput-Welt maßstabsgerechter Winzlinge. Eintritt $ 7, Kinder $ 3.

Trammel & Margaret Crow Collection of Asian Art
2010 Flora St. (Arts District)
Dallas, TX 75201
☏ 214-979-6430
Fax 214-979-6439
www.crowcollection.org/
Asiatische Kunst in meditativer Umgebung.

Morton H. Meyerson Symphony Center
2301 Flora St.,
Dallas, TX 75201

DART-Station: Pearl St
☏ 214-670-3600
Hinreißender Baukörper von I. M. Pei, sein einziger Konzertsaal übrigens (1989). Stammhaus des Dallas Symphony Orchestra, mit 2 000 Sitzen und einer allseits gerühmten Akustik. Besonders beeindruckend ist das Foyer. Ross Perot hat das meiste Geld dafür gespendet.

Dallas Theater Center
(Kalita Humphreys Theater)

3636 Turtle Creek Blvd.
Dallas, TX 75219
☏ 214-526-8210
Der einzige Theaterbau, den Frank Lloyd Wright konzipiert hat. Fertiggestellt wurde er in seinem Todesjahr 1959. Seine kubischen und runden Formen erinnern an das Guggenheim Museum in New York.

Dallas City Hall
Akard, Marilla & Ervay Sts.
Dallas, TX 75201
☏ 214-670-3011
Wie ein auf Kiel gelegtes Schlachtschiff wirkt das futuristische, von I. M. Pei 1978 entworfene Rathaus. Dem monströsen Bau zu Füßen: die dreiteilige Bronzeskulptur von Henry Moore (*The Dallas Piece*).

Neiman Marcus' Original Dallas Store
1618 Main & Ervay Sts.
Dallas, TX 75201
☏ 214-741-6911
Mo–Sa 10–17.30 Uhr
Stammsitz des berühmten Kaufhauses (1907 gegründet; dieser Bau stammt von 1914), das Bloomingdale's von Texas. Unter den über die Jahrzehnte via Katalog angepriesenen Geschenken für »Sie« und »Ihn« befanden sich u. a auch ein Flugzeug, ein Heißluftballon und ein zweisitziges U-Boot, die alle ihre Abnehmer fanden.

❷ Infos: Dallas

Majestic Theater
1925 Elm St.
Dallas, TX 75201
✆ 214-880-0137
Das in barocker Manier gebaute und 1922 eröffnete Theater steht heute renoviert für gastierende Ballett-, Theater und Musikaufführungen zur Verfügung.

Plaza of the Americas
650 N. Pearl Blvd.
Dallas, TX 75201
✆ 214-720-8000
Weiträumiges Atrium mit Shops, Restaurants und Eislaufbahn.

 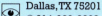
Dallas Farmer's Market
1010 S. Pearl Expwy. (Downtown)
Dallas, TX 75201
✆ 214-939-2808
Tägl. von Sonnenaufgang bis -untergang
Größter texanischer Open-Air-Markt für Gemüse, Obst, Gewürze, Pflanzen und Blumen. Besonders an Wochenenden attraktiv. Gleich dabei: der unscheinbare **Farmer's Market Grill** für Frühstück und Lunch in Südstaaten-Manier, also mit allem Ungesunden, was es da so gibt ...

Old City Park
Zwischen Harwood & Ervay Sts.
1717 Gano St.
Dallas, TX 75215
✆ 214-421-5141
Di–Sa 10–16, So 12–16 Uhr
Open-Air-Museum mit rund zwei Dutzend alten Gebäuden und Objekten, die die Periode von Dallas zwischen 1840 und der Jahrhundertwende erläutern. Eintritt $ 6.

Galleria
13350 Dallas Pkwy. N. am LBJ Fwy. (I-635)
Dallas, TX 75240
✆ 972-702-7100
Monolithisches Shopping Center (und Konkurrenzbau zu Houstons Galleria) mit mehr als 200 Geschäften, Warenhausketten und Restaurants in vierstöckiger, lichtdurchfluteter Mall; Eisbahn, Kinos, Cafés und Hotels (von Downtown Dallas ca. 20 Min.: US 75 North, I-635 West).

Highland Park Village
Mockingbird Ln. & Preston Rd. (mit DART Light Rail erreichbar)
Dallas, TX 75205
Seit 1931 eine der besten Shopping-Adressen in Dallas. Edel-Boutiquen, verschiedenste Restaurants, gefällige Architektur mit spanischen Anklängen.

NorthPark
Northwest Hwy. & N. Central Expwy.
DART Station: Park Lane
Dallas, TX
✆ 972-363-7441
Mo–Sa 10–21, So 12–18 Uhr
Gehobenes Einkaufszentrum mit über 160 Spezialgeschäften und Restaurants, darunter ein populäres chinesisches: **PF Chang's China Bistro** (10 Min. von Downtown Dallas).

Cafe Pacific
24 Highland Park Village (Mockingbird Ln. & Preston Rd.)
Dallas, TX 75205
✆ 214-526-1170
Ein *hot spot* der Restaurantszene von Highland Park. Sehr gute Fischgerichte und deshalb sehr populär. Reservierung ratsam. Lunch und Dinner. So geschl. $$–$$$

Star Canyon
3102 Oak Lawn Ave.
Dallas, TX 75219
✆ 214-520-7827
Sehen und Gesehenwerden: begehrtes Spitzenrestaurant mit ebenso feiner wie scharfer Südwest-Küche. Reservierung unumgänglich. (Anfahrt von Downtown Dallas: I-75 North, Exit Oak Lawn, rechts bis Cedar Springs, dort wieder rechts.) $$$

Watel's Restaurant
2719 McKinney Ave.

67

Infos: Dallas

Dallas, TX 75204, © 214-720-0323
Bistro mit viel Geschmack. Delikate Kleinigkeiten, leichte Küche mit italienischem Einschlag und französisch angehaucht. Lunch und Dinner. $$

 Terilli's Restaurant
2815 Greenville Ave.
Dallas, TX 75206
© 214-827-3993
www.terillisdfw.com
Italienische Küche, Live-Jazz, *people watching.*

 Aw Shucks
3601 Greenville Ave.
Dallas, TX 75206
© 214-821-9449
Zum Draußensitzen. Restaurant (Steaks, *gumbo, shrimps*) und Austernbar. $–$$

 Lombardi's
311 N. Market St. (West End)
Dallas, TX 75202
© 214-747-0322
Salate, Pasta etc.: leichte Küche, Lagerhallen-Design mit Art-déco-Decke, beliebt und munter. $$

 Coco Pazzo
2504 McKinney Ave.
Dallas, TX 75201
© 214-871-2606
Ein Stück Toskana im *Metroplex*: helles, angenehmes italienisches Restaurant zum Drinnen- und Draußensitzen. $$–$$$

 Pomodoro/Arcodoro
2520 Cedar Springs Rd.
Dallas, TX 75201
© 214-871-1924
Kulinarisches Duo: norditalienische Küche mit sardischen Einschlägen. Pomodoro ist mehr Chichi. $$–$$$

 St. Pete's Dancing Marlin
2730 Commerce St.
Dallas, TX 75226
© 214-698-1511

Voll im Trend: *hangout* für *Yuppies*, schmackhafte Kleinigkeiten, spezielle Margaritas, Cocktails, auch zum Draußensitzen. $$

 Avanti
2720 McKinney Ave.
Dallas, TX 75204
© 214-871-4955
Schickes italienisches Lokal mit Live-Musik. Lunch und Dinner und, Do–Sa ab Mitternacht, *Moonlight Breakfast.*
$$–$$$

 AquaKnox
3214 Knox St.
Dallas, TX 75219
© 214-219-2782
Renommiertes Speiselokal mit eklektischer Küche. Sushi-Bar. Fisch, Lamm, tolle Desserts. $$–$$$

 LuLu's Bait Shack
2621 McKinney Ave.
Dallas, TX 75204
© 214-969-1927
Tipp für Freunde der Cajun-Küche. Fisch! Zur Gaudi tragen die Drinks bei, die in Näpfen serviert werden, in die jeder seinen Strohhalm steckt und aus denen alle gemeinsam trinken. $–$$

 Del Frisco's Double Eagle Steak House
(nördlich von Downtown, Nähe Galleria)
 5251 Spring Valley Rd.
Dallas, TX 75240
© 972-490-9000
Bekannt und geschätzt für Steaks in texanischer Saloon-Atmosphäre. Reservierung empfohlen. So geschl.
$$–$$$

 Snuffers
3526 Greenville Ave.
Dallas, TX 75206
 © 214-826-6850
Nach einhelliger Meinung gibt's hier die besten Hamburger der Stadt, perfekte College-Menüs und gute Margaritas. $

Infos: Dallas

Primo's
3309 McKinney Ave., Dallas, TX 75204
© 214-220-0510
Legeres Tex-Mex-Restaurant *(patio)* mit beliebten *killer margaritas*. $–$$

 Sonny Bryan's Smokehouse
302 N. Market St. (West End)
Dallas, TX 75202
© 214-744-1610
www.sonnybryansbbq.com
Exzellente BBQ-Kette: würzige Rippchen und knackige Würste. Nur Lunch. *Beer only* … $

 Have A Nice Day Cafe
2020 N. Lamar St. (West End)
Dallas, TX 75202
© 214-303-1540
Disco-Musik, große Tanzfläche, farbige Wandmalereien.

 Gypsy Tea Room
2548 Elm St.
Dallas, TX 75226
© 214-747-9663
Tanzsaal für 5 Live-Bands.

 Deep Ellum
Elm St., östlich von Downtown Dallas

 www.ondaweb.com/deep_ellum
Künstlerviertel in ehemaligem Lagerhallenbezirk. Besonders an Wochenenden gefragt – vor allem für Jazz und Blues, aber auch Alternatives und ein bisschen Avantgarde für anspruchsvollere *locals*. U. a. **Blind Lemon** (2805 Main St., © 214-939-0202), **Club Dada** (2720 Elm St., © 214-744-3232) oder das populäre **Trees** (2709 Elm St., © 214-748-5009). Empfehlenswert auch **Sambuca** (2618 Elm St., © 214-744-0820), gute mediterrane Kost und Live-Jazz.

 Samba Room
4514 Travis St.
Dallas, TX 75205
© 214-522-4137
 Neu und *hip*: lateinamerikanischer Mix – frischer Fisch, Lamm, grillter Kaktus. Samba und ein Hauch von Kuba.

Wichtige Feste:

September/Oktober: **State Fair of Texas**, Paraden, Rodeo, Wettkochen und viel Musik. Dezember: **Neiman Marcus Adolphus Children's Parade**, Kinderfest in Downtown, dessen Erlöse der Kinderklinik zugute kommen.

Schnupperkurs – Texas style

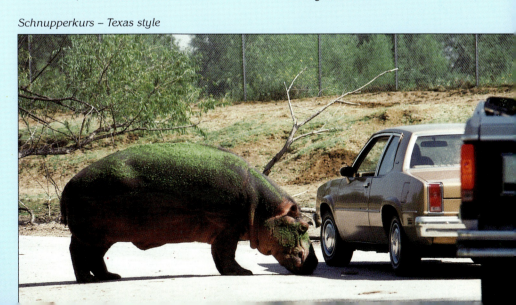

❸ Die aparte Hauptstadt
Austin

3. Route: Dallas – Austin
(304 km/190 mi)

km/mi	Zeit	Route/Programm
0	9.00 Uhr	In **Dallas** Elm St. gerade zu auf die I-35E nach Süden über
221/138	11.00 Uhr	**Salado** (Shopping/Lunch: ca. 2 Std.) nach
304/190	14.00 Uhr	**Austin**.

Bronco-Reiten in Dallas

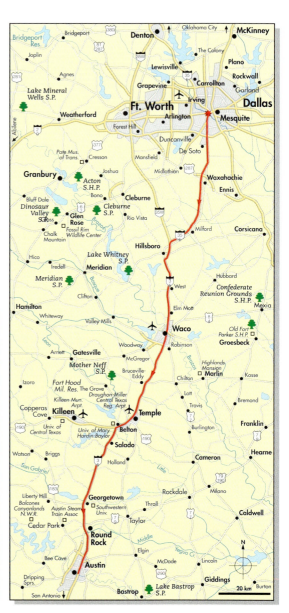

Wer die Stadt verlässt, gerät, wie meist in Amerika, innerhalb kürzester Zeit in eine andere Welt. Außerhalb von Dallas ist es eine der Baumwolle, der wiehernden Pferde und üppigen Ranches – näher kann der Zubehör des Old West einer modernen Großstadt kaum kommen.

Kaum, dass die Skyline im Rückspiegel zur bunten Ansichtskarte zusammenschrumpft, wechseln sich Äcker, welliges Buschland und grüne Weiden ab. Wen der Hunger packt, bekommt bald die Gelegenheit zu einem ethnisch-kulinarischen Schmankerl. In dem kleinen Nest **West**, südlich von Hillsboro, bietet eine tschechische Bäckerei schmackhaft eingelegte Sachen an, sogenannte *Kolaches* [ko'lätschis], das heißt Schinken, Käse oder Erdbeerquark von einem zwar leckeren, allerdings ein wenig fettigen Teigmantel umschlungen.

Bei **Waco**, jener Stadt, die durch die blutige und folgenschwere Belagerung der Sektenfestung der Davidianer Schlagzeilen machte, geht es über den Brazos River und wenig später folgt ein *billboard*, das bereits für die ebenso abkühlenden wie nassen Freuden des Wasserparks SCHLITTERBAHN in New Braunfels wirbt.

Salado, die alte Gemeinde am gleichnamigen Creek, die schon Indianer, Spanier und mexikanische Reisende angezogen hat, entpuppt sich als ein hübsches kleines Dorf mit fotogen weißgetünchter Kirche, Antiquitätenläden und schnuckeligen kleinen Hotels. In den Gärten der Restaurants lohnt es allemal, eine Pause einzulegen und es den einstigen Postkutschenreisenden nachzutun, die im Schatten der Eichen und Nussbäume des **Stagecoach Inn** hielten, unter ihnen rühmliche ebenso wie unrühmliche Gäste. Das Flüsschen, so sagt man, soll heilende Kräfte freisetzen. Um diesen Zustand zu verlängern, schuf man die Plastik einer weinenden Seejungfrau, deren Tränen den Creek bis in alle Ewigkeit in Fluss halten sollen.

Wenige Zeit später beginnen die lieblichen Züge des **Texas Hill Country** Gestalt anzunehmen, ein hügeliger und wasserreicher Landstrich, der es schon früh den Reisenden angetan hat. So notierte der berühmte Gartenarchitekt Frederick Law Olmsted schon 1857 in seinen »Wanderungen durch Texas« unter anderem: »Die Umgegend ist wellenförmig und malerisch, und man hat hübsche Aussichten nach entfernten Hügeln und munter glänzenden Bächen, welche von den Abhängen der Prärien sich ergießen.« Auch **Austin** schneidet gut ab. Olmsted: »Austin hat eine recht angenehme Lage am Ufer des Colorado, es war der hübscheste Ort, den wir bis jetzt in Texas gesehen hatten, eine Art Washington im Kleinen und durch ein umgekehrtes Glas betrachtet.

Das war 1857. Zuvor (1839) hatten fünf Reiter vom damaligen Präsidenten der Republik Texas den Auftrag erhalten, den geeignetsten Platz für eine Hauptstadt auszukundschaften. Einen Monat schwärmten die Leute aus, dann kamen sie mit ihrem Tipp zurück. Es gebe da ein hübsches Plätzchen mit ein paar Hütten an einer Krümmung des Colorado River. Der Name: Waterloo.

Ein böses Omen war das nicht. Noch im selben Jahr schüttelten die neuen Stadtväter ihr »Waterloo« ab und eigneten sich den Namen von Stephen F. Austin an, dem allseits verehrten »Gründungsvater« von Texas. Bis heute zeigt das Wirkung. Immer mehr Texaner wollen in Austin wohnen, und zwar am liebsten versteckt unter *Live oak*-Bäumen mit Fernblick. »Wenn Dallas New York ist und Houston Chicago, dann ist Austin San Francisco«, lautet ein Spruch.

Austin

Gastliche B & Bs erwarten den Besucher in Salado

Aber, wie meistens, erzeugt ein Run auch Schattenseiten. Das überdurchschnittliche Wachstum (inzwischen gibt es 465 000 Austinites, davon fast zehn Prozent Studenten) hat in den letzten Jahren deutliche Spuren hinterlassen, so dass die Stadt nicht mehr auf ganz so vielen Rosen gebettet zu sein scheint wie noch vor fünf oder zehn Jahren. Als Regierungs- und Universitätssitz leistet sich Austin zwar immer noch eine vergleichsweise aparte Lebensqualität, aber typische US-Großstadt-Syndrome wie Überbevölkerung, dicke Luft und Zersiedelung machen sich auch hier bemerkbar.

Trotzdem, die Stadt steht an achter Stelle auf der Beliebtheitsskala des Landes, wenn es um Jobs, Lebensart, medizinische Versorgung und vergleichsweise geringe Kriminalitätsrate geht. Die hohe Zuzugsrate, insbesondere von High-Tech-Firmen, belegt das. Die Kuppel des State Capitol Building ist zwar noch 2,10 Meter höher als die in Washington, D.C. (das konnte Herr Olmsted bei seinem Vergleich damals nicht wissen, denn die Kuppel war noch im Bau), aber auf Geltungsdrang lässt das nicht schließen. Nein, das öffentliche Leben ist auffällig zurückhaltend, das Bevölkerungsprofil ungewöhnlich. Austin gilt als Stadt der Bücherwürmer. Hier werden pro Kopf mehr Bücher verkauft als in den 50 größten US-Städten. Manche Texaner blicken deshalb mit Skepsis auf ihre Hauptstadt, auf ihre liberalen Politiker, die Studenten, die vielen Musiker, Denkmalpfleger und Umweltschützer, die Lebenskünstler, die

Austin: Sixth Street, Guadalupe Street

Scharen von Regierungsbeamten und Rechtsanwälten.

Sehen wir uns um. Zunächst in Downtown, denn die Einfahrt bildet die quicklebendige **Sixth Street**. Der im Stil einer klassischen Südstaaten-Villa errichtete Prachtbau der **Governor's Mansion**, die alte **French Legation**, das opulente **Driskill Hotel** gehören zu den ästhetischen Bojen der Innenstadt, an denen sich der Blick festmachen kann.

Wer Congress Avenue zum Town Lake, der seeartigen Erweiterung des Colorado River, hinunter- und zur Congress Avenue Bridge geht, kann bei Anbruch der Dämmerung Zeuge eines besonderen Naturspektakels werden, wenn Scharen von Fledermäusen (1,5 Millionen!), die hier ihren Sommersitz haben, zwischen Mitte März und Ende Oktober in den Abendhimmel zum Dinner starten.

Aber es gibt noch weitere Möglichkeiten, Austin kennen zu lernen. Für den Anfang ist es vielleicht keine schlechte Idee, sich einmal die Studentenzeitung zu besorgen, den »Daily Texan«, der überall auf dem Campus ausliegt und nichts kostet. Das Blatt bewährt sich meist als vorzüglicher Wegweiser durchs Uni-Leben und durch das, was gerade in der Stadt los ist – Kinoprogramme, Vorträge, Konzerte, Kneipen, Dichterlesungen.

Die UT-Belegschaft bevölkert außerhalb vom Campus vor allem **Guadalupe Street** zwischen der 21. und 24. Straße samt ihrer angrenzenden Parallel- und Seitenstraßen. Die Entfernungen ermuntern auf jeden Fall zum Gebrauch der eigenen Füße. Wer mit dem Auto fährt, flitzt an zu vielen Einzelheiten vorbei und verschleißt auch noch viel Energie auf ständiger Parkplatzsuche.

Jedes Frühjahr verwandeln die »bluebonnets« weite Flächen von Zentral-Texas in einen blauen Blütengarten

Austin: Sixth Street, Artist's Market, Zilker Park, Lake Travis

In den Cafés und kleinen Restaurants (die leckeres Zaziki anbieten), den Buchläden (Barnes & Nobles mit dem inzwischen obligaten Starbucks-Implantat), Verkaufsständen, Läden (Klamotten, Musikkonserven, Frisöre) und auf den Straßen geht es locker und lässig zu. Besonders am **Artist's Market** (23rd Street) unterhalb des altgedienten Wandbilds von Stephen Austin. Und ist die Sonne so richtig warm und die Luft trocken genug, dann scheint es sogar manchmal, als wehte ein Hauch des kalifornischen Berkeley durch Austin.

Ähnlich wie das Studentenmilieu zieht die sportliche Park- und Badekultur von Austin und Umgebung gesellige Kreise. Ob im nahen Hill Country mit dem Colorado River, der die zahlreichen Highland Lakes wie ein blaues Perlenband durch die grünen Hügel zieht, oder gleich vor der Haustür, auf dem Jogging-Pfad am Town Lake, den bequemen Radwegen in der Stadt, in den Parks und Grünanlagen: Überall bilden sich besonders an Wochenenden bunte Freizeitnester und Grüppchen an exzellenten Picknick- und Schwimmplätzen.

Eine Gebrauchsanweisung fürs Grün: **Zilker Park** mit dem populären **Barton Springs Pool**. So ganz nebenbei lernt man hier auch eine ganze Menge über die Art und Weise, wie Amerikaner mit ihren Parks umgehen, Beispiele für den *American way of living in the park* – rund um die obligate Kühlbox.

Exklusivere Berührungen mit der Natur, solche im kleinen Kreis oder ganz allein, gewähren die gepflegten Sport- und Freizeitanlagen am **Lake Travis.** Weniger als eine halbe Autostunde von Austin entfernt, zählt dieses Segel-, Golf- und Tennisparadies zu den schönsten seiner Art in Texas. Die Reitwege durch die bewachsenen Hügel und duftenden Büsche eignen sich für jede Schrittart. Westernsattel sind üblich. Wer aber möchte, darf sich in einen englischen schwingen. Je

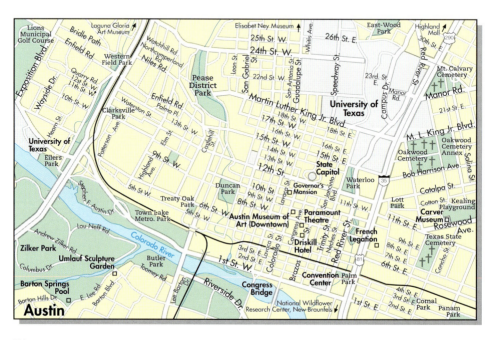

Austin: »Live Music Capitol of the World«

»Old fashioned honky-tonk«: Broken Spoke, Austin

nach Geschmack, aber dennoch fest im Sattel – so ist das nun mal in Austin.

Die texanischen Regierungsbeamten und Jungakademiker teilen sich offenbar ihre Zeit gut ein, denn sonst hätte die Stadt kein so weitverzweigtes Kulturleben, also Theater und Kinos, Kunstausstellungen, Bibliotheken und Biergärten, Musikkneipen – und *Microbreweries*, von denen es besonders viele gibt. Ohne sein breites und aufgeschlossenes Publikum wäre Austin auch nie die *Live Music Capital of the World* geworden, wie es sich gern selber nennt.

Wie ein Schwamm saugt die Stadt seit vielen Jahren Musiker und Bands dieser Musikgattung in sich auf. Vor allem texanische Musiker, Interpreten, die ihre anfängliche Begeisterung für die US-Hochburgen des Musikgeschäfts – Los Angeles, Nashville, Branson und New York – überwunden hatten und merkten, dass unter dem Druck der Plattenfirmen die eigene Kreativität auf Dauer den Kürzeren zog.

Früher war das mal anders. In den 1960er Jahren nämlich, als die neue Rockmusik im stockkonservativen Texas nur Ärger brachte, wanderten viele Musiker nach Kalifornien ab, vor allem nach San Francisco. Janis Joplin und Steve Miller, um nur zwei zu nennen. Noch heute packt den einen oder anderen gelegentlich das Heimweh – Nancy Griffith zum Beispiel, die vom *Lone Star State of Mind* singt, der sie überkommt, als sie in Denver hockt, kalifornischen Wein trinkt, aber wehmütig an Corpus Christi denkt.

Austin: »Live Music Capitol of the World«

Plausch auf Congress Avenue, im Hintergrund das State Capitol Building, Austin

Austin gilt als Mischpult des »Austin Sound«, des progressiven Country Rock. »Progressiv« deswegen, weil diese Musik deutlich auf Elementen texanischer Volksmusik gründet und ausgeleierte Versatzstücke ebenso meidet wie parfümierte Klangvorhänge aus Streichern und süßlichen Hallchören. Das meiste davon ist *live* überall in der Stadt zu hören – in Dutzenden von kleinen oder großen Clubs, Country Discos und Konzertsälen. Im Verein mit CD-Läden und lokalen Radiosendern gelten die dort produzierten Klänge als Alternative zum glatten US-Show-Biz.

Ganz entscheidend ist auch die Kultfigur der texanischen Country Music, Willie Nelson, am musikalischen Ruhm von Austin beteiligt, er, der wie kein anderer Musiker das Idol des poetischen Nonkonformisten verkörpert. Nelson kam aus Nashville nach Texas zurück und finanzierte in Austin verschiedene Konzerträume und Musiklokale. Bei dieser Gelegenheit sei daran erinnert, dass sich Texas überhaupt als Geburtsland vieler prominenter Musiker sehen lassen kann. Neben Buddy Holly gehören unter anderem Gene Autry, Freddy Fender, Larry Gatlin, Waylon Jennings, Kris Kristofferson, Trini Lopez, Kenny Rogers, Doug Sahm, Ernest Tubb und Tanya Tucker sowie Bob Wills dazu – eine stattliche Liste!

Die spezifische Variante der Musikkneipe ist die *dance hall*, von denen es gerade in Austin eine ganze Reihe gibt. Diese Etablissements wurden einst ins

Austin: »Live Music Capitol of the World«

Leben gerufen, um die guten und die bösen Buben, die Gesellschaft der Saloons und die der Kirchen auf eine möglichst vergnügliche Art miteinander bekannt zu machen. Der Tanz auf den polternden Bretterdielen leistete also von Anfang an einen Beitrag zur Zivilisation des Wilden Westens. In fast einem Dutzend solcher Tanzpaläste lebt die Tradition in Austin heute weiter. Auch sonst herrscht in Texas an ihnen kein Mangel, und wenn das *Saturday Night Fever* ausbricht, sind sie alle brechend voll. Schon die draußen geparkten Autos verraten die integrierende Funktion, die ein Tänzchen dieser Art offenbar hat. Und tatsächlich enthüllt die Tanzfläche, wie divers die texanische Männerwelt eigentlich ist – gemessen an den dort agierenden Versicherungsvertretern, Truckern und College-Professoren. Vom Spektrum der Damenwelt ganz zu schweigen. Wer an der Bar sitzt und nur zuschaut, kann beim nächsten Mal schon mitmachen, denn in der Stadt werden Kurse für Westerntanz angeboten. Da kann man sie denn alle lernen – den *Texas two-step, Southwest two-step, Texas waltz* und Polka, *Square Dance* und den *Cotton-Eyed Joe*. Keine Frage, diese regionale Tanzkultur ist populär. *Break dancing* aus New York will dagegen in Texas keiner nachmachen. Was nicht heißt, dass nun alle geschlossen zur Country-Szene stehen. Manche Jugendliche rümpfen sogar die Nase darüber, bezeichnen ihr musikalisches Erbe als *tractor music* und setzen auf New Wave und Punk. Freilich nicht, ohne gleichzeitig bedauernd darauf hinzuweisen, dass so was ja meist nur mit Verspätung nach Texas kommt.

Kostproben der lokalen C & W-Szene sind abends mühelos und zu Hauf zu haben – entweder entlang der Sixth Street oder, gleich in der Nähe, im so genannten **Warehouse District**.

Kunstmarkt (Artist's Market) an der Guadalupe Street

3 Infos: Salado, Austin

Salado Chamber of Commerce
Salado Civic Center, N. Main St.
Salado, TX 76571
✆ (254) 947-5040
Mo–Fr 9–12, 13–17 Uhr

The Salado Mansion
Main St.
Salado, TX 76571
✆ (254) 947-5157
Drinnen und draußen im historischen Tyler House von 1857: mexikanische Küche. Abends wird das Kaminfeuer angezündet. $$

The Inn at Salado
7 N. Main St. (Pace Park Dr.)
Salado, TX 76571
✆ (254) 947-0027 und 1-800-724-0027
Fax (254) 947-3144
www.inn-at-salado.com
Angenehm und ruhig um einen schönen Garten gruppierte Gästehäuser. 8 Zimmer, einige mit Kamin. Großes Frühstück. $$–$$$

Stagecoach Inn
1 Main St.
Salado, TX 76571
✆ (254) 947-5111, Fax (254) 947-0671
Seit 1835. Zuerst bekannt als Salado Hotel. Dann durch die Stagecoach umbenannt. Heute Hotel mit Pool, Tennisplätzen und Restaurant – mit Lunch und Dinner *family style* (✆ 254-947-9400). $$

Austin Convention & Visitors Bureau
201 E. 2nd St.
Austin, TX 78701
✆ (512) 478-0098 und 1-800-926-2282
Fax (512) 404-4383
www.austintexas.org

The Driskill Hotel
604 Brazos & 6th Sts.
Austin, TX 78701
✆ (512) 474-5911 und 1-800-252-9367
Fax (512) 474-2214
Feines, altehrwürdiges Haus von 1886 in der Stadtmitte, das der Abrissbirne so eben noch entkommen konnte und hübsch saniert wurde. Pool, Restaurant. $$$$

Habitat Suites
500 E. Highland Mall Blvd.
Austin, TX 78752
✆ (512) 467-6000 und 1-800-535-4663
info@habitatsuites.com
www.habitatsuites.com,
Angenehme Suiten mit Küche, Pool und schattigem Garten: ökologisch orientierte Oase (kein Chlor, keine Pestizide etc.) in einem großen Shopping-Komplex (Highland Mall). Mit Frühstück und kostenloser Happy hour. Wochenende preiswerter. $$$–$$$$

Holiday Inn Austin Town Lake
20 N. I-35 (Exit 233)
Austin, TX 78701
✆ (512) 472-8211 und 1-800-465-4329
Fax (512) 472-4636
www.holidayinntown.citysearch.com
Zentral und nah am See gelegener Rundbau, Restaurant, Fitnessraum, Sauna, Pool. $$$–$$$$

Lakeway Inn
101 Lakeway Dr.
Austin, TX 78734
✆ (512) 261-6600 und 1-800-525-3929
Fax (512) 261-7322
Ruhig und landschaftlich reizvoll gelegenes Hotel, Sport- und Freizeitzentrum am Ufer des Travis Lake. Es locken Reitgelegenheiten, 33 Tennisplätze, 3 Golfplätze (Design: Jack Nicklaus). Zufahrt: von der RR 620, Südseite Travis Lake. $$$$

McKinney Falls State Park
7102 Scenic Loop
Austin, TX 78744
✆ (512) 243-1643 und 1-800-792-1112
Voll ausgestatteter Campingplatz für Camper und Zelte. Keine Reservierung möglich. Anfahrt: von Austin US 183

③ Infos: Austin

South, an McKinney Falls Pkwy. rechts, Onion Creek. Zuzüglich Parkgebühr.

Austin Lone Star RV Resort
7009 I-35 South, Exit 227
Austin, TX 78744
✆ (512) 444-6322 und 1-800-284-0206
austcamp@flash.net
www.gocampingamerica.com/lonestar
132 *hookups*, Zeltplätze, 8 Hütten, gut ausgestattet. Ganzjährig.

Governor's Mansion
1010 Colorado St.
Austin, TX 78701
✆ (512) 463-5516
Touren Mo–Fr 10–12 Uhr
Die prächtige Antebellum-Villa ist Sitz der Gouverneure von Texas seit 1856. Wegen der hochkarätigen Einrichtung auch etwas für Antiquitätenliebhaber. Eintritt frei.

Paramount Theatre
713 Congress Ave.
Austin, TX 78701
✆ (512) 472-5411
Der opulente Theaterraum bildet seit über 100 Jahren den festlichen Rahmen für Broadway-Shows, klassische Filme und Konzertaufführungen. Tagsüber Führungen nach Voranmeldung.

Austin Museum of Art (Downtown)
823 Congress Ave. & 9th St.
Austin, TX 78701
✆ (512) 495-9224
Di–Sa 11–19, Do bis 21, So 13–17 Uhr
Wanderausstellungen. Museumsshop. Parken gegenüber im Parkhaus an der 9th St. Eintritt $ 3.

Austin Museum of Art (Laguna Gloria)
3809 W. 35th St.
Austin, TX 78703
✆ (512) 458-8191
Di–Sa 10–17, Do bis 21, So 12–17 Uhr
Mediterran anmutende ehemalige Privatvilla, schön gelegen. Wanderausstellungen mit Gegenwartskunst.

French Legation Museum
1 Block östl. der I-35
E. 7th & San Marcos Sts.
Austin, TX 78702
✆ (512) 472-8180
Di–So 13–17 Uhr
Fein restauriertes kreolisches Landhaus mit zeitgenössischer Einrichtung von 1840, das einzige Gebäude in Texas, das von einer fremden Regierung errichtet wurde. Eintritt $ 3.

Elisabet Ney Museum
304 E. 44th St.
Austin, TX 78751
✆ (512) 458-2255
Mi–Sa 10–17, So 12–17 Uhr; Mo/Di geschl.
Plastische Arbeiten (Gips und Marmor) der deutschen Künstlerin (1833–1907). Eintritt frei.

Zilker Park & Barton Springs Pool
2100 Barton Springs Rd.
Austin, TX 78746
✆ (512) 478-0905
Tägl. 5–22 Uhr
Populär: öffentliches Schwimmbad mit quellfrischem Pool (ganzjährig) im Zilker Park, Schwimmen und *tubing* mit aufgeblasenen Gummireifen. Außerdem Rad- und Wanderwege, Picknick-, Kinderspiel- und Fußballplätze, Gärten und *gazebos*.

Jeffrey's
1204 W. Lynn & 12th Sts.
Austin, TX 78703
✆ (512) 477-5584
Exzellentes kleines Restaurant mit variabler Geschmackspalette: asiatisch, *Southwest* und französisch. Umsichtiger Service. So geschl. $$$

Green Pastures
811 W. Live Oaks (Nähe S. 5th St.)

❸ Infos: Austin

Stramme Jungs beim Lacrosse-Spiel

Austin, TX 78704
✆ (512) 444-4747
Allseits geschätzte in eleganter viktorianischer Villa inmitten edler Landschaftsarchitektur (mit Pfauen). So nur Brunch – aber was für einer! $$–$$$

 Z Tejas Grill
1110 W. 6th St.
Austin, TX 78703
✆ (512) 478-5355
Raffinierte Südwestküche in attraktivem Speiseraum. $$–$$$

Carmelo's
504 E. 5th St.
Austin, TX 78701
✆ (512) 477-7497
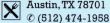

Empfehlenswerte italienische Küche. Mit Innenhof. Reservierung empfohlen. $$

 Shoreline Grill
98 San Jacinto Blvd. & 1st St.
Austin, TX 78701
✆ (512) 477-3300
Lunch und Dinner (auch *al fresco*) mit feiner Küche (Fisch!) und herrlichen Aussichten auf den Town Lake und die abendlich startenden Fledermäuse, die von der Congress Bridge zu ihrem Nachtmahl aufbrechen. $$–$$$

 Sullivan's
300 Colorado St.
Austin, TX 78701
✆ (512) 495-6504
Steakhouse im *Chicago style*: beliebt und voll im Trend. Plus Jazz. $$

 Mezzaluna
310 Colorado St.
Austin, TX 78701
✆ (512) 472-6770
Italienisch orientierte Küche, gute Weinauswahl. $$

 Ruta Maya Coffee House
218 W. Fourth St.
Austin, TX 78701
✆ (512) 472-9637
Allzeit duftendes, urgemütliches Kaffeehaus – Tag und Nacht. $

 Broken Spoke
3201 S. Lamar Blvd.
Austin, TX 78704
✆ (512) 442-6189
Altmodische *honky-tonk* mit Country-Musik und Country-Swing zum Tanzen. Eine Institution in Austin. (Für Hungrige: Hamburger, Tex-Mex Steaks, BBQ.)

 Scholz Garten
1607 San Jacinto Blvd. (Nähe E. 17th St.)
Austin, TX 78701
✆ (512) 474-1958

❸ Infos: Austin

Ältester Biergarten in Texas (seit 1866) – von BBQ bis Wiener Schnitzel. Die dazugehörige Kegelbahn *(bowling alley)* gehört einem deutschsprachigen Gesangsverein und ist öffentlich nicht zugänglich. Man behauptet, dass in Scholz Garten mehr politische Deals abgeschlossen würden als im Capitol. So geschl. $–$$

Fado Irish Club
214 W. 4th St.
Austin, TX 78701
✆ (512) 457-0172
Original Irland-Import. Der Club ist bekannt für seine vielen Biersorten und die deftige Kost.

Speakeasy
412 Congress Ave.
Austin, TX 78701
✆ (512) 476-8017
Jazzclub (Live-Swing und Jazz Mi–Sa) und Cocktail Lounge.

Hole in the Wall
Gegenüber der Universität
2538 Guadalupe St.
Austin, TX 78705
✆ (512) 472-5599
Dunkle und verrauchte Musikkneipe, *hangout* für Studenten; Pool-Billard und Live-Musik (Jazz/Rock).

La Zona Rosa
612 W. 4th St.
Austin, TX 78701
✆ (512) 263-4146
www.lazonarosa.com
Night spot für Soul, Rock, Blues, Country und Folk.

Cedar Street Courtyard
208 W. 4th St.
Austin, TX 78701
✆ (512) 495-9669
www.cedarstreetcourtyard.com
Open-Air-Garten mit Live-Musik. Mo–Fr Happy hour.

Hang 'Em High Saloon
291 E. 6th St. (gegenüber vom Driskill Hotel)
Austin, TX 78701
✆ (512) 332-0382
Beliebte C & W Adresse.

Old Pecan St. Cafe
310 E. 6th St.

Austin, TX 78701
✆ (512) 478-2491

Einladend, angenehm. Inmitten des *Honky-tonk*-Trubels. Tageskarte und ruhige Weintische. Bar. $$

Wichtige Feste:

Mitte März: **South by the Southwest Music & Media Conference**, Musik- und Filmfestival im Convention Center und in den Clubs.
Mai: **Old Pecan Street Festival,** bei dem 6th Street zwei Tage lang Kopf steht, und **Cinco-de-Mayo-Feier** der Unabhängigkeit Mexikos von Spanien in den Fiesta Gardens.
Juli/August: **Aquafest** am Town Lake mit Wassersport und andere Gaudi.

Zona Rosa's Sunday Brunch, Austin

🔴 *Gone With The Wurst*
New Braunfels

4. Route: Austin – New Braunfels (77 km/48 mi)

km/mi	Zeit	Route/Programm
0	Vormittag	In **Austin:** Besuch des **National Wildflowers Research Center**. Um die Mittagszeit anschließend I-35 South bis Exit 189 (ca. 1 Std. Fahrt) nach
77/48	Nachmittag	**New Braunfels** (Plaza). Stadtrundgang und Ausflug ins benachbarte **Gruene:** ein Stück I-35 nach Norden, Abfahrt Canyon Lake (FM 306), diese nach Westen, an der 1. Kreuzung links noch knapp 1 km; – oder erholsamer Nachmittag im **Landa Park.**

Austin: National Wildflower Research Center; **New Braunfels**

Vor dem Abschied von Austin sollte man die texanischen Wildblumen aus der Nähe ansehen – im **National Wildflower Research Center**, einem didaktischen botanischen Garten von besonderem Reiz und voller Leben.

Thema sind die texanischen Pflanzen, auch das robuste *buffalo grass*. Im Kinderhaus lernen die Kleinen, wie man *wildflowers* in *eco pots* pflanzt – in mit Zeitungspapier zusammengehaltenen Erdbällchen (statt Plastik), die sie zu Hause einpflanzen können, der Herbst ist schließlich Pflanzzeit für die *bluebonnets*, die im Frühjahr vor allem das Texas Hill Country zum Leuchten bringen. Es wird gemalt und gebastelt. Die Ausstellungshalle ist freundlich und hell. Es gibt viel zu sehen – und auch zu hören, zum Beispiel Kräutermedizin und Ralph, den sprechenden Rasenmäher, der über sein Los jammert und gern in Rente gehen möchte (*grow don't mow*, heißt die Devise).

Mustergärten bilden die typisch texanischen Vorgärten *(front yard)* nach. 1. ein zusammengekauftes Sammelsurium von Zierpflanzen und falschem Rasen (aus Neuseeland); 2. ein formaler Garten nur mit texanischen Pflanzen, Sträuchern und Blumen; 3. ein wild wachsender texanischer Garten, der bei Schmetterlingen ebenso wie bei Hummeln den größten Anklang findet. Durchgängig: ansprechende Architektur mit Frank-Lloyd-Wright- und anthroposophischen Anklängen. Der Aussichtsturm sieht aus wie eine Mischung aus Chaco Canyon und Rheinburg. Die Baumaterialien sind ebenso wie die Flora aus Texas, vor allem der *limestone*, der in solider deutscher Bauweise in großen Quadern vermauert ist. Das Regenwasser wird von Dächern in eine Zisterne geleitet, die damit für beträchtliche Wasservorräte sorgt.

Auf dem Highway nach Süden flitzt das Ausfahrtsschild NIEDERWALD vorbei. Niederwald? Das macht hellhörig. Und richtig, noch bevor New Braunfels auftaucht, passiert fast ein deutsches Wörterbuch Revue: KOHLENBERG ROAD, OMA'S HAUS und (erneut!) die HOTTEST COOLEST SCHLITTERBAHN.

Ein Blick auf die Landkarte bestätigt es, im Hill Country ringsum lassen sich auf Anhieb viele deutsche Namen sammeln – Luckenbach, Weimar, Blumenthal, Rheingold oder Schulenburg. Ihre Zahl liegt über hundert. Keine Frage, wir sind im *German Belt*, in der Region zwischen San Antonio und Austin, wo vor nunmehr mehr als 150 Jahren die ersten deutschen Siedler auftauchten, meist geführt und beschützt von so genannten Adelsvereinen.

So brachte auch Prinz Carl zu Solms-Braunfels 1845 eine Gruppe von Landsleuten nach **New Braunfels**, gute Kolonisten, die auch sofort Hand an die texanische Wildnis legten, um den fruchtbaren Böden Essbares abzugewinnen. Dass dabei etwas über die Jahre herausgekommen ist, verkünden unter anderem Autoaufkleber: IN NEW BRAUNFELS IST DAS LEBEN SCHÖN. Eine lokale Tageszeitung heißt heute immer

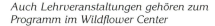

Auch Lehrveranstaltungen gehören zum Programm im Wildflower Center

4 New Braunfels: Prince Solms Inn, Hummel Museum

Beim alljährlichen »Wurstfest« …

noch *Herald-Zeitung*, und nach wie vor treffen sich muntere deutsche Skat- und Kegelbrüder.

Die Kleinstadt am idyllischen Comal und Guadalupe River, mit rund 30 000 Einwohnern die zweitälteste von Texas und schon vorhanden, als der Staat noch gar nicht existierte, weist wegen ihres hohen Alters ausnahmsweise einmal kein typisch amerikanisches Schachbrett-Muster *(grid system)* auf, sondern ist eher wie ein Wagenrad ausgelegt. Sie bietet ein gepflegtes Stadtbild mit alten Fachwerkhäusern aus Holzbalken und Sandsteinquadern, die an die solide Baukunst der frühen deutschen Pioniere erinnern und besonders von Amerikanern bewundert werden. Viele Texanerinnen zeigen sich außerdem noch davon beeindruckt, dass die deutschen Siedler unter anderem auch die Kettensäge erfunden haben. So was imponiert.

Unter den historischen Hotels steht der **Prince Solms Inn** mit an erster Stelle, dessen feudale Einrichtung besonders bei Hochzeitspärchen beliebt ist. Und zum schönen Leben in New Braunfels gehört selbstverständlich auch die teutonische Kochkunst. In »Krause's Café« zum Beispiel bilden sich die Wirtsleute viel auf ihre Spezialitäten ein. Mit Recht, denn ihr »Kasseler Rippchen« (mit Sauerkraut und Knödeln, versteht sich) kann sich ebenso sehen lassen wie die riesige Eingangstheke voller Wurstsorten und Fleischwaren. Gemütlichkeit *German style* ist in der Stadt Trumpf. Namen wie »Heidelberg-Halle«, »Wolfgang's Keller« oder »Schmitz-Hotel« sprechen dafür.

Zum Tagesthema für ganz Texas wird alljährlich das zehntägige New Braunfelser »Wurstfest« Anfang November mit viel Akkordeonmusik, Jodlern und anderem Gaudi. Der Programmzettel listet ein beträchtliches Aufgebot an *German Entertainment* – die Blaskapelle der *Fichtelgebirgsmusikanten*, das Melodram *»Gone With The Wurst«, Oma & the Oompahs,* das *Alpen Blech Ensemble, The Hermann Sons Polkateers, Loreley und Schatzi, The Mitternaechters, The Sauerkrauts, The Deutsche Volkstanzverein of San Antonio, The Alpenmusikanten, The Jubilee Polka Band, The TubaMeisters.* Das Gaudi in nackten Zahlen: 160 000 Besucher, 42 000 Reibekuchen, 25 Tonnen Würste. Die Statistik schweigt sich über die Biermenge aus. Als Höhepunkt der Feier gilt die Wahl der schönsten »Hummel«-Figur – einer lebendigen natürlich.

Aus Gips geformt, stehen die schönsten im **Hummel Museum**, die bekannten gibt es massenhaft in *Opa's Haus* am Stadtrand zu kaufen, im größten Versandhaus von deutschen Memorabilien in den USA mit Hunderten von Bierkrügen, Dirndln und Schwarzwald-Kuckucksuhren.

Die meisten Neuansiedler kennen die ethnische Vorgeschichte von New Braun-

New Braunfels: Main Plaza, Landa Park, Comal River

fels nicht oder wenn, dann nur schemenhaft. Deshalb, meint Judy von der Handelskammer, müssen die *Oldtimers* die *Newcomers* immer wieder mit der deutschen Ur- und Frühgeschichte vertraut machen: »*We reteach the new folks*«, sagt sie. Zwar lebt auch eine hispanische Gemeinde in New Braunfels, aber die Beziehungen zwischen ihr und den deutschstämmigen Einwohnern könnten besser sein, hört man.

Vielleicht sollte man sich nach der Ankunft erst einmal zu Fuß im Zentrum der Stadt umsehen, in alle vier Himmelsrichtungen von der **Main Plaza** aus. Ganz in der Nähe stehen die solide **First Protestant Church** von 1845 (296 S. Seguin St.), das Gründerfamilienhaus von **Walter Faust** im ornamentfreudigen Queen-Anne-Stil und das **Faust Hotel**, das seit den 20er Jahren des 20. Jahrhunderts unverändert Dienst am Gast tut. Auf der Querachse, der San Antonio Street, sind unter anderem das verspielte **John Faust House** (361 W. San Antonio), das erwähnte **Hummel Museum** und der elegante **Prince Solms Inn** (295 E. San Antonio) zu sehen. Ein Stückchen weiter, an der Comal Avenue 491, findet sich das berühmte **Ferdinand Lindheimer Home** von 1852, die ehemalige Wohnung des angesehenen Botanikers, gebaut in deutscher Fachwerkmanier mit texanischem Zedernholz und Kalkstein.

Zu einem schönen Tag in New Braunfels gehört mindestens ein Bummel durch den **Landa Park**, am besten verbunden mit einer kleinen Tour (Glas- oder Paddelboot) auf dem glasklaren **Comal River** [gesprochen: ko'mäl]. Der schattige und wasserreiche Park, der an einer Erdfalte *(escarpment)* liegt, teilt die Stadt in eine höhere und niedrigere Ebene. Das Wasser kommt buchstäblich aus

… ist in ganz New Braunfels kein Bett mehr frei

New Braunfels: Schlitterbahn, Gruene Hall; **Canyon Lake**

der Erde, aus dem *Ogallala aquifir*, einem unterirdischen und durch ein Erdbeben entstandenen See, der das größte Trinkwasserreservoir von Texas bildet. Wenn es voll ist, dringt Wasser durch das Kalkgestein nach oben und ergießt sich in den Fluss. Da es sich unterwegs mit Sauerstoff anreichert, bildet es beim Austreten Blasen – zur Freude der Fische, die sich wie in einem riesigen gut belüfteten Aquarium vorkommen. Auch anderes Getier und üppige Flora (z. B. die fleischiggroßblättrigen Elefantenohren) schätzen das ungewöhnlich klare Wasser: Gänse, Schildkröten und Kormorane, die auf die frisch ausgesetzten Fische lauern.

Spaß mit Wasser wird an anderer Stelle in New Braunfels groß geschrieben – auf der **Schlitterbahn**. Sie ist nicht nur der größte Wasser-Fun-Park in den USA, sondern mit 15 000 Wasserwerkern auch der größte Arbeitgeber in der Stadt. Schon von weitem erkennt man das nasse Imperium an seinen monströsen Aqua-Röhren, die in den heißen Sommern den ersehnten kühlen Schwung bringen. Das Familienunternehmen expandiert kräftig (auch außerhalb der USA) und baut nicht nur spritzige Pisten, sondern auch die dazugehörige Infrastruktur, Motels zum Beispiel.

Gleich nebenan und noch innerhalb der Stadtgrenzen, erweist sich **Gruene** [gesprochen: grien] als ein New Braunfels im Westentaschenformat, denn alles liegt hier in Rufnähe beieinander: schnuckelige Hotels, summende Biergärten am Fluß, auf dessen reges Schlauchboottreiben man hinuntergucken kann, Antiquitätenläden, der sehenswerte **General Store**, ja, und die **Gruene Hall**, die wohl bekannteste unter den altmodischen *dance halls* in Texas.

Gründervater Ernst Grüne zog 1845 mit seiner Braut Antoinette an diesen Fleck und erkannte richtig und rechtzeitig den Wert der Baumwolle. Also erhielt der Ort nicht nur seinen Namen, sondern entwickelte sich für eine Weile (bis 1925) zu einer wohlhabenden Baumwollgemeinde. Dann war alles zu Ende und Gruene eine *ghost town*; erst seit ein paar Jahren geht es durch denkmalpflegerische Bemühungen um die deutschen und viktorianischen Häuser des 19. Jahrhunderts wieder bergauf.

Auf der Rückfahrt nach New Braunfels kann man noch einen Schlenker zur **Conservation Plaza** einlegen, wo eine Art Freilichtmuseum zusammengestellt ist, das die lokale Baugeschichte (u. a. auch das älteste Schulgebäude von Texas) illustriert. Unweit liegt auch das **Museum of Texas Handmade Furniture**, das einen detaillierten Einblick in die Handwerkskunst der frühen deutschen Zimmerleute bietet.

In New Braunfels führt die szenische **River Road** aus der Stadt an (und oft über) den Guadalupe River mit dichtem Buschwerk, Kakteen und *bluebonnets*-bestandenen Ufern – ein Dorado für Wildwasserfans. Schlauchboote, Flöße und Kajaks kann man überall mieten. Weiter flußaufwärts lockt der gestaute **Canyon Lake** zum Baden, sicher einer der reizvollsten Seen in Texas überhaupt.

Gruene Mansion Inn

4 Infos: Austin, New Braunfels

Lady Bird Johnson Wildflower Center
4801 La Crosse Ave.
Austin, TX 78739-1702
℃ (512) 292-4200, Fax (512) 292-1484
www.wildflower.org
Di–So 9–17.30 Uhr
Ökologisch orientierter botanischer Garten, Museum und Forschungsinstitut rund um die einheimischen Pflanzen des Texas Hill Country: Wildblumen, Gräser, Reben und Bäume. 1982 von Lady Bird Johnson ins Leben gerufen. Besonders farbig sieht hier alles im Frühjahr aus, aber auch der Herbst ist eine gute Besuchszeit. Im Kinderhaus gibt es exotische Tiere zu sehen. Deutsche-, Missions- und Ranch-Architektur spiegeln die regionale Bautraditionen. Café, Bibliothek, hübsches Auditorium. Anfahrt von Downtown Austin: I-35 nach Süden, Slaughter Lane nach Westen bis La Crosse Ave., dort links und auf Schilder achten. Eintritt $ 4.

Greater New Braunfels Chamber of Commerce
390 S. Seguin St.
New Braunfels, TX 78131
℃ (830) 625-2385 und 1-800-572-2626
Fax (830) 625-7918
nbcc@nbcham.org
www.nbcham.org

Prince Solms Inn
295 E. San Antonio St. (Nähe Plaza)
New Braunfels, TX 78130
℃ (830) 625-9169 und 1-800-625-9169
Was deutsche Handwerker 1898 in viktorianischem Stil erbaut haben, steht heute als B & B den Gästen offen. Schattiger Garten. Ebenfalls romantisch: **Wolfgang's Keller Restaurant** im Haus. Mit kleinem Frühstück, Fahrradverleih. $$–$$$

Faust Hotel
240 S. Seguin St.
New Braunfels, TX 78130
℃ (830) 625-7791, Fax (830) 620-1530
Historisches Hotel (1928) im Zentrum, hübsch restauriert. $$–$$$

The Other Place
385 Other Place Dr. (Nähe Schlitterbahn)
New Braunfels, TX 78130
℃ (830) 625-5114, Fax (830) 625-5125
Direkt über dem Comal River gelegen: familienfreundliche Fachwerkhäuser und -hütten mit Küche im Grünen. Picknick-Wiese. Man kann schwimmen, angeln und sich in Gummireifen übers Wasser treiben lassen. An Wochenenden 2 Nächte Minimum. $$$–$$$$

Gruene Mansion Inn
1275 Gruene Rd.
New Braunfels, TX 78130
℃ (830) 620-0760, Fax (830) 629-7375
www.gruene.net/gruenemansion
Viktorianische Unterkunft über dem Guadalupe River – mit gutem Restaurant, guten Weinen und schönen Sonnenuntergängen. $$$–$$$$

Gruene Homestead Inn
832 Gruene Rd.
New Braunfels, TX 78130
℃ (830) 606-0216 und 1-800-238-5534, Fax (803) 625-6390
www.gruenehomesteadinn.com
Komfortables Landhaus mit 21 Zimmern, schön ruhig gelegen, ein paar Minuten außerhalb von New Braunfels. Pool. $$$–$$$$

Hill Country RV Resort
131 Ruekle Rd. (I-35, Exit 184, auf Ruekle Rd. East)
New Braunfels, TX 78130
℃ (830) 625-1919
Privater Stellplatz.

Lindheimer Home (Museum)
491 Comal Ave.
New Braunfels, TX 78130
℃ (830) 625-8766
Tägl. 14–17 Uhr
1852 aus Holz und Adobelehm erbaut. Ferdinand Lindheimer kam 1836 aus Frankfurt/M. nach Texas und gilt als Vater der texanischen Botanik. Neben anderen

④ Infos: New Braunfels, Gruene

sehenswerten Architekturzeugnissen in New Braunfels liegt das Lindheimer-Haus auf der *Walking Tour of Historic New Braunfels*, die man gut zu Fuß machen kann. Hinter dem Lindheimer-Haus fließt der glasklare Comal River. Eintritt $ 1.

Sophienburg Museum and Archives
401 W. Coll St.
New Braunfels, TX 78130
✆ (830) 629-1572
Di–Sa 10–17, So 13–17 Uhr
Die Ausstellung in diesem Hauptquartier des Adelsvereins im 19. Jh. macht die Besiedlungsgeschichte unter Prinz Carl von Solms-Braunfels anschaulich. U. a. gibt es da eine Nachbildung seiner Burg an der Lahn. Eintritt $ 1.50. Die dem Museum zugeordneten **Sopienburg Archives** findet man 200 N. Seguin St., ✆ (830) 629-1900, gertxhst@sat.net, Mo–Fr 10–16 Uhr. Eintritt $ 2.50.

Museum of Texas Handmade Furniture
1370 Church Hill Dr.
New Braunfels, TX 78131
✆ (830) 629-6504
Variable Öffnungszeiten; meist 13–16 Uhr

Miss Hummel: Wahl der schönsten Hummelfigur-Darstellerin

Kleines Open-Air-Museum mit Möbeln, Einrichtungsgegenständen und Originalwerkzeugen aus der Frühzeit der deutschen Einwanderer ab 1845. Eintritt $ 5.

Conservation Plaza
1300 Church Hill Dr.
New Braunfels, TX 78130
✆ (830) 629-2943
Di–Fr 10–15, Sa/So 14–17 Uhr
Ensemble restaurierter, regionaler Bauten.

The Hummel Museum, Inc.
199 Main Plaza
New Braunfels, TX 78130
✆ (830) 625-5636 und 1-800-456-4866
Mo–Sa 10–17, So 12–17 Uhr
Das weltgrößte Museum für die Werke der Schwester Maria Innocentia Hummel: Kohle-, Pastell- und Ölbilder, die nach ihrem Tod zur Nachahmung lockten und der Welt die zahllosen Hummel-Figuren bescherten. Im Zweiten Weltkrieg waren sie für die GIs ein gefundenes Souvenir-Fressen. Eintritt $ 5.

Schlitterbahn
190 W. North St.

New Braunfels, TX 78130
✆ (830) 625-2351
www.schlitterbahn.com
Im Sommer tägl. 10–20 Uhr
Größter Wasser-Fun-Park der USA: mit »Surfburg« und »Blastenhoff«, vielen Rutschen und Röhren. Halb- und Ganztagstickets: $ 17/25, Kinder $ 14/21.

Gristmill River Restaurant & Bar
1287 Gruene Rd. (Downtown)

Gruene, TX 78130
✆ (830) 625-0684
Heiterer Biergarten am Abhang des rauschenden Bachs, wo einst das Mühlrad klapperte: einfach und urig für jedermann. Von simplen Kombos wie *Texas torpedoes (fried jalapenos)* und Longneck-Bier zu Forellenfilets und texanischem Chenin Blanc aus der Llano Estacado Winery in Lubbock. $–$$

❹ Infos: Gruene, New Braunfels

Hatz aufs eingeseifte Ferkel: Beliebtes Beiprogramm beim Rodeo

  Gruene Hall
Main St.
Gruene, TX
✆ (830) 606-1281
www.gruenehall.com
Honky tonk-Milieu seit 1878: Pooltische, Biergarten, Bar und riesige Tanzfläche. An Wochenenden, im Sommer täglich *live entertainment*.

 Landa Park
 110 Golf Course Rd.
New Braunfels, TX 78130
✆ (830) 629-7275
Reizvoller Park im Nordwesten der Stadt mit (für diesen Teil von Texas) ungewöhnlicher Vegetation tropischen Grüns. Paddelboote, Gummireifen *(tubing)* auf dem Landa-See und dem Comal River. Pools, Golfplatz, Angeln, Picknick.

 River Road
New Braunfels
Rund 25 km lange flussnahe Erholungsstrecke mit schattigen Picknick- und Campingplätzen, die zum (künstlichen) Canyon Lake führt.

 Krause's Café
148 S. Castell St.
New Braunfels, TX 78130
✆ (830) 625-7581
Traditionell: Frisches und Leckeres zu jeder Tageszeit – Hämmchen, Rippchen, Kartoffelsalat, Sauerkraut, Bohnen und andere *German-Tex*-Gerichte. Zum Abschluss Käsekuchen und Schokoladenpudding. So geschl. $

Wichtige Feste:

1. Wochenende im Mai: **Folkfest.** – Ende Oktober/Anfang November: **Wurstfest**, das Nonplusultra der Special Events in New Braunfels in den Bierzelten und Wursthallen im Landa Park, tägl. von 17 Uhr bis Mitternacht. Motto: »Where the best times are the wurst times«.

❺ Kaffeeklatsch im Wilden Westen
Fredericksburg

> Hin nach Texas,
> wo der Stern im blauen Felde
> eine neue Welt verkündet,
> jedes Recht für Recht und Freiheit
> und für Wahrheit froh entzündet –
> dahin sehnt mein Herz sich ganz.
>
> Hoffmann von Fallersleben

5. Route: New Braunfels – Boerne – Sisterdale – Luckenbach – Fredericksburg (216 km/135 mi)

km/mi	Zeit	Route	Route siehe Karte S. 82.
0	10.00 Uhr	Abfahrt von **New Braunfels** über die Plaza und dort S 46 stadtauswärts, dem Schild 46 West nach BOERNE folgen.	
134/84		Bergheim	
149/93	11.30 Uhr	**Boerne** (1 Std. Pause für die *Hauptstrasse* und Plaza.). An der *Hauptstrasse* rechts, nach der 3. Ampel rechts in die *farmroad* 1376. Über Sisterdale nach	
200/125	13.00 Uhr	Downtown **Luckenbach**. (Aufpassen: ein Ortsschild gibt es nicht, deshalb auf den **South Grape Creek** achten und sofort danach links einbiegen.) 1 Std. Rast im Schatten. Weiterfahrt und an US 290 West nach links und	
216/135	14.30 Uhr	**Fredericksburg**.	

Alternativen & Extras: Ein Ausflug in den Texas-Untergrund der **Cascade Caverns**, 5 km südlich von Boerne auf der Cascade Caverns Rd. Effektvoll ausgeleuchtete Höhlen (50 m tief, 50 m lang) mit einem hohen unterirdischen Wasserfall. Picknick und Camping, ⓒ (830) 755-8080, tägl. 9–18 Uhr.
– Oder: **Natural Bridge Caverns**, 26495 Natural Bridge Cavern Rd., Natural Bridge Caverns, TX 78266, ⓒ (830) 651-6101, tägl. ab 9 Uhr, zwischen New Braunfels und San Antonio. Die gut einstündigen Touren starten alle 30 Min.; die letzte beginnt um 18 Uhr (Juni–Labor Day) bzw. um 16 Uhr (Sept.–Mai). Angenehm kühl.
– **Enchanted Rock State Park**, RM Rd. 965 (N. Milam), ca. 28 km nördlich von Fredericksburg. Rosaroter Granitberg, der aus der bewaldeten Landschaft ragt: Treffpunkt für Kletterer, Geologen, Picknickfamilien, Camper. Bei Vollmond leuchtet der Steindom im magischen Licht, tägl. 8–22 Uhr.
– **Lyndon B. Johnson State Historical Park**, an der US 290, Nähe Stonewall, ⓒ (830) 644-2252: Ranch des ehemaligen Präsidenten mit Büffeln und Longhorns, im Sommer tägl. 9–18, im Winter 8–17 Uhr.

Hill Country, Boerne, Sisterdale, Luckenbach

Kaum, dass New Braunfels aus den Augen gerät, nimmt das malerische **Hill Country** den Blick wieder gefangen. Seine Entstehung beruht, wie meist, auf trockenen geologischen Tatsachen. Dicke Kalksteinschichten, Ablagerungen auf einem uralten Meeresgrund, wurden im Laufe der Zeit nach oben und über die **Coastal Plains** hinaus gedrückt und bildeten das heute so genannte **Edwards Plateau**. Flüsse ritzten dann Täler in die Gesteinsmasse, und was stehen blieb, sind die Hügel, die wir heute wahrnehmen.

Der *Blumenmeister* und *Schwamkrug's Steakhouse* liegen am Weg, zwei Tennis-Ranches huschen vorbei, aber auch richtige, also *working ranches*. Dann und wann fahren ein paar borstige *Prickly pear*-Kakteen ihre Stacheln aus, doch Eichen, Mesquite- und Juniperbäume überwiegen.

Dann naht **Boerne**, ein reizend am Fluss gelegenes und mit beschatteten Villen besetztes Städtchen mit gerade mal knapp über 4 000 Einwohnern. Ein Verehrer des jüdischen Dichters und Publizisten der Jungdeutschen Ludwig Börne hat den Ort nach ihm benannt. Hier sagt der Tankwart, nachdem er sein Geld bekommen hat, in akzentfreiem Deutsch »Danke schön«.

Die Dichter des Vormärzes – unter anderem Georg Büchner, Heinrich Heine und Ludwig Börne – ließen sich durch Bekanntschaften mit deutschen Auswanderern um die Mitte des 19. Jahrhunderts wahre Begeisterungshymnen über Texas entlocken. Vor allem Hoffmann von Fallersleben. Ausgerechnet Texas erschien ihm als der Ort in der Neuen Welt,

> *wo der Fluch der Überlieferung*
> *und der alte Köhlerglaube*
> *vor der reinen Menschenliebe*
> *endlich wird zu Asch' und Staub.*

Am Fluss wird geangelt und gefuttert, auf der grünen Plaza (mit *gazebo*) spielen die Kinder am Springbrunnen, es ist Sonntag. Boerne bietet ein paar *Historical Walking Tours* zur Auswahl, gute Gelegenheiten, sich über die Geschichte des Ortes schlau zu machen. Sie fällt sofort ins Auge: die alten Steinbauten mit den kleinen Fenstern, die steilen Giebel und Gärten. Mitglieder der idealistischen deutschen *Kolonie von Bettina*, die auch an anderen Stellen in Texas so genannte »lateinische Siedlungen« gegründet hatten, fassten hier zuerst 1849 Fuß. Ihr Bauernhof war dem Landsitz Ciceros nachgebildet und hieß dementsprechend Tusculum.

Am Ende der *Hauptstrasse* führt eine schöne *farmroad* über Land an Schweinefarmen und Ranches, Vieh und Windrädern vorbei nach **Sisterdale**, eine weitere ursprünglich deutsche Ortschaft, die unter anderem die sehenswerte **Badenthal-Farm** im Sisterdale Valley Historic District vorzuweisen hat.

Kurze Zeit später: **Luckenbach**, ein Wallfahrtsort für Country & Western-Fans. Als der Countrysänger Waylon Jennings »Luckenbach, Texas« sang, brachte er den Ort auf die Landkarte. Seither kommen jährlich Tausende in dieses gottverlassene Nest, das im Wesentlichen nur aus einem *general store,* einer *dance hall* und einer Parkuhr besteht. Einwohnerzahl: drei. Nur ein Telefon erinnert an unser Jahrhundert. Ansonsten steht in Luckenbach die Pionierzeit still.

Minna Engel eröffnete 1849 den Laden, um mit den Indianern Waren zu tauschen. Ein Jahr später baute sie an, eine Poststation und eine Bar. Ben Engel wurde Postmeister. Jahrzehnte später machte noch eine Schmiede nebenan auf. Das war's dann. Erst 1970 verkauften die Nachfahren der Engels die ganze »Stadt« an Hondo Crouch, Kathy Morgan und

5 Luckenbach, Fredericksburg

Guich Koock. Hondo, eine Art texanischer Willy Millowitsch, wurde Bürgermeister, was der Popularität Luckenbachs enormen Auftrieb gab. Bis 1976 blieb er dort, dann starb er. Seither gehört Downtown Luckenbach seinen beiden Töchtern und Mrs. Morgan, denn Koock ging nach Hollywood und machte ein Vermögen im Filmgeschäft. Luckenbach dagegen blieb: in den Songs von Jennings, Willie Nelson und Jerry Jeff Walker. Ab und zu trifft sich hier die Country-Music-Gemeinde, um von jenem einfachen Leben zu träumen, das ihr Waylon Jennings über Luckenbach vorgesungen hat.

Das suchen auch die Touristen, die hier gern mal im Laden kramen oder sich mit einem Bier unter den schattigen Eichen erfrischen wollen. Immer vorausgesetzt, man findet hin. Ein bisschen Glück braucht man schon dazu, denn zu viele Souvenirjäger waren schon vorher in Luckenbach. Das *Texas Highway Department* hat es schon lange aufgegeben, neue Schilder aufzustellen.

Nirgendwo findet man deutsche Siedlungsgeschichte eindrucksvoller vorgeführt als in der heimlichen Hauptstadt des *German Belt,* in **Fredericksburg**. Mit seinen 20 Kirchen, restaurierten Steinhäusern und Biergärten präsentiert der 7 000-Seelen-Ort deutsche Kulturgeschichte im Einweckglas, aber doch auch zum Anfassen und Mitmachen.

Dr. Charles Schmidt, angesehener Zahnarzt am Ort, holt die zweibändige Ahnengeschichte aus dem Bücherregal. Er buchstabiert die Orte, aus denen seine Großeltern ursprünglich kamen: Düren, Aachen, Köln. Ja, nach Deutschland möchte er gern mal. Am liebsten den Rhein hinunter, um die richtigen deutschen Städte zu sehen: Heidelberg, Michelstadt, Nördlingen.

Sein Deutsch besteht aus insularen Brocken, die ziemlich verloren im englischen Sprachmeer herumschwimmen.

Gesamtkunstwerk: der General Store von Luckenbach

Fredericksburg

Aber er gibt sein Bestes und steht voll zu seiner Herkunft. Nebenberuflich und mit viel Engagement arbeitet er in der Historischen Gesellschaft des Bezirks mit, die sich für die Erhaltung der *heritage* in Gestalt der alten Architektur einsetzt. Das Geld für die Verschönerungsarbeiten wird meist durch Spenden aufgetrieben.

Mit noch mehr Hingabe als ihr Ehemann pflegt Loretta das deutsche Erbe. Am liebsten in der Küche. Ihre Waffeltörtchen, Gugelhupfs und Pfeffernüsse werden nicht nur von ihren beiden Kindern geschätzt, sie stehen bei der ganzen Familie und in der Bekanntschaft hoch im Kurs – besonders beim Kaffeeklatsch, der sonntags dem Kirchgang und dem Mittagsbraten folgt. Besuch aus der alten Heimat, dem *Old Country*, ist dabei (und überhaupt) stets willkommen. Dann können die paar rostigen Vokabeln wieder aufpoliert werden.

Jim, Nachbar der Schmidts, muss auch zu Gedrucktem greifen, um seine Herkunft einzukreisen. Als Kind in der Schule konnte er noch kein Wort Englisch. Heute verhält es sich eher umgekehrt. Sein Englisch ist perfekt, doch sein Deutsch klingt seltsam. Er spricht – so wie viele hier in der Gegend – eine Art tiefgefrorenes Deutsch. Es stammt eben aus dem 19. Jahrhundert und bildet heute ein Gemisch aus veralteten Ausdrücken, unterschiedlichen Dialekten und übersetztem Englisch. Verständlich, denn die ehemalige Muttersprache hat sich seit der Ankunft der ersten Siedler nicht mehr weiterentwickelt. Jim merkte das, als er später auf der Universität deutsche Sprachkurse belegte: »Die Lehrer hatten nur ein Ziel: mir mein Fredericksburg-Deutsch auszutreiben.« Das wird heute gerade mal noch von den 70–80jährigen gesprochen, auf der Straße, am Telefon, in den Geschäften. Bald wird es auch damit zu Ende sein.

Betty Klein ist in diesem Alter. Sie arbeitet ein paar mal in der Woche auf der LBJ-Ranch, dem Anwesen des früheren Präsidenten Lyndon B. Johnson, das nur einige Autominuten von Fredericksburg entfernt liegt. Unter den Sehenswürdigkeiten der Ranch befindet sich auch ein deutscher Bauernhof, die Sauer-Beckmann-Farm, der noch so funktioniert wie damals: mit prall gefüllter Räucherkammer *(Schmokhaus)*, Gemüsegarten, Viehhaltung und eigener Marmeladen-, Wurst- und Seifenherstellung. Je nach Bedarf erläutert Betty den Besuchern diese Errungenschaften entweder auf Deutsch oder auf Englisch. Dabei erklärt sie die Funktion der guten Stube ebenso wie die Bedeutung des deutschen Ofens. Die Deutschen hielten nämlich in den USA an ihren gusseisernen Öfen fest, während die angelsächsischen Kollegen auf ihren offenen Kaminen beharrten.

Beim Rundgang kommt Betty auch auf eine deutsche Erfindung zu sprechen, als sie eine Art Fleischwolf für Maiskolben vorführt, ein praktisches Gerät, mit dem man die Körner verblüffend schnell vom Kolben lösen kann. Und während draußen prompt der Hahn kräht, schwärmt sie von den hervorragenden Leistungen der Männer der ersten Stunde: »Die ham 'ne Masse prachtvoller Dinge gedan hier, die deutsche Leut', die erschte, wo von Deutschland riberkam. Die konnten 'ne Masse mehr fertigbringen als andere Leut'. Die waren 'ne Masse klüger gewesen.«

Dieses gute Image hat immerhin zwei Weltkriege überstanden und sich bis heute in der amerikanischen Provinz gehalten. Deutsche gelten in Texas allgemein als zuverlässig, sauber, sparsam und vor allem fleißig. »Wenn jemand in Houston einen Job sucht und sagt, er komme aus Fredericksburg, dann wird

5 Fredericksburg: Vereins Kirche, Sunday House

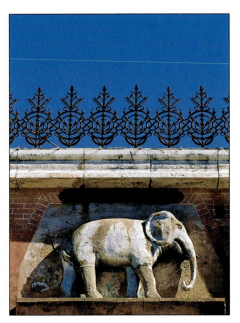

Zierlicher Jumbo: bauliches Detail in Fredericksburg

er gleich höher eingestuft«, erzählt Loretta. Und was sagen die *Hispanics* dazu? In New Braunfels war noch von einer hispanischen Gemeinde die Rede. Aber Minderheiten in Fredericksburg? »Ja«, meint Daryl von der Chamber of Commerce verlegen, »ja, da gibt es hier welche. Aber ein *barrio*? Nein, das nicht. Wenn Erntehilfen für die Pfirsiche gebraucht werden, dann fragt man sie. Und das heißt dann elegant *southern help*.«

Nur, eins ist auch klar: Niemand in Fredericksburg, New Braunfels oder Boerne fühlt sich als Deutscher. Sie verstehen sich selbstverständlich als Texaner, als Texaner deutscher Abstammung. Ja, das macht sie erst recht zu guten Texanern. Herkunft als patriotischer Verstärker. Von innerem Zwiespalt, Identitätskrise oder gar (historisch begründeten) Anfechtungen keine Spur. Vielleicht liegt das auch an einigen Wesensverwandtschaften, die zwischen Deutschen und Texanern bestehen. Jedenfalls, auf den vielen Wurst-, Schützen-, Sänger-, Volks- und Oktoberfesten kommen deutsch-bayerische Folklore und texanische Geselligkeit gut miteinander zurecht. Dann sind Blasmusik und Country & Western Music, deutsche Bierkrüge und texanisches Barbecue zwei Seiten derselben Medaille.

Sonst hat in den USA meist die italienische oder (wenn's teuer wird) die französische Küche die Nase vorn – mit Importweinen, mit für englische Zungen schwer auszusprechenden Käsesorten und einer Restaurantkultur de luxe. Die simple deutsche Hausmannskost kann da nicht mithalten. Sie gilt als absolutes Schlusslicht in der internationalen Rangliste der Gaumen-Apostel. Die Texaner halten den Deutschen in diesen Geschmackssachen schon eher die Stange. In ihrer Mehrzahl geben sie nicht viel auf spärlich bemessene Portionen, garniert mit viel Gourmet-Getue.

Das Markenzeichen der Stadt ist natürlich die stattliche **Vereins Kirche** im Zentrum. Früher diente sie als Kirche, Schule, Versammlungshaus und Wehrburg zugleich. Jetzt sind eine Bücherei und ein Museum in den achteckigen Bau gezogen, wegen seiner Form im Volksmund auch »Kaffeemühle« genannt.

Als Paradestücke – weil einmalig in den USA – gelten die **Sunday Houses**, kleine »Sonntagshäuser«, die einst die deutschen Farmer bauten, um am Sonntag für Kirchgang, Geselligkeit und Besorgungen in der Stadt ein Standquartier zu haben. Diese putzigen »Wochenendhäuschen« im Hänsel-und-Gretel-Format hatten meist nur einen Raum, eine kleine Veranda und eine Küche. Hier pflegte man bequem die deutsche Kaffee-und-Kuchen-Tradition, und abends fuhr die Familie wieder aufs Land zu-

Fredericksburg: Easter Fires Pageant

Adrett: Wohnkultur in Fredericksburg

rück. Inzwischen sind die Mini-Häuser, die in der Mehrzahl zwischen 1890 und 1920 entstanden, meist durch An- und Umbauten erweitert worden. In der Mehrzahl wohnen dort aber noch die Nachfahren der einstigen Bauherren. Für einen Rundgang holt man sich am besten bei der Chamber of Commerce einen Lageplan der Kleinstdomizile.

Seit einiger Zeit regt diese Architektur auch die Fantasie der Zweithaussucher an. Immobilienfirmen kehren neuerdings die ursprüngliche Funktion dieses Haustyps um und werben heftig für Repliken von Sunday Houses als putzige Ferienhäuschen und Schlupfwinkel abseits der Metropolen.

Zeit für die Biergärten – es sei denn, es ist Ostersamstag! Dann hat ganz Fredericksburg nur eins im Sinn: ein Stück anrührende deutsche Romantik in Form der »Osterfeuer« mitzuerleben, ein Festspiel unter freiem Himmel, das alljährlich scharenweise Besucher in die Stadt lockt, so dass weit und breit alle Zimmer ausgebucht sind.

Über 1 000 Mitwirkende sind dabei organisatorisch unter einen Hut zu bringen. Lauter Freiwillige: Familien, Schüler, Pfadfindergruppen und Ortsvereine. Schließlich ist der Komparsenbedarf hoch – jede Menge Indianer, Siedler, Elfen und Osterhasen. Nach Sonnenuntergang muss die gesamte Siedlungsgeschichte der Stadt über die Freilichtbühne gehen. Mit Musik, Feuerwerk und Tanzeinlagen.

Während sich die Ränge füllen, spielt die Hasen-Kapelle »In München steht ein Hofbräuhaus« und bald darauf den alten Evergreen »O, du lieber Augustin«. Dann ist es endlich so weit, die illustrierte Landesgeschichte kann Revue passieren – das Leben der Indianer, deren Christianisierung, ja, und eben die Ankunft der Einwanderer aus Old Germany. Angeführt vom rotbärtigen Baron Ottfried Hans von Meusebach, erreichte der

Fredericksburg: Easter Fires Pageant

Treck 1846 mit Sack und Pack genau diese Stelle im Wilden Westen. Auf der Bühne wird der denkwürdige Tag nachgespielt, und dem einen oder anderen deutschen Zuschauer wird bei so viel heimatlichen Tönen richtig warm ums Herz. Die zünftigen Planwagen der Siedler rollen heran, und über Lautsprecher ertönt der erste Choral der Neuankömmlinge: »Eine feste Burg ist unser Gott ...«

Doch Gottvertrauen allein stoppt die Strapazen nicht, die mit einem so langen Ausflug verbunden sind. Menschliches Geschick ist auch gefragt. So schließt von Meusebach Frieden mit den Indianern. Wer genau hinhört, kann die Indianer-Schauspieler flüstern hören. Sie sprechen deutsch!

Kurz nach dem besiegelten Pakt leuchten auf den Hügeln rings um Fredericksburg zahlreiche Feuer auf. Das klappt per Walkie-Talkie. Freiwillige Feuerwehren stehen dort oben bereit, falls beim Zündeln mal etwas schief laufen sollte. Die Indianerfeuer sind Zeichen: dafür, dass man den weißen Vertragspartnern ab jetzt über den Weg trauen kann.

»Mutter, was für schreckliche Feuer!« rufen verängstigte Kinder im Lager der Siedler. Der Mutter gelingt die ebenso pfiffige wie beruhigende Antwort: Die Feuer bringen das Wasser für die Eier zum Kochen, die morgen früh bunt bemalt im Osternest liegen werden. Nun kann das Abendgebet folgen, in deutschem O-Ton, versteht sich: »Ich bin klein, mein Herz ist rein«.

Die Deutschkenntnis der Texaner ist – wie die der meisten Amerikaner – heute auf eine Handvoll Wörter geschrumpft: Rucksack – Hinterland – Blitzkrieg – Weltanschauung – Zeitgeist – Wanderlust – Gemütlichkeit – Angst – Volkswagen – Diesel – kaputt – Ersatz – Frau – Hausfrau – Knackwurst – Delikatessen – Gesundheit – Sauerkraut – Sauerbraten – Brezel – Schnitzel – Frankfurter – Hamburger – Pumpernickel – Kaffeeklatsch – Auf Wiedersehen.

Szene aus dem Osterspiel in Fredericksburg

Infos: Boerne, Luckenbach, Fredericksburg

 Greater Boerne Chamber of Commerce
1 Main Plaza, Boerne, TX 78006
✆ (830) 249-8000

 Luckenbach Dance Hall, General Store
✆ (830) 977-3224

 Fredericksburg Convention & Visitors Bureau
106 N. Adams St.
Fredericksburg, TX 78624
✆ (830) 997-6523, Fax (830) 997-8588
www.fredericksburg-texas.com

 Mehr als 300 (!) liebevoll dekorierte **Bed & Breakfast Inns** erwarten die Gäste in Fredericksburg, meist auch noch mit verlockend heimeliger Namensgebung, z. B. **A Little Waltz, Tante Sussie's, Haussegen, Oma Rosa's Haus, Heimplatz am Fluss, Das kleine Nest, Kaiserhof**, ja, und selbst **Heiraten**. Bei der Auswahl berät:

 Gästehaus Schmidt
Reservation Service Offices
231 W. Main St.
Fredericksburg, TX 78624
✆ (830) 997-5612, Fax (830) 997-8282
www.ktc.com/GSchmidt

 Eichelhütte Bed and Breakfast
205 N. Acorn, Fredericksburg, TX 78624
✆ (830) 997-0870
Niedliche Puppenstube mit Einbauküche, ruhig und tatsächlich im Schatten einer Eiche, deutschsprachig (und gut) geführt. Das Gästebuch verrät viele *honeymooners* und solche, die längst dessen Jubiläum feiern. $$

 Schmidt Barn Bed & Breakfast
Hwy. 290 (2,4 km westl. der Stadt)
Fredericksburg, TX 78624
✆ (830) 997-5612
Feines, ruhiges Gästehaus etwas außerhalb der Stadt. $$–$$$

 Schildknecht-Weidenfeller House
1 Block südl. von Main St.
Fredericksburg, TX 78624
✆ (830) 997-5612
Deutsches Kalksteinhaus von 1870. Zimmer mit Küche, Veranda und Kamin. Nur Nichtraucher. $$$$

 Lady Bird Johnson Park
2–3 mi von der Main St.
Fredericksburg, TX 78624
✆ (830) 997-4202
113 Stellplätze mit *full hookups*, 50 Zeltplätze, Golfplatz.

 Fredericksburg KOA
US 290 & FM 1376
✆ (830) 997-4796
Still und schattig: Campingplatz mit Pool und Münzwäscherei. 5 Minuten von Fredericksburg/Luckenbach entfernt.

 The Nest Restaurant
607 S. Washington
Fredericksburg, TX 78624
✆ (830) 990-8383, Di/Mi geschl.
Hübsche Villa mit diversen Speisezimmern, in denen es ausnahmsweise nicht um die Wurst geht: erstaunlich raffinierte Küche. Fisch und Wild. $$

 Altdorf Biergarten
301 W. Main St.
Fredericksburg, TX 78624
 ✆ (830) 997-7865
Amerikanische, Tex-Mex- und deutsche Gerichte im schattigen Gartenlokal. $–$$

Wichtige Feste:

Ende März/Anfang April verbinden sich Osterfeuer und Siedlungsgeschichte beim **Easter Fires Pageant**; das **Oktoberfest** steht im Zeichen des Biers, der **Kristkindl Markt** pflegt vorweihnachtliche Gefühle.

Weitere Informationen zu Fredericksburg finden Sie S. 106.

⑥ Texas Hill Country
Von Fredericksburg nach San Antonio

6. Route: Fredericksburg – Kerrville – Bandera – San Antonio (176 km/110 mi)

km/mi	Zeit	Route	
			Route siehe Karte S. 82.
	Vormittag	In **Fredericksburg** Rundgang: Vereins Kirche, Pioneer Museum, Nimitz Museum.	
	Mittag	Lunch (German Bakery).	
0	13.00 Uhr	In Fredericksburg beim County Court House, dort wo Adams St. die *Hauptstrasse* kreuzt, Texas 16 South nach	
35/ 22	13.25 Uhr	**Kerrville**. Nach ein paar Meilen am Schild links zum	
42/ 26	13.35 Uhr	**Cowboy Artists of America Museum** (Stopp und Rundgang ca. 1 Std.). Anschließend Texas 16 weiter nach Süden über Medina und	
99/ 62	15.20 Uhr	**Bandera**. Hier knickt der Hwy. 16 links ab. Kurz hinter dem Ort Helotes links auf den Hwy. 1604 abbiegen, der auf die I-10 East führt. Diese Richtung Stadt bis Exit DOWNTOWN bzw. DURANGO ST. in	
176/110	17.00 Uhr	**San Antonio**.	

> **Alternativen & Extras:** Kerrville und Bandera sind von Ferienranches umzingelt. 48 km nordwestlich von Kerrville liegt die **Y.O. Ranch**, Mountain Home, TX 78058, (830) 640-3222 und 1-800-YO-RANCH, Fax (830) 640-3227 eine *working ranch* mit Gästeanschluss. Viele kritisieren, dass es zu viele exotische Tiere (Zebras und Giraffen) gibt, die gar nicht hierher gehörten. Immerhin aber kann die Ranch mit der größten Longhorn-Herde in Texas und einem schönen Pool aufwarten. Buffet-Bewirtung. Am Y.O.-Zeichen durch das Tor bis zu einem zweiten, an dem sich ein Telefon befindet. Durch Anruf erfährt man die Kombination für das Schloss; danach noch 13 km bis zum Ranchgebäude. Außer dem Ranchbetrieb lebt auf dieser *game ranch* der deutsch-texanischen Familie Schreiner auch afrikanisches Großwild: Zebras, Giraffen, Antilopen, Löwen. Tour (tägl. 10 Uhr) und Übernachtung vorher reservieren.

Fredericksburg: Vereins Kirche, Pioneer Museum, Nimitz Museum **6**

– **Mayan Dude Ranch**, Mayan Ranch Rd., Bandera, TX 78003, ✆ (830) 796-3312, Fax (830) 796-8205, www.mayanranch.com. Ranch mit Reiten, Schwimmen, Tennis, Angeln, C & W-Tanzstunden und herzhaftem Cowboy-Frühstück am Ufer des Medina River. Vollpension. Voranmeldung empfohlen. $$$$
– **Flying L Guest Ranch**, Hwy. 173 South & Whartons Dock Rd., Bandera, TX 78003, ✆ (830) 460-3001 und 1-800-292-5134, Fax (830) 796-8455, www.flyingl.com (1,6 km südl. von Bandera via S 173). Guest Ranch mit 41 Gästezimmern, Restaurant, Pferden, Pool, Tennis- und Golfplatz. Mit Frühstück und Dinner. $$$–$$$$
– Wer ganz in der Nähe von San Antonio die landschaftlich liebliche Hill-Country-Szene gepflegt genießen möchte, der ist im **Hyatt Regency Hill Country Resort** bestens aufgehoben: 9800 Hyatt Resort Dr., San Antonio, TX 78251, ✆ (210) 647-1234 und 1-800-55-HYATT, Fax (210) 681-9681, www.hyatt.com. 20 Minuten von Downtown San Antonio entfernt, erschließt die gediegen-konservative Eleganz des Resorts inmitten lieblicher Hügel und immergrüner Eichen alle nur denkbaren kulinarischen und sportlichen Freuden in unmittelbarer Umgebung (Tennis, Golf, Jogging, Radfahren, Fitnessclub, Pools) sowie in der näheren Umgebung ein Terrain für Kletterer, Reiter, Kanuten, Wasserski-Fahrer und Angler.

Beginnen wir mit einem Blick auf und in das Wahrzeichen der Stadt, in die **Vereins Kirche** am Market Square, eine Rekonstruktion der ursprünglichen Siedlungskirche von 1847 in oktogonaler Form, die *Kaffeemühle*, wie sie im Volksmund heißt. Detailliertere Einsichten in die deutsche Siedlungsgeschichte eröffnet der Baukomplex des **Pioneer Museum** mit zahlreichen original eingerichteten Räumen einschließlich Weinkeller.

Als Nummer eins unter den Sehenswürdigkeiten der Stadt gilt das in Form eines Schiffes gebaute **Nimitz Museum**, das die Kriegsgeschichte rund um die Biographie des Marine-Helden Admiral Nimitz erzählt. Der Sohn des Bremers Karl Nimitz heiratete 1848 in Fredericksburg und brachte es bis zum US-Flottenchef im Pazifik. Im Hinterhof hat man als Geste der Versöhnung zwar einen **Japanischen Friedensgarten** angelegt, aber gleichzeitig auch jede Menge Flugzeuge und Kanonen aufgestellt, die

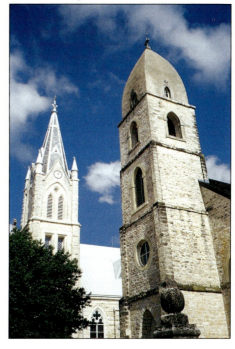

Finger Gottes: alte und neue Marienkirche in Fredericksburg

Fredericksburg; Kerrville: Olde Town, Cowboy Artists of America Museum

Frühstückszeit: German Bakery in Fredericksburg

Ausstattung die Familiengeschichte des in Frankreich geborenen Texas Rangers und Viehbarons erzählt, der Kerrville zur Hauptstadt der Angora-Ziegen machte, indem er den Mohairhandel ausbaute.

Über den alten Bekannten, den **Guadalupe River**, hinweg geht es zum **Cowboy Artists of America Museum**, das ein bisschen außerhalb liegt, eben dort, wo Cowboys normalerweise auch hingehören. Das Institut, ein Architekturmix aus Fort und Hacienda, wartet mit

Freuden der Ferienranch: Ausritt am Medina River

in dem zierlichen Holzbau an der Hauptstraße unmöglich Platz finden konnten. Das Arsenal soll in Richtung auf ein geplantes Nationalmuseum für den Krieg im Pazifik erweitert werden: inmitten eines simulierten Südsee-Ambientes mit Panzern, Bombern und U-Booten – zu einem Kriegserlebnispark.

Beim Verlassen der Stadt fällt der Blick noch einmal auf die eigenwillig geformte Turmspitze der **Marienkirche**. Dann zieht die Straße gefällig durch *shrubs* und Hügelland, und gleich zeigt sich, wie bedeutend Ackerbau und Viehzucht für diesen Landstrich immer noch sind. Erst nach Pfirsichen, Heu und Getreide folgt die Tourismusindustrie.

Kerrville wirkt, wie die meisten Kleinstädte dieser Gegend, äußerst gut in Form. Ursprünglich von deutschen Emigranten gegründet, die von der fehlgeschlagenen Revolution 1848 enttäuscht waren, hat der Ort insbesondere seine **Olde Town** adrett aufgeräumt und mit zahlreichen Antiquitätenläden und Kunstgalerien bestückt (z. B. Water, Sidney Baker und Earl Garrett Streets). Parkuhren hat man noch nicht nötig. Hier steht auch das **Hill Country Museum**, die viktorianische Villa des Pioniers Charles Schreiner von 1879, deren

Kerrville: Cowboy Artists of America Museum; **Medina River, Medina**

einer eindrucksvollen Dokumentation der Geschichte des Ranching und Cowboylebens im Texas Hill Country auf, während Tafelbilder und Plastiken von zeitgenössischen Künstlern in der Nachfolge der Western-Art-Maler Remington und Russell die raue Vergangenheit verklären.

Die Landstraße legt noch zu und wird ländlicher und idyllischer, vor allem an jenen Abschnitten, die noch nicht verbreitert wurden. Richtig hügelig wird's, und die Haarnadelkurven deuten auf Mittelgebirge. Wir überqueren den **Medina River**, der hier ebenso wie anderswo die angenehme Eigenschaft hat, romantisch und fotogen auszusehen. Die aktiven Sportler lieben den Fluss erst recht, denn hier können sie nach Herzenslust paddeln oder in aufgeblasenen Gummireifen entlang treiben. Es folgen Ranches wie die 5-O-Ranch, wo man seinen Camper abstellen kann, dann das kleine **Medina** selbst, das sich ohne große Mühe an die schöne Country Road schmiegt. Und nach ein paar Mei-

Bandera 6

Mariachi »al fresco«

len mehr an gepflegtem Farmland wie aus dem Bilderbuch vorbei folgt **Bandera**, überragt von einem mächtigen Court House, das seinerseits von einer silbernen Dachspitze bekrönt ist. Aber das ist Show, denn die alltägliche Gangart von Bandera bestimmen die schräg geparkten Pickups an der Hauptstraße.

Unangefochten gilt das Städtchen als *Dude Ranch Capital of the World*, denn ringsum haben sich viele von ihnen breitgemacht. Die meisten sind längst keine »richtigen« *(working ranches)* mehr, sondern, wie das Wort *dude* (= auftakeln) schon sagt, professionell geführte Freizeitunternehmen, die das Cowboy-Leben als Rollenspiel anbieten – auf einer Ranch im Stil einer Ranch, die dem Geschmack von Freiheit und Abenteuer mit Pauschalpreisen rustikal entgegenkommt.

◁ *Allseits beliebt: eine Bootsfahrt auf dem San Antonio River*

6 **Bandera:** Mayan Dude Ranch; **San Antonio:** River Walk

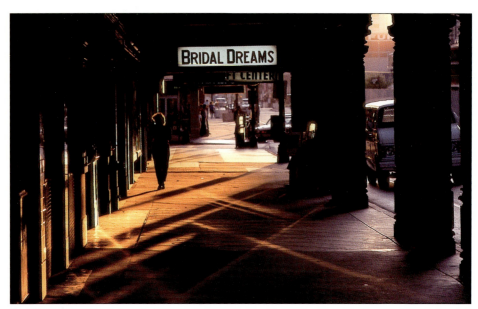

Zwielicht: Downtown San Antonio

So auch die **Mayan Dude Ranch**, eine von vielen in dieser Gegend, nur ein paar Minuten außerhalb von Bandera am Medina River, in pastoraler Umgebung mit duftenden Juniperbäumen, viel Grün und Vieh. Im Hauptgebäude werden weniger Vieh- und Landwirtschaft als Gäste verwaltet – mit burschikosem Schulterklopfen, das dem Neuling auf Anhieb das Gefühl vermittelt, schon langjähriger Mitarbeiter auf der Ranch zu sein. Auch die Haus- und Freizeitordnung trägt Spuren des mühevollen Cowboy-Lebens. Bereits um acht Uhr morgens klopft es deftig an der schweren Holztür der mit Schindeln verkleideten Schlafräume. Eine heiße Tasse Kaffee lockt den Schläfer aus seinem klobigen Westernbett zu den bereits im *corral* wartenden Pferden.

Erst nach dem Ritt zum Fluss hat man sich ein zünftiges Frühstück verdient: *Cowboy cookout*. Wer die Wildwest-Programme mit Ausritten oder Ausfahrten im *Hayride*-Wagen nicht mitmachen will, kann auch in den Pool springen, eine Runde Tennis spielen oder einfach am Fluss entlang laufen.

Ein bisschen ist es mit **San Antonio** und Texas so wie mit New Orleans und den Südstaaten: Sie ist sein liebstes Kind, seine heimliche Hauptstadt. Während Houston, Dallas, Fort Worth oder Austin auf je verschiedene Weise für Texas stehen, spricht San Antonio zunächst einmal für sich selbst.

Das spürt man gleich am **River Walk**, dem städtebaulich gelungenen Kunstgriff und dem Parcours für Flaneure, die sich hier ohne Straßenlärm und Autoverkehr nach Herzenslust ergehen können. Zwischendurch sitzt man in den Cafés und Restaurants gemütlich und auch noch im Schatten bei Tacos, Tecate und Tequila.

Sein heutiges Aussehen verdankt der Paseo del Río der Depression, den Arbeitsbeschaffungsmaßnahmen der

San Antonio: Hemisfair Plaza, Alamodome

1930er Jahre, als man die Stützwände, Fußgängerbrücken und Uferwege anlegte und sie mit Zypressen, Blumen und subtropischem Gewächs garnierte. Seither bewährt sich diese touristische Schlagader der Stadt Tag für Tag.

Ganz so pittoresk ist es in San Antonio allerdings nicht immer zugegangen, was nicht wundert, denn die Stadt ist älter als die meisten im Land. Schon 100 Jahre bevor Houston oder Dallas auf der Landkarte erschienen, gründeten die Spanier das Fort San Antonio (1718) als Hauptsitz der Provinz Texas. Nach dem Bürgerkrieg und erst recht durch die Eisenbahn (1877) wandelte sich die Siedlung zur *cattle capital*, zu einer Metropole des Viehhandels. Den Rindern auf den Trails nach Kansas oder Montana zum Beispiel folgten die Abenteurer und Glücksritter, die San Antonio mit Spielhallen und Saloons bediente. Später erweiterten Zementfabriken, Brauereien und Ölfunde die wirtschaftliche Basis. Als jedoch am Anfang dieses Jahrhunderts die Ölfelder im östlichen Texas sprudelten, bekamen Dallas und Houston Auftrieb und San Antonio geriet mehr und mehr aus dem Rennen. Was blieb (bis heute), waren die Vorteile, die die Stadt als wichtiger Militärstützpunkt genoss.

Doch erst die Weltausstellung auf der **Hemisfair Plaza** Ende der 1960er Jahre brachte frischen Wind, und seither hat sich die Fast-Millionen-Metropole mit ihrem beträchtlichen Anteil an Amerikanern spanischer Abstammung (55 Prozent – die Anglos halten gerade mal 36 Prozent) als eine bedeutende Hochburg der Mikroelektronik und des Telemarketing etabliert. Auch als eine des Tourismus. Flusspromenade, restaurierte Wohnviertel, prächtige Missionskirchen, Fun Parks (**Sea World, Fiesta Texas**) und die Mega-Arena des **Alamodome** sichern dem Stadtsäckel einen permanenten Geldsegen.

Herzstück von Texas: The Alamo

6 Infos: Fredericksburg, Kerrville, Bandera, San Antonio

German Bakery
225 W. Main St.
Fredericksburg, TX 78624
Frühstück, Lunch, Kaffee & Kuchen. Gewarnt wird auch auf Deutsch: »Hunde müssen draußen bleiben«. $

Pioneer Museum Complex
309 W. Main St.
Fredericksburg, TX 78624
℡ (830) 997-2835
Mo–Sa 10–17, So 13–17 Uhr
1850 von Heinrich Kammlah gebaut, dann lange ein Geschäft, heute Museum. Eintritt $ 3.

Admiral Nimitz Museum State Historical Park
340 E. Main St.
Fredericksburg, TX 78624
℡ (830) 997-4379 und (830) 997-7269
Tägl. 8–17 Uhr
Militaria-Museum: Artefakte und Dokumente der Schlachten im Pazifik während des Zweiten Weltkriegs, die unter dem Oberkommando von Admiral Nimitz standen. Eintritt $ 3.

Weitere Informationen zu Fredericksburg finden Sie S. 97.

Kerrville Convention & Visitors Bureau
2808 Sidney Baker St.
Kerrville, TX 78028
℡ (830) 792-3535 und 1-800-221-7958
Fax (830) 792-3230
kerrcvb@ktc.com
www.ktc.net/kerrcvb/

Hill Country Museum
226 Earl Garrett St.
Kerrville, TX 78028
℡ (830) 896-8633
Öffnungszeiten telefonisch erfragen
Die als Museum ausgestattete viktorianische Villa des Pioniers Charles Schreiner von 1879 erzählt die Familiengeschichte des in Frankreich geborenen Texas Ranger, der Kerrville zur Hauptstadt der Angora-Ziegen und des Mohairhandels machte. Eintritt $ 2.50.

Mamacita's
215 Junction Hwy.
Kerrville, TX 78028
℡ (830) 895-2441
Herzhafte mexikanische Küche. $–$$

Cowboy Artists of America Museum
1550 Bandera Hwy.
Kerrville, TX 78028
℡ (830) 896-2553
Mo–Sa 9–17, So 13–17 Uhr
Eindrucksvolle Dokumentation der Geschichte des Ranching und Cowboy-Lebens im Texas Hill Country; die Kunstsammlung verklärt es in Tafelbildern und Plastiken in der Nachfolge der Western-Art-Maler Remington und Russell. Eintritt $ 3.

Bandera Convention & Visitors Bureau
P. O. Box 171
Bandera, TX 78003
℡ (830) 796-3045 und 1-800-364-3833

Visitor Information Center
317 Alamo Plaza (gegenüber der Alamo)
San Antonio, TX 78205
℡ (210) 270-8748 und 1-800-447-3372
Fax (210) 270-8728
Tägl. 8.30–18 Uhr

La Mansión del Rio
112 College St.
San Antonio, TX 78205

℡ (210) 518-1000 und 1-800-292-7300 (Texas); 1-800-531-7208 (USA)

Fax (210) 226-0389
lmdr@lamansion.com
www.lamansion.com
Einst katholische Knabenschule, heute eines der schönsten Hotels in Texas – in spanischem Dekor, mit malerischem Innenhof und hauseigenem Zugang zum River Walk. Pool, Fitness-Studio, vorzüg-

6 Infos: San Antonio

liches Restaurant **Las Canarias** (s. dort). Es gibt Plätze, die das Thema einer ganzen Region auf den Punkt bringen: das La Mansión ist so einer – zum Übernachten, Essen, Frühstücken, Sitzen und Entspannen in den stillen Innenhöfen. $$$$

Menger Hotel
204 Alamo Plaza
San Antonio, TX 78205
© (210) 223-4361 und 1-800-345-9285
Fax (210) 228-0022
menger@ispa.net
www.mengerhotel.com
Stattlicher alter Bau (1859) mit geräumiger Lobby und berühmter Bar, in der einst Jesse James verkehrt haben soll. Deshalb der Spruch, das Haus sei letztlich ein *Old Cowboy Hotel*. Alle reden von Geistern und Gespenstern. Schöner Innenhof. Gleich neben der Alamo. Pool, Fitnessraum, Restaurant. $$$$

Hilton Palacio del Rio
200 S. Alamo/Riverwalk
San Antonio, TX 78205
© (210) 222-1400 und 1-800-HILTONS
Fax (210) 270-0761
www.hilton.com
Gut geführtes Haus am Riverwalk und neben »La Villita«. Freundlicher Service. Restaurant **Ibiza** am Flussufer, Pool, Fitness-Studio. $$$$

Plaza by Marriott
555 S. Alamo St.
San Antonio, TX 78205
© (210) 229-1000 und 1-800-727-3239
Fax (210) 223-6650
psasales@netxpress.com
www.plazasa.com
Erstklassiges Hotel mit beachtlichem Restaurant. Zentral gelegen und von schönem Garten umgeben – auf den Grundstücken der ehemaligen deutschen Schule. Fitnesseinrichtung, Pool, Tennisplätze. $$$$

Havana Riverwalk Inn
1015 Navarro St.

San Antonio, TX 78205
© (210) 222-2008 und 1-888-224-2008
Fax (210) 222-2717
Herrlich altmodisch, in einem historischen Gebäude (1914) mit Möbeln und Antiquitäten, die von diversen Flohmärkten stammen könnten. 27 Zimmer, Fitnessräume, Restaurant und **Club Cohiba** für Zigarren- und Margarita-Liebhaber. $$$–$$$$

St. Anthony Hotel – Wyndham Heritage
300 E. Travis St.
San Antonio, TX 78205
© (210) 227-4392 und 1-800-355-5153
Fax (210) 227-0915
stanthonyhotel@compuserve.com
www.stanthonyhotel.com
Das »Waldorf Astoria« der Prärie: opulente Lobby, Pool auf dem Dach, Restaurants, Fitnessräume, zentrale Lage. $$$$

Ramada Emily Morgan
705 E. Houston St.
San Antonio, TX 78205
© (210) 225-8486 und 1-800-824-6674
Fax (210) 225-2009
ramadaem@ix.net.com
www.2netcom.com/ramadaem
Altes Hotel in zentraler Lage, Restaurant, Pool, Sauna. $$$–$$$$

The Crocket – Holiday Inn
320 Bonham St.
San Antonio, TX 78205
© (210) 225-6500 und 1-800-292-1050
Fax (210) 225-6251
Nähe Alamo. Restaurant, Pool. $$$

La Quinta Market Square
900 Dolorosa St.
San Antonio, TX 78207
© (210) 271-0001 und 1-800-687-6667
Fax (210) 228-0663
lq0567gm@laquinta.com
www.laquinta.com
Einfaches, aber solides Hotel mit Pool. $$$

❻ Infos: San Antonio

 Hampton Inn River Walk
414 Bowie St.
San Antonio, TX 78205
✆ (210) 225-8500 und 1-800-426-7866
Fax (210) 225-8526
www.hampton-inn.com/hi/sananton-downtown
Solide Adresse. Zentral. Pool. $$$

 Alamo KOA Kampground
602 Gembler Rd.
San Antonio, TX 78219
✆ (210) 224-9296 und 1-800-KOA-7783
Fax (210) 224-8104
Schattig, an kleinem See; 350 Stellplätze, 8 cabins, Bus zur Stadt (8 Min.), Pool, Shop, Wäscherei, Spielplatz. (Zufahrt: I-10, Ausfahrt W. W. White nach Norden, 2 Blocks bis zur Ampel und an Gembler Rd. rechts. Oder: I-35 Exit Coliseum Rd., 3 Blocks nach Süden bis Gembler Rd. und 6 Blocks weiter.)

 Las Canarias Restaurant
112 College St. (im La Mansión)
San Antonio, TX 78205
✆ (210) 272-1063
Romantisch-elegantes Speiselokal am Fluss (mit Terrasse). Verfeinerte Südwest-Küche bei dezentem Piano- oder Flamenco-Sound. $$$

 Biga On The Banks
203 S. St. Mary's & Market Sts.
San Antonio, TX 78205
✆ (210) 225-0722
www.biga.com
Schickes, helles und geschmackvoll dekoriertes Restaurant oberhalb des River Walk: neuamerikanische Küche mit exotischen Einschlägen und Einflüssen aus Mexiko und Asien. Wild und Fisch aus Texas, gute Weinauswahl. Lunch und Dinner. $$$

 Little Rhein Steak House
231 S. Alamo & Market Sts.
San Antonio, TX 78205
✆ (210) 225-2111
www.littlerheinsteakhouse.com
Historische Felsenklause am River Walk in Höhe des Hilton Hotel: eines der besten Steakhäuser in San Antonio. Auch Fisch. $$–$$$

 Mi Tierra Cafe y Panaderia
218 Produce Row (Market Sq.)
San Antonio, TX 78207
✆ (210) 225-1262
Seit 1941 noch nie geschlossen. Warum nicht, erfährt jeder sofort, der hier einkauft (Bäckerei) oder einkehrt – rund um die Uhr: Tausende von bunten Deko-Lämpchen glühen an Decke und Wänden, Weihnachtsbäume eingeschlossen. Frühstück (tolle huevos rancheros), Lunch und Dinner. Manchmal mit Mariachi-Musik. $–$$ – Praktisch nebenan:

 La Margarita Mexican Restaurant & Oyster Bar
120 Produce Row (Market Sq.)
San Antonio, TX 78207
✆ (210) 227-7140
Frutti di mare, fajitas- und chicken enchilada. $–$$

 Schilo's Delicatessen
424 E. Commerce St. (bei Losoya St.)
San Antonio, TX
✆ (210) 223-6692
So geschl.
Solides Delikatessen-Restaurant mit herzhaftem Sauerkraut und Würstchen. Eine Institution in Downtown. $

 Zuni Grill
511 River Walk
San Antonio, TX 78205
✆ (210) 227-0864
www.zunigrill.com
Gemütlich für Nachos, Cocktails und people watching – am San Antonio River. $$–$$$

Bayous Riverside Restaurant
517 N. Presa St. (am und oberhalb des River Walk)

6 Infos: San Antonio

San Antonio, TX 78205
✆ (210) 223-6403
Schöne Lage, schmackhafte Meeresfrüchte nach Cajun-Rezepten aus New Orleans (z. B. *blackened redfish*). $$–$$$

Casa Rio
430 E. Commerce St. (River Walk)
San Antonio, TX 78205
✆ (210) 225-6718
Ältestes und größtes mexikanisches Restaurant mit guter Küche. $–$$

Boudro's – A Texas Bistro
421 E. Commerce St.
San Antonio, TX 78205
✆ (210) 224-8484
Empfehlenswert für Liebhaber der Südwestküche. Am River Walk. $–$$$

County Line Smokehouse & Grill
111 W. Crockett St.
San Antonio, TX
✆ (210) 229-1941
www.countyline.com
Gute Adresse für Texas BBQ. $–$$

Liberty Bar
328 E. Josephine St.
San Antonio, TX 78215
✆ (210) 227-1187
Local bar mit Szene-Typen; Dinner *(American food)*. $$

Hyatt Regency
123 Losoya St. (am River Walk; zwischen College & Crockett Sts.)
San Antonio, TX 78205
Dixieland-Freunde lieben die Bar: **Landing**. Das Atrium des Hotels hat sich ein bisschen Lokalkolorit bewahrt, denn mittendurch rauscht der Wildbach, ein Seitenarm des San Antonio River.

Wichtige Feste:

Der Jahresfestkalender von San Antonio sieht so aus, als käme die Stadt aus dem Feiern gar nicht mehr heraus.

1. Januarwoche: **Los Pastores**, Mysterienspiel in der Mission San José.

Februar: **San Antonio Stock Show and Rodeo** (Rodeo mit viel Musik).

April: **Fiesta San Antonio**, Prozession auf dem Fluss und 10 Tage Tex-Mex-Karneval.

Anfang Mai: **Cinco de Mayo**, Feier zur mexikanischen Unabhängigkeit von Frankreich; ebenfalls im Mai: **Tejano Conjunto Festival**: 42 Stunden Live-Musik von 30 Bands.

Juni: **San Antonio Festival** mit Opern, Konzerten, Ballett, Jazz etc.; **Gartenkonzerte** im King William District mit den *Beethoven Concert Band*, *Maennerchor and Damen Chor singers* and *dance groups*. Deutsches Essen, Bier und Wein. Ausserdem: **Texas Folklife Festival** des Institute of Texan Cultures.

Mitte September gedenken die Mexikaner während der **Diez-y-Seis-de-Septiembre-Feiern** ihrer Unabhängigkeit von Spanien.

Dezember, 2. Sonntag: **Las Posadas**, die Suche von Maria und Joseph nach einer Unterkunft (ohne Kreditkarten...); Weihnachten feiert man unter freiem Himmel, bei der **Fiesta de las Luminarias**. Zehntausende Kerzen in braunen, mit Sand gefüllten Papiertüten *(farolitos)* säumen den Weg zur Heiligen Familie, die, begleitet von den Heiligen Drei Königen und vielen jubilierenden Chorkehlen, über den San Antonio River rauscht.

Weitere Informationen zu San Antonio finden Sie S. 118 f.

Mission San Jose, TX 1740

7 ¿Hi Baby, Que Pasa?
San Antonio

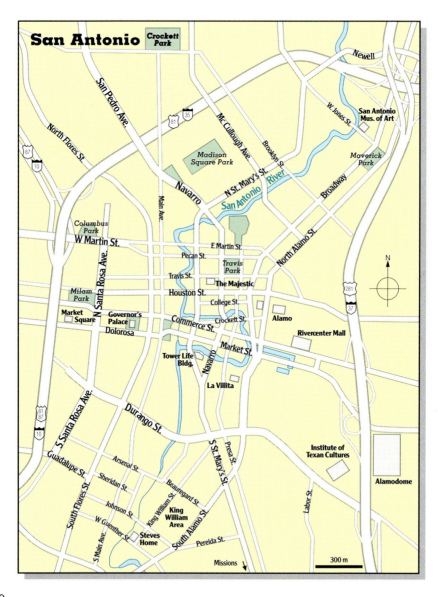

San Antonio: Alamo, El Mercado, Spanish Governor's Palace

7. Programm: San Antonio

Vormittag	Rundgang in **San Antonio:** Alamo, Spanish Governor's Palace, El Mercado, Institute of Texan Cultures, King William District.
Nachmittag	**Mission-Tour**.

Längst gilt die **Alamo**, die ehemalige Kirche der Mission San Antonio de Valero, als steinerne Legende etabliert, als die Wiege von Texas. Sie ist Pilgerstätte für Patrioten (texanische und mexikanische), Endstation für High School Kids und Seniorenbusse zugleich. Schweigend, ehrfürchtig und von Rangers streng beäugt, wandeln die Besucher durch die hehre Feste, verweilen vor den Bronzetafeln und buchstabieren die dort verewigten Namen der 188 Tapferen, die bis zuletzt die texanische Fahne gegen die 6 000 übermächtigen Mexikaner unter General Santa Ana hochhielten.

»Remember the Alamo!«, dieser letzte überlieferte Schrei der Unterlegenen, rief nicht nur zur Rache, die dann auch wenig später unter General Sam Houston bei San Jacinto (Houston) an der mexikanischen Armee blutig geübt wurde. Der Ruf ergeht auch an all jene, die übers Jahr herbeiströmen und hier lustwandeln, sei es in den heiligen Hallen, sei es in den schönen Parkanlagen ringsum.

Wer nach der patriotischen Vergangenheit die gegenwärtig ethnische Vielfalt mit allen Sinnen erleben möchte, der sollte zum **El Mercado** gehen, dem größten mexikanischen Marktplatz außerhalb Mexikos, der neben mexikanischer Volkskunst auch durchaus nützliche Dinge zu bieten hat, Tortillapressen eingeschlossen. Auf dem angegliederten **Farmers Market** findet man alles was später in den (mexikanischen)

»Iceballs« sind gut bei Hitze

Kochtopf wandert, vor allem also Chile, Paprika und Knoblauch, der in mannshohen Girlandenzöpfen steckt.

Auf dem Weg dorthin kommt man am **Spanish Governor's Palace** vorbei, den Simone de Beauvoir in ihrem Reisetagebuch von 1947 anschaulich beschrieben hat. »Wenn man durch das Tor getreten ist, fühlt man sich in ein spanisches Interieur des 16. Jahrhunderts versetzt. Die Zimmer und die Salons ... sind asketisch wie Klosterräume. Die Möbel sind kostbar, aber kunstlos; die Fenster gehen nicht nach der Straße, sondern auf einen von hohen Mauern umgebenen Garten hinaus, in dem Steinbänke unter blühenden Bäumen zu sehen sind, ein Brunnen und auf einer Seite ein Kloster. Das Palais ist von kastilischer Nüchternheit, aber die violetten und roten Büsche, die matten Kletterpflanzen und die duftenden Bäume erinnern an Andalusien. Amerika ist weit fort.«

San Antonio: Institute of Texan Cultures, King William Historic District

Deutsches Blech ist auf dem »Octoberfest« in San Antonio immer gefragt

Das völkerkundliche **Institute of Texan Cultures** gehört zweifellos zu den Highlights der lokalen Museumsszene, denn es ist ein Lehrstück über die verschiedenen ethnischen Gruppen, die den texanischen *melting pot* geschmiedet haben. Die Inszenierung der Beiträge spielt eine ebenso wichtige Rolle wie die Exponate selbst – ein Musterbeispiel für Museumspädagogen.

Den deutschen Anteil an den *Texan cultures* führt außerdem ein restauriertes vornehmes Stadtviertel vor Augen, das einst von wohlhabenden Kaufleuten zur Ehre König Wilhelms I. von Preußen gebaut und bevölkert wurde, den **King William Historic District**. Gegen Ende des 19. Jahrhunderts hatte die Ecke schnell ihren Namen weg: *Sauerkraut Bend*. Heute lädt die stille Gegend zu einem beschaulichen Rundgang ein, auf dem man die Formen viktorianischer Phantasie bis in die De-

Spezialisiert auf Longhorn-Hörner: Shop in San Antonio

San Antonio: Museum of Art, McNay Museum, Mission Trail

tails der gedrechselten Holzverzierungen an den Veranden und Eingängen bestaunen kann – reinster *Gingerbread*-(»Pfefferkuchen«-) Stil.

San Antonio hat sich in den letzten Jahren kulturpolitisch ziemlich ins Zeug gelegt, um fernab der großen Kunstmetropolen New York, Washington oder Los Angeles die amerikanische Museumslandschaft zu bereichern. Die Stadt erfreut sich zwar seit 1926 bereits einer beträchtlichen Kunstsammlung, aber erst die architektonisch reizvolle Unterbringung des **Museum of Art** in einer ehemaligen Brauerei machte von sich reden. Hinzu kommt das herrlich gelegene **McNay Museum** mit seiner eindrucksvollen Palette französischer Impressionisten.

Auf jeden Fall aber sollte man den **Mission Trail** entlang fahren, zu den übrigen spanischen Kirchen, die das einstige Herrschaftsgebiet der *con-*

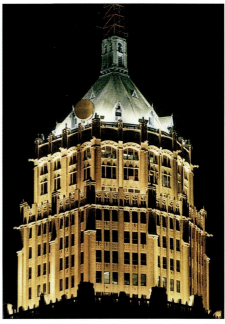

Wie ein Glühstäbchen leuchtet das Tower Life Building über San Antonio

Den Hang zum Ornament bewahren noch viele alte Bauten der Stadt: Steves Homestead im King William District

San Antonio: Mission Trail

quistadores nördlich des heutigen Mexiko und des Rio Grande nach Norden befestigen sollten. Legenden von enormen Reichtümern hatten sie angelockt, aber auch die Begegnung mit den Tejas-Indianern, nach denen Texas später benannt wurde, beflügelte die Kolonialisierungswünsche der Spanier, um so mehr, als sich herausstellte, dass nicht alles Gold war, was glänzte. Die *missions* der Franziskanermönche leisteten die geistlich-katholische Begleitmusik der militärischen Befestigungen, der *presidios*, die entweder Teil der Anlage oder in der Nähe waren. Die Ordensbrüder sollten die verstreuten Stämme der

Die Mission San José zählt zu den schönsten spanischen Kirchen in Texas

San Antonio: Missions Concepción, San José, San Juan Capistrano und Espada

Coahuiltecans, nomadischer Jäger und Sammler, zu christlichen Gemeinden zusammenschließen.

Die gut ausgeschilderte Exkursion in die spanische Kolonialgeschichte folgt dem meist geruhsamen Lauf des **San Antonio River** und, je nach Wasserstand, an den *low water crossings* auch

schon mal durch ihn hindurch. Kirche folgt auf Kirche, immerhin vier auf einen Streich, eine Dichte also, wie sie nicht einmal in Kalifornien oder sonst im Südwesten der USA vorkommt. Sie entstanden um 1730 und befinden sich in hervorragend restauriertem Zustand. Auch im Südosten von Texas gab es einst spanische Missionen, aber keine von ihnen überlebte. Mal rafften Malaria und Trockenperioden die Menschen dahin, mal fielen die Anlagen französischen Attacken zum Opfer.

Als erste veranschaulicht die wuchtige **Mission Concepción** die spanische Bauweise, die maurische Einflüsse ebenso wie barocke Ornamente einschließt. Im Inneren sind noch Reste der ursprünglichen Freskenmalerei erhalten. Die Anlage der **Mission San José** ist besonders aufschlussreich, weil bei ihr neben der Kirche auch die sie umgebenden Gebäude und Befestigungen erhalten sind. So bekommt man einen Eindruck von der einstigen Größe dieser Wirtschaftseinheiten, in denen die getauften Missions-Indianer, die so genannten Neophyten, die spanischen Kulturtechniken erlernen sollten.

Es folgen **San Juan Capistrano** und die **Mission Espada** mit ihrer reizvollen, weil ungewöhnlich umrahmten Eingangstür. In ihrer Nähe befindet sich noch eine der ältesten spanischen Wasserleitungen (1740) in den USA, ein Aquädukt, der zur Bewässerung der Felder entlang dem Fluss diente und heute noch in Gebrauch ist.

Die Blütezeit der Missionskirchen lag in der zweiten Hälfte des 18. Jahrhunderts, danach bekamen sie es mit den streitbaren Comanchen und Apachen zu tun, 1824 wurden sie säkularisiert. In jedem Frühjahr, wenn hier die orangefarbenen Baumblüten duften, traben besonders viele Jogger vorbei, und am

San Antonio: Tex-Mex-Kultur

Fluss hocken noch mehr Picknickgruppen als sonst. Auf der Deichstraße stehen die aufgeklappten Kühlerhauben, und ab und zu schießt ein röhrendes Moto-Cross-Rad den Deich herauf: *Hispanic culture*.

Auf die Dauer hat die Nachbarschaft von Texas und Mexiko eine Mischkultur hervorgebracht, ein breites Spektrum wechselseitiger Abhängigkeiten und Anpassungen, die allgemein unter dem Kürzel »Tex-Mex« firmiert und vor allem das tägliche Leben in den grenznahen Gebieten prägt.

Die Einwandererströme aus dem Süden versorgen die texanischen Felder und Ranches mit billigen, ungelernten Arbeitern, die Restaurants, Hotels und Privathaushalte mit Personal. Mexiko, auf der anderen Seite, freut sich über die Entlastung seines Arbeitsmarktes. Doch so symbiotisch das Ganze klingt, so trostlos sind mitunter die sozialen Härten an der Grenze. »Es ist, als ob man mit einem kurzen Messer gegen den Degen Zorros kämpft«, beklagt ein US-Grenzer seine Ohnmacht gegenüber dem Zustrom illegaler Einwanderer. Ob das Freihandelsabkommen (NAFTA) die Arbeitsmarktprobleme auf beiden Seiten des Rio Grande lösen wird, bleibt abzuwarten.

Beim gemeinsamen Feiern scheinen die Konflikte vom Tisch. Die *borderfests* in den grenznahen Städten, die *fiestas* oder *luminarias* und das Diez-y-Seis-Fest in San Antonio und anderswo bilden nur einige Highlights der texanisch-mexikanischen Lustbarkeit. Eintracht herrscht allenthalben, wenn es um die

Mexikanische Wandmalereien zieren die Sozialbauten in Cassiano Park, San Antonio

San Antonio: Tex-Mex-Kultur, River Walk

modischen und kunsthandwerklichen Produktionen des südlichen Nachbarn geht. Der Señora bieten die weiten Röcke oder die handbestickten Blusen, dem Señor die schwarzen Jeans, das weiße Baumwollhemd und der Vaquero-Hut aus Stroh folkloristische Alternativen zum heimischen Designer-Cowboy- beziehungsweise Cowgirl-Outfit, den richtigen Tex-Mex-Look für die Party im Patio, das Theater oder Gala-Dinner.

Der Klang der Tex-Mex-Musik ist inzwischen exportfähig geworden. Bands wie *Los Lobos*, viele Songs von Willie Nelson oder Linda Ronstadt mit ihren »Canciones de mi Padre« stammen aus dem Umfeld dieser grenzüberschreitenden Harmonien und haben deren Auftritt in der internationalen Szene gefördert.

»¿*Hi, Baby, que pasa?*« – zwei Sprachen, eine Frage. *Spanglish* heißt dieser linguistische Cocktail aus Spanisch und Englisch, der den Sprachpuristen zwar Ohrengrausen bereitet, der aber vor allem den jüngeren Hispanics hilft, beide Lebenswelten zu vermitteln. In San Antonio ist es nicht viel anders als in anderen grenznahen Städten: Die meisten Bürger sprechen Spanisch, für viele ist es überhaupt die einzige Sprache. Dazwischen fragt man sich, »¿*Cómo se dice ›Big Mac‹ en Español?*«

Auf der Zunge zergeht Völkerverständigung bekanntlich am besten, auch beim Essen. Ohne Tortillas, Guacamole, Chili oder Tacos mit *salsa cruda* bräche die texanische Gastronomie zusammen. Erst recht die Bars ohne mexikanisches Bier, Tequila oder die süffigen Margaritas, jene populären Drinks aus Tequila, Limettensaft, Sekt und Salz.

Abends, wenn das illuminierte **Tower Life Building** über der Stadt strahlt, gehen am **River Walk** die Lichter an, die das fein gemachte Flussbett zum Funkeln bringen. Gedeckte Tische schwe-

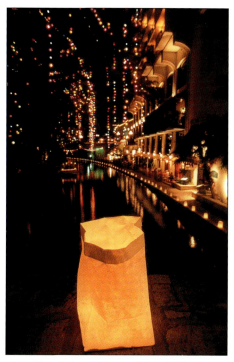

»Farolitos« beleuchten den River Walk zur Weihnachtszeit

ben dann auf Booten über den Wassern dahin: schmausende Tafelrunden bei Kerzenschein und Mariachi-Klang – bunte Bühnenbilder einer Tex-Mex-Operette.

117

Infos: San Antonio

 The Alamo
300 Alamo Plaza
San Antonio, TX 78205
✆ (210) 225-1391
www.thealamo.org
Mo–Sa 9–17.30, So 10–17.30, im Sommer bis 18.30 Uhr
Reste der ehemaligen spanischen Mission San Antonio de Valero und des späteren Forts, wo ein paar Tapfere 13 Tage bis zum 6. März 1836 gegen die mexikanische Armee unter General Santa Ana aushielten, eine Art Nationaldenkmal. Gegenüber der Anlage liegt das »Remember the Alamo«-Museum, das mit einer Dia-Show texanische Geschichte vermittelt. Texanisches Nationalheiligtum, »Wiege der texanischen Freiheit«. Eintritt frei.

Spanish Governor's Palace
105 Plaza De Armas
San Antonio, TX 78205
✆ (210) 244-0601
Mo–Sa 9–17, So 10–17 Uhr
Mit dicken Adobewänden als Residenz für den spanischen Gouverneur von Texas 1749 erbaut und 1931 restauriert. Im Innenhof beim Brunnen im Schatten der Orangenbäume vergisst man leicht, mitten in der Stadt und im 21. Jh. zu sein. Besonders beeindruckt der Speiseraum mit alten spanischen Möbeln und hohem Kamin. Eintritt $ 1.

 El Mercado/Market Square
514 W. Commerce St. (Dolorosa & Santa Rosa Sts.)
San Antonio, TX 78207
✆ (210) 207-8600
Juni–Aug. tägl. 10–20, sonst 10–18 Uhr
Lebendiger Markt: seit 1840 an dieser Stelle.

 Institute of Texan Cultures
801 S. Bowie St. & Durango Blvd.
San Antonio, TX 78205
✆ (210) 458-2300
Fax (210) 458-2205
www.texancultures.utsa.edu
Di–So 9–17 Uhr
Vorzügliches Völkerkundemuseum mit ansprechend inszenierten Darstellungen der für Texas relevanten Bevölkerungsgruppen. Unter anderem niederländische Bauern, chinesische Reispflanzer und deutsche Schützen- und Turnvereine. Eintritt $ 4.

 Steves Homestead
509 King William St.
San Antonio, TX 78204
✆ (210) 225-5924
www.saconservation.org
Tägl. 10–16 Uhr
Elegantester Vertreter der viktorianischen Villen (1876) im gepflegten King-William-Viertel und das erste Haus in San Antonio, das elektrisch beleuchtet war. Eintritt $ 2.

 Majestic Theatre
224 E. Houston St.
 San Antonio, TX 78205
✆ (210) 226-5700
Fax (210) 226-3377
www.magiktheatre.org
Der märchenhafte Kinopalast aus dem Jahr 1929 ist heute ein Schauplatz für Broadway-Shows, Konzerte und Ballettaufführungen.

 San Antonio Museum of Art
Zwischen Broadway & St. Mary's St.
200 W. Jones Ave.
San Antonio, TX 78215
✆ (210) 978-8100 und (210) 978-8134
info@sa-museum.org
www.sa-museum.org
Mi–Sa 10–17, Di bis 21, So 12–17 Uhr
Antikensammlung, mexikanische Volkskunst und amerikanische Malerei des 19. Jh. in dem reizvoll umgebauten Fabrikgebäude der ehemaligen Lone-Star-Brauerei.
Jüngste Erweiterung: **The Nelson A. Rockefeller Center for Latin American Art**. Eintritt $ 5.

❼ Infos: San Antonio

Marion Koogler McNay Art Museum
6000 N. Braunfels Ave.
San Antonio, TX 78209
✆ (210) 824-5368, Fax (210) 824-0218
steveb@mcnayart.org
www.mcnayart.org
Di–Sa 10–17, So 12–17 Uhr
Die ehemalige Villa einer Ölerbin aus Kansas versammelt Indianerkunst aus New Mexico, Arbeiten von Winslow Homer und Diego Rivera, Werke von El Greco, Gauguin, Dufy, Van Gogh, Picasso, Cézanne und Toulouse-Lautrec. Eintritt frei.

La Villita Historic District
S. Alamo, Nueva, S. Presa Sts. & San Antonio River
San Antonio, TX 78205
✆ (210) 207-8610
Tägl. 10–18 Uhr
Restauriertes Stadtviertel für bequeme Einkaufsbummel; vor allem Kunsthandwerk.

Rivercenter Mall
849 E. Commerce St.
(Crockett & Bowie Sts.)
San Antonio, TX 78205
✆ (210) 225-0000
www.shoprivercenter.com
Mo–Sa 10–21, So 12–18 Uhr
Einkaufszentrum beim River Walk: kommerzielle Ästhetik mit Shops, Restaurants und Wasserspielen.

Mission Nuestra Señora de la Purísima Concepción de Acuna
807 Mission Rd. & Felisa St.
San Antonio, TX 78210
✆ (210) 534-1540
Tägl. 9.30–17 Uhr
Wohlproportionierteste Kirche (1731) im Kranz der texanischen Missionen mit einigen noch erhaltenen Originalfresken.

Mission San José
6701 San José Dr. & Mission Rd.
San Antonio, TX 78214
✆ (210) 932-1001
Tägl. 9–17 Uhr
Die weitläufigste Anlage (1720) unter den texanischen Missionen (Indianerunterkünfte, Kornkammern, Öfen, Brunnen). Leckerbissen spanischer Kolonialarchitektur: das barocke Rosettenfenster (*Rosa's Window*) an der südlichen Außenwand. So Mariachi-Messe.

Mission San Juan Capistrano
9101 Graf Rd. (Nähe Ashley)
San Antonio, TX 78214
✆ (210) 534-0749
Tägl. 9–17 Uhr
Im Grundriss ähnlich wie die Alamo vor der Schlacht: große Plaza, umgeben von Steinmauern, und eine kleine Kirche (ca. 1731–56; 1909 saniert) mit offenem Glockenturm.

Mission San Francisco de la Espada
10040 Espada Rd. (am Ende der Straße)
San Antonio, TX 78214
✆ (210) 627-2021
Tägl. 9–17 Uhr
Die authentischste Anlage von allen Missionen (1731–56) ringsum. In der Nähe auch der spanische Aquädukt, der wohl ältesten Wasserleitung in den USA, um 1730 zur Bewässerung der Felder außerhalb der Missionskirche gebaut. Die Kirche wird noch heute zu Gottesdiensten genutzt.

SeaWorld San Antonio
26 km westl. der Stadt

10500 SeaWorld Dr.
San Antonio, TX 78251
✆ (210) 523-3611 und 1-800-722-2762
www.seaworld.com
Im Sommer tägl. 10–22, im Winter Do–So 10–19 Uhr
Shamu, der Killerwal, und anderes Seegetier (Walrosse, Seelöwen, Haie, Pinguine, Delphine) tummeln sich mit menschlichen Wasserakrobaten in diesem zur Zeit größten Aquapark der Welt zum Riesenspaß für die ganze Familie. Eintritt $ 32, Kinder $ 22.

⑧ Koloss am Bayou
Houston

8. Route/Programm: San Antonio – Houston (320 km/200 mi)

km/mi	Zeit	Route/Programm	Karte siehe vordere innere Klappe.
0	10.00 Uhr	In **San Antonio** zur I-10 East	
195/122	12.00 Uhr	Lunchmöglichkeit: Exit 969 (Columbus), dann links und sofort danach rechts auf das Schild SCHOBEL'S achten (ca. 1 Std.).	
320/200	15.00 Uhr	**Houston**. Erkundung von **Downtown** oder **Museumsbesuch** (vgl. auch Infos 9. Route, S. 138 ff.).	

Einen Stadtplan von Houston finden Sie S. 128.

Was gibt's unterwegs – zwischen San Antonio und Houston? Die Standardauskunft der freundlichen Damen im San Antonio Tourist Office lautet: *Not much, read your travel book!* Der Lunchtipp passt dazu: »Schobel's«. Das Lokal zählt in Texas zu den Institutionen für *All American food*. Also auch: Standard.

Je länger die Fahrt nach Osten dauert, um so flacher und mückenhaltiger wird es, was man am Zuwachs der gescheiterten Insekten an der Windschutzscheibe erkennen kann.

Sobald sich die Skyline von **Houston** abzuzeichnen beginnt, wird klar, dass aus einem schlammigen, mückenverseuchten Stück Land an einem kleinen Bayou ein Koloss geworden sein muss. Unterwegs hat Houston von den Baumwollballen bis zur NASA-Technologie alles Profitable an sich gerafft, sich explosiv bevölkert und mir nichts, dir nichts eingemeindet, was ihr im Weg lag. Mit 1,8 Millionen Einwohnern im engeren Stadtgebiet und rund 4,3 Millionen in der *Greater Houston Area* ist die Stadt zur goldenen Gürtelschnalle des *Sun Belt* aufgestiegen. Dallas, trotz traditionell guter finanzieller Ausstattung, erscheint weit abgeschlagen.

Aber das Klima! Gewöhnlich ist es heiß und feucht. Noch eine Woche vor Weihnachten sind 25 Grad Celsius keine Seltenheit, dagegen hat man erfolgreich angebaut. Wahrscheinlich zählt Houston deshalb zu den bestklimatisierten Städten der Welt. Nicht nur die Gebäude haben Air-conditioning, ganze Stadtteile bilden praktisch eine Klimaanlage. Atemnot, strähnige oder krusselige Haare sind passé, denn mit der realen Außenwelt kommen die *Houstonians* höchst selten in Kontakt. In kühler, trockener Annehmlichkeit wohnen sie, arbeiten, fahren, kaufen ein, schwimmen, spielen Tennis, überqueren Straßen oder jubeln ihrem Baseball-Team, den »Astros«, zu.

Unter den Stahl- und Glastempeln wuselt es in der Unterwelt, in einem labyrinthischen Tunnelsystem. Ein Drittel der Fläche von Downtown ist unterkellert. Eine Stadt als geschlossenes klimatisches System – inwendig betrachtet. Von außen dagegen setzt sich Houston Straßenblock um Straßenblock wie ein modernes San Gimignano in Szene. Da wetteifern monolithische Büroriesen um Spitzenränge und Prestige. Pyramidale, zylindrische oder fünfeckige Baumassen verraten die Handschriften der prominentesten und teuersten Baumeister der USA – der Philip Johnsons, Cesar Pellis, Ieoh Ming Pei und wie auch immer sie heißen. Jedes dieser Center vereint Hotels, Garagen, Läden und Büros. Oben schwebt, wie auf den Plattformen von Bohrinseln, das höhere Management per Helikopter ein.

Diese Resultate liquider Petrodollar aus einer überhitzten Wachstumsphase stehen am vorläufigen Ende eines wirtschaftlichen Bilderbuchaufstiegs, den anfangs niemand ahnte. Denn als die Brüder Allen aus New York einer Witwe hier am Buffalo Bayou ein Stück Land abkauften, war das versumpfte Gelände des ehemaligen indianischen Trading Post so gut wie nichts wert.

Das änderte sich durch die Ölvorkommen im nahen Spindletop und den Bau des Schiffskanals (1914), des Houston Ship Channel, der mit über 80 Kilometer Länge zwischen Bayou und der Galveston Bay selbst für Ozeanriesen passt. Was den Umschlag an Tonnage angeht, so wird der Hafen in Houston nur noch von denen in New York und New Orleans übertroffen.

Vom allgemeinen Absturz des Ölbooms hat sich Houston inzwischen erholt. Zwar wächst die Wirtschaft deutlich langsamer als in den goldenen Zei-

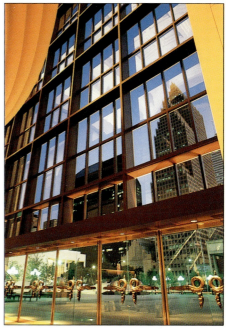

Gotische Giebel oder optische Täuschung? Fassadenspiegelung in Downtown Houston

ten, aber eine Diversifikation der ansässigen Industrien hat die Abhängigkeit vom schwankenden Ölpreis gemildert. Die Nähe zu den Küstenprärien sichert der Stadt nach wie vor ihre zentrale Stellung im *agribusiness*. Die NASA und das international bedeutende *Texas Medical Center* befinden sich auf Expansionskurs. Große Hoffnungen setzt man auf NAFTA *(North America Free Trade Agreement),* das Freihandelsabkommen zwischen den USA, Kanada und Mexiko.

Dass sich der Dollarsegen nach dem Gießkannenprinzip auf alle *Houstonians* verteilt, wird niemand ernsthaft erwarten. Houston, viertgrößte Stadt der USA, hat immer noch besonders scharfe Ecken und Kanten, steckt voller Verwerfungen zwischen klassizistischer Säulenkultur und verrottenden Schup-

Houston: River Oaks, Montrose, Heights, South MacGregor, Magnolia

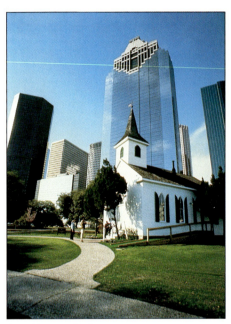

Sam Houston Park

pen, plattem Grün und kalter Stahl- und Glasästhetik.

Einige Wohnviertel sind schön anzusehen: **River Oaks** in Downtown-Nähe zum Beispiel – das Villenviertel par excellence, so ganz im Geschmack der herrschaftlich-feudalen Südstaaten; **Montrose**, das Greenwich Village von Houston; das hübsche Wohnquartier von **Heights** mit seinen viktorianischen Villen, Art-déco- und Bed & Breakfast-Häusern; **South MacGregor**, früher jüdisch, heute Heimat der schwarzen Mittelklasse; und **Magnolia**, das älteste mexiko-amerikanische *barrio*.

In den Slums dagegen sieht es düster aus: in Sunnyside, Third Ward oder Acres Home mit ihren typischen Shotgun-Häusern, armseligen Holzhütten, wie sie in den Armenvierteln der Südstaaten reichlich zu finden sind.

Trotzdem hält man Houston in Texas für liberaler und weniger provinziell als Dallas und *more sophisticated*, als es auf den ersten Blick vielleicht erscheint oder man es nach der Lektüre der beiden Tageszeitungen vermuten würde.

»Urban Cowboys«: die jährliche Livestock Show & Rodeo

Zugegeben, insbesondere die Minderheiten hatten es in dieser Stadt immer schwer und bis 1978 praktisch nichts zu sagen.

Doch seit Anfang der 1980er Jahre werden nicht nur erste zaghafte Flächennutzungspläne vorgelegt, sondern auch soziale Reformen angestrebt, die

Houston: Downtown, Sam Houston Park, Tranquility Park, Pennzoil Palace

den Minderheiten zugute kommen sollen – den *African-Americans*, die rund 19 Prozent der Bevölkerung ausmachen, den *Hispanics* (21 Prozent), den Asiaten (3,5 Prozent) und nicht zuletzt der Viertelmillion Gays, die in der Stadt einen für Texas beträchtlichen Anteil erreichen und zugleich die bestorganisierte Minderheit darstellen.

Auch sonst deuten sich Fortschritte an. Die Kriminalstatistik hat sich verbessert – und die Verkehrslage. Noch in den 1980er Jahren platzte Houston aufgrund seiner sprunghaften Entwicklung aus allen Nähten und galt als die US-Stadt mit den meisten Staus. In der Not machte man häufig aus zwei Fahrspuren einfach drei, was den Verkehrsfluss beschleunigte, aber auch den Puls der Fahrer. Vorbei. Heute rühmt sich Houston, erst an 13. Stelle auf der US-Hitliste der Städte mit den schlimmsten Verkehrsverhältnissen zu stehen – also weit hinter Los Angeles, Washington, San Francisco/Oakland, Miami und Chicago.

Um aus dem Rahmen des texanischen Konservativismus herauszufallen, wirbt Houston auch gern mit einem offenen, lässigen und progressiven Image, als die Stadt für Schwule und Coole, in der vor allem die schönen Künste den Ton angeben. Ob Ballett oder Oper, Symphonisches oder Malerisches, Kunst am Bau oder Baukunst – mehr als ein Dutzend Museen (auch ein neues Holocaust-Museum ist darunter), 70 Galerien und Hunderte von aktiven Künstlergruppen – das ist, zusammengenommen, kein Pappenstil und stellt den Hang zum Höheren, auch über die USA hinaus, unter Beweis.

Am Nachmittag bleibt noch Zeit, um sich in **Downtown** umzusehen. Einen ersten Eindruck gewinnt man am besten an der Stelle, wo sich die junge Stadt wenigstens einen Anflug von historischem Gewissen leistet: im **Sam Houston Park**. Vor der auftrumpfenden Skyscrapers-Kulisse stehen einzelne historische Gebäude etwas verloren auf der grünen Wiese beisammen, und sogar eine frühe deutsche Kolonialkirche von 1891 ist mit von der Partie.

Das Straßenraster der Innenstadt trägt mit wenigen Ausnahmen die Namen der Helden aus der Schlacht von San Jacinto, die von jenem General gewonnen wurde, nach dem die Stadt benannt ist: Sam Houston. Die breiteste Straße heißt natürlich Texas Street, und sie ist genau so breit, daß die Hörnerpaare von 18 Longhorn-Rindern neben einander passen – Ausmaße, die auf die Tradition des Viehauftriebs zurückgehen. Doch die Zeit der Horizontalen ist vorbei, die langen Hörner sind durch die hohen Häuser abgelöst worden. Deren Firmenlogos geben zu verstehen, wer dort das Sagen hat: GULF, EXXON, SHELL, CONOCO, TEXACO und so weiter.

Zu ihren Füßen dient ergeben die Kunst in Form öffentlicher Plastiken, die farbige und verspielte Akzente ins Stadtbild setzen. Prominente Bildhauer wie Miró, Hepworth, Dubuffet, Oldenburg und Moore haben sie modelliert: *corporate art*. Die Mediceer des 20. Jahrhunderts lieben es, sich wechselseitig im Kunst-Sponsoring zu übertreffen.

Einen Ruhepunkt in der Höhle der Baulöwen bildet der **Tranquility Park**, den edle Goldsäulen als Brunnenskulpturen zieren. Ihre Wasser rauschen vor dem mächtigen Pennzoil-Bau von Stararchitekt Philip Johnson, dessen trapezförmige Zwillingstürme 1976 entstanden und damit **Pennzoil Palace** zum ersten asymmetrischen Büropalast machten. Nur ganze drei Meter trennen die schwarzen Baukörper voneinander.

Houston: Wortham Center, Lyric Center, Bayou Place

Cello solo: Lyric Center, Downtown

Nicht weit von hier steht das aus texanischen Ziegeln und rotem Granit gewirkte **Wortham Center**, die repräsentative Heimat von Oper und Ballett, mit zwei Theaterräumen, deren versenkbare Orchestergräben dem Vorbild Bayreuths folgen. Nebenan, man höre und staune, ragt das **Lyric Center** auf, ein vielstöckiger Riese mit einer verspielten Cello-Plastik vor der Tür. Ein ganzes Hochhaus voller Poeten oder Verse? Nein, so weit geht die Liebe zur Literatur selbst in Houston nicht. Als man den Bau 1983 hochzog, so ist zu erfahren, habe man sich bei der Namensgebung durch den angrenzenden Theaterdistrikt inspirieren lassen. Ein Hauch von Poesie weht dennoch durch die Hallen: Zur Lunch-Zeit sorgt ein Pianist für bekömmliche Töne im Hintergrund.

Vergleichsweise neu und praktisch um die Ecke: **Bayou Place**, ein aufwendiger Komplex, den Theater, Kinos, Bars und Restaurants teilen. Ringsum setzt sich diese Entertainment-Welle fort, so dass nun auch nach Büroschluss Downtown lebendiger wirkt als je zuvor.

Abends verwandeln sich die Hotel- und Bürotürme mehr und mehr in futuristische Lichtspiele. Die spiegelnden Fassaden fangen die Orange- und Rottöne der untergehenden Sonne ein, die die Härte der Konturen mildert. Und wo sich die letzten Strahlen bündeln, scheint es so, als würde der Bau in Flammen aufgehen. Wo ist »Red« Adair, der Teufelskerl und Feuerlöscher? Falscher Alarm! Er wird hier nicht gebraucht. Houston pflegt nur friedlich seine *outer space connections*.

8 Infos: Houston

Greater Houston Convention & Visitors Bureau
901 Bagby St., Suite 100 (im historischen Rathaus)
Houston, TX 77002
© (713) 437-5271 und 1-800-4-HOUSTON
Fax (713) 227-6336
Aufwendiges Infozentrum, digital gut ausgestattet. Man kann gleich eine Postkarte per E-Mail nach Hause schicken, Merchandising, Mini-Ausstellungen zur lokalen Geschichte und *local heroes*.

Houston Ticket Center
© (713) 227-2728 und 1-800-828-ARTS
Programmauskunft und Tickets für Konzerte, Theater, Oper und Ballett.

The Warwick Hotel
5701 Main St.
Houston, TX 77005-1895
© (713) 526-1991 und 1-800-670-7275
Fax (713) 526-0359
www.parkhtls.com
Eins der ältesten (1926) und besten Hotels der Stadt. Pool, Fitnessanlagen, Panoramablick auf Downtown Houston. Mitten im Museumsdistrikt. Preiswertere Wochenendraten. $$$$

Four Seasons Hotel Houston
1300 Lamar St.
Houston, TX 77010
© (713) 650-1300 und 1-800-332-3442
Fax (713) 650-8169
Erstklassig und zentral in Downtown gelegen. Nach *weekend specials* fragen. $$$$

The Lancaster
701 Texas Ave.
Houston, TX 77002

© (713) 228-9500 und 1-800-231-0336
Fax (713) 233-4528
Feines Hotel im Theaterviertel mit renommiertem Restaurant **Bistro Lancaster**. $$$$ (An Wochenenden $$$)

Courtyard by Marriott
3131 W. Loop Fwy.
Houston, TX 77027
© (713) 621-1690 und 1-800-465-4329
Fax (713) 439-0989
Ordentliches Haus in der Nähe der Galleria. $$–$$$

Hampton Inn – Galleria Area
Nähe San Felipe St.
4500 Post Oak Pkwy.
Houston, TX 77027
© (713) 871-9911, Fax (713) 871-9960
Ordentlicher Standard gleich beim Shopping Center. An Wochenenden deutlich preiswerter. $$–$$$

Houston Leisure RV Park
1601 S. Main St.
Highlands, TX 77562
© (281) 426-3576 und 1-800-982-8285
Fax (281) 426-5258
Ganzjährig 205 Plätze, 105 davon mit *full hookups*, Duschen, Waschmaschinen, Shop, Tennisplatz, Pool. (Zufahrt: 16 km östl. der Kreuzung I-10 und I-60, Ausfahrt 787, etwa 600 m auf der Crosby-Lynchburg Rd. nach Norden.)

Wortham Center
500 Texas & Smith Sts.

Houston, TX 77002
© (713) 546-0281, Führungen Mo–Sa
Theaterbau mit zwei Bühnen.

Houstonians, so hat man errechnet, essen 4,7 mal pro Woche außer Haus – daher hat es die Stadt inzwischen auf rund 8 000 Restaurants gebracht, d. h. auf fast doppelt so viele wie im gaumenverwöhnten San Francisco.

Damian's Cucina Italiana
3011 Smith St. (südl. von Downtown)
Houston, TX 77006
© (713) 522-0439
Vorzügliche italienische Küche – besonders Fischgerichte. So geschl. $$–$$$

Sierra Grill
4704 Montrose Blvd. (Museum District)

8 Infos: Houston

Houston, TX 77006
✆ (713) 942-7757
Beliebt, geschmackvolles Südwest-Dekor und hervorragende Küche. Lunch und Dinner. Abends wirkt alles noch stimmungsvoller und ein bisschen wie in Santa Fe. $$–$$$

Cafe Annie
1728 Post Oak Blvd. (San Felipe)
Houston, TX 77056
✆ (713) 840-1111
Exzellente Südwestküche, Mekka der Weinkenner. So geschl. $$$

The River Cafe
3615 Montrose Blvd. (Museum District)
Houston, TX 77006
✆ (713) 529-0088
Gemütliches Jazzlokal (So/Mo/Di), auch zum Draußensitzen; Bar, Restaurant für Frühstück, Lunch und Dinner. Pasta und Seafood zählen zu den Stärken der Küche. $–$$

Tony's
1801 Post Oak Blvd.
Houston, TX 77056
✆ (713) 622-6778
Chi Chi-Adresse für verwöhnte Gaumen. So geschl. $$$

Trail Dust Steak House
6101 Richmond St. (hinter der Galleria)
Houston, TX 77057
✆ (713) 266-0656
Steaks und jeden Abend C & W-Bands. $$

Goode Co. Barbeque
5109 Kirby St.
Houston, TX 77098
✆ (713) 522-2530
Gilt als eines der besten lokalen BBQ-Plätze. Mit viel Tex-Mex-Dekor. $

Anthony's
4007 Westheimer Rd. (River Oaks)
Houston, TX 77027
✆ (713) 961-0552
Hervorragende Küche, interessante Weinkarte, umsichtiger Service. Lunch und Dinner. $$$

City Streets
5078 Richmond St. (Post Oak Pkwy.)
Houston, TX 77056
✆ (713) 840-8555
Entertainment-Komplex mit Tanzclubs und viel Live-Musik.

Bayou Place
500 Texas Ave. & Smith St.

Houston, TX 77002
✆ (713) 952-1313

Houstons jüngster Multimedia-Komplex in Downtown: Kinos, Restaurants, Billard, Sake-Bar, BBQ und Blues.

Wichtige Feste:

Februar–März: Erstklassiges für Rodeo-Fans im Astrodome: **Houston Livestock Show and Rodeo**.
Informationen: ✆ (713) 791-9000
März (an den letzten beiden Wochenenden): **Houston International Festival** im Zeichen der internationalen Kunst. Jedes Jahr wird außerdem ein anderes Land thematisiert.
Informationen: ✆ (713) 654-8808.

Weitere Informationen zu Houston finden Sie S 138 ff.

Texas – Land der dicksten Steaks

⑨ Ab auf die Insel
Nach Galveston

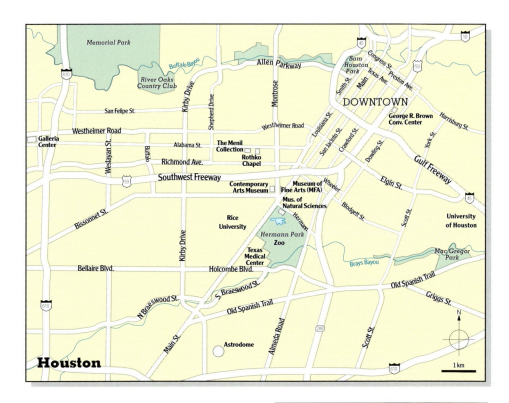

9. Route: Houston – Space Center Houston – Galveston (78 km/49 mi)

km/mi	Zeit	Route/Programm
	Morgen	**Houston:** Museen und/oder **Post Oak Galleria**.
0	13.00 Uhr	Abfahrt nach Galveston: I-45 South, Exit 25, d. h. NASA Rd. 1 und dem Schild SPACE CENTER folgen

Houston: Museum of Fine Arts

29/18	13.30 Uhr	**Space Center Houston** (ca. 2 Std.). Zurück zur I-45 nach Süden bis
78/49	16.00 Uhr	**Galveston**. Strand und/oder Besichtigung des historischen Galveston: Villen und **The Strand**.

Houston und die schönen Künste – das wäre ein Kapitel für sich. Doch die Zeit sollte wenigstens für einige Kostproben reichen, denn nicht zuletzt durch die hochkarätigen Sammlungen und die Ausstellungsarchitektur von Houston hat sich Texas einen Namen gemacht und sich nach New York, Los Angeles und Chicago zum wichtigsten Kunstzentrum der USA entwickelt. Das ist immer noch erstaunlich für einen Bundesstaat, mit dem selbst viele Amerikaner nur Rinder und Cowboys, Öltürme, Steaks und Männer mit breitkrempigen Hüten assoziieren.

Im Stadtviertel um den Montrose Boulevard liegen viele ästhetische Highlights in enger Nachbarschaft. Das jüngste unter ihnen ist der soeben eröffnete noble Erweiterungsbau des **Museum of Fine Arts**, das Audrey Jones Beck Building, das seinem älteren Pendant gegenüber liegt, jenem seltsam janusköpfigen Bau, der verwirren kann, je nachdem, von welcher Seite man sich ihm nähert. Auf der einen präsentiert er eine bieder klassizistische Front aus der Gründerzeit, auf der anderen den Haupteingang, einen gefällig abgerundeten Glasbau von Mies van der Rohe.

Optisches »Om«: Rothko Chapel, Houston

Houston: Contemporary Arts Museum, Menil Collection, Rothko Chapel

Auf der anderen Straßenseite lädt der von Isamu Noguchi entworfene Skulpturengarten zur näheren Betrachtung von Reliefs und Plastiken unter anderem von Rodin, Matisse, Maillol und Stella ein; die **Glassell School of Art** zu kreativen Malklassen, in eine Art Volkshochschule der Künste; und schließlich das in eine silbrige Außenhaut gehüllte **Contemporary Arts Museum** zu zeitgenössischen Wechselausstellungen.

Den Löwenanteil am Umfang und Niveau der Sammlungen haben zwei örtliche Mäzene, Dominique und John de Menil. Die heute hochbetagte Witwe Dominique ist elsässischer Herkunft und wurde durch Ölbohrmaschinen reich – Geldquellen, die der lokalen Kunstszene zugute kamen.

Der Besuch der **Menil Collection** führt das eindrucksvoll vor Augen. Schon die Lage dieses Museums, 1987 von Renzo Piano erstellt, könnte man sich kaum schöner denken. Der schlichte Bau ist Teil eines parkähnlichen Wohngebiets, dessen Bungalows ringsum ebenfalls der Familie Menil gehören. Hier und da sieht man Skulpturen in den Vorgärten oder öffentlichen Anlagen, die von den Kindern mitunter als Turngeräte genutzt werden. Drinnen strömt das Tageslicht durch die Lamellendecke und erhellt Skulpturen, Objekte und gewächshausartige Innenhöfe gleichermaßen. In dunklen Räumen und künstlich beleuchtet hängen dagegen Bilder der Surrealisten, was ihre Wirkung noch steigert.

Ganz in der Nähe steht die **Rothko Chapel**, deren Interieurgestaltung ebenfalls im Auftrag der Menils erfolgte. Der abstrakte Expressionist Mark Rothko

Mies van der Rohe: Foyer des Museum of Fine Arts, Houston

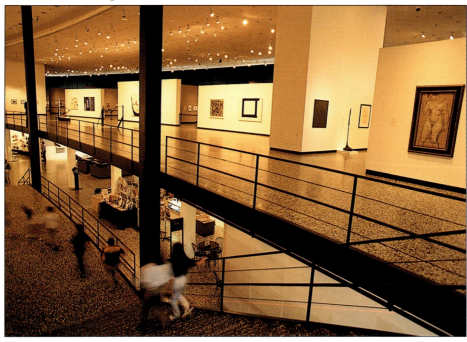

Houston: Rothko Chapel, River Oaks, Space Center Houston

(1903–70) hat hier mit einem Bilderzyklus einen religiös-meditativen Raum geschaffen, dessen Wirkung schon beim Betreten der Kirche überwältigt. An den Wandflächen des Oktogons hängen 14 dunkle Tafelbilder Rothkos – seine letzten übrigens, er nahm sich 1970 das Leben. Erst nach einer Weile geraten die düsteren Farben in Bewegung, so dass sich ihre Monochromie aufzulösen scheint. Farbnuancen zwischen dunklem Lila und Schwarz deuten sich an, begünstigt zuweilen durch den Wechsel des Tageslichts, das indirekt durch die Deckenöffnung fällt. Rothko Chapel – eine Art optisches *Om*.

So ungewöhnlich wie der Bau ist auch seine Nutzung. Von katholischen und protestantischen Priestern, Rabbis und moslemischen Scheichs wurde die Kapelle eingeweiht, und seither finden hier ökumenische Gottesdienste und Hochzeiten ebenso statt wie Menschenrechtstreffen; Knabenchöre und gregorianische Messen sind hier erklungen. Sogar der Dalai Lama war hier.

Der Weg von den Kunstinstituten zu den Shopping-Tempeln führt zwangsläufig über die **Westheimer Road**, ein regelrechter Reißverschluss, der von Downtown bis weit über den Post-Oak-Bezirk hinaus einen abwechslungsreichen Flickenteppich aus Stadtansichten und Milieus knüpft.

Auf der Nordseite von Westheimer liegt **River Oaks**, das Luxusviertel für Erwählte. Hier darf noch längst nicht jeder wohnen. Selbst der nicht, der es sich leisten könnte, ein Antebellum-Haus, ein französisches Château oder ein englisches Schloss zu beziehen. So sehr nämlich die Anlieger mit diesen prächtigen Stilblüten dem Wirtschaftsliberalismus frönen, so wenig mögen sie eben diese Freiheit gelten lassen, wenn es um die Frage geht, wer der neue Nachbar sein soll.

Der **Post Oak District** hat sich längst zu einem zweiten Houston ausgewachsen. Luxushotels, ehrgeizige Büroriesen und die renommierte **Galleria** machen Post Oak zu einer Pionierstadt des 21. Jahrhunderts. Freie Bahn also für die einheimischen *clotheholics,* jene Klamottenfreaks der Glamourszene, deren Kleider- und Schuhschränke die Größenordnung kompletter Wohnungen, ja ganzer Häuser erreicht haben.

Aber auch ohne solchen Stauraum lohnt ein Rundgang durch die Galleria, dieser Mega-Shopping-Mall, die mehrfach erweitert wurde und in der heute Hunderte von Läden Unterschlupf gefunden haben. Durchweg sind hier Kunden mit gehobenen Ansprüchen und entsprechendem Budget König, auffällig viele davon aus Mexiko. Viele der Imbissrestaurants halten da qualitativ mit, die umgebenden Top-Restaurants und Top-Hotels selbstverständlich auch. Die eingebaute Eislaufbahn gerät zum Augenschmaus, wenn ältere Fred-Astaire-Pärchen Arm in Arm ihre Runden drehen, oder Kinder Pirouetten üben. Oben auf dem Dach verläuft ein Trimmpfad. Wer durch das Glasdach blickt, sieht dort die Jogger in brütender Hitze wetzen und schwitzen.

Von Houston ist es nur ein Sprung bis Galveston, erst recht dann, wenn man es schafft, den Sog und Sound des Großstadtverkehrs schnell hinter sich zu bringen. Meist reicht eine halbe Stunde für den Weg bis zum **Space Center Houston**. Auf der Zufahrtsstraße, der NASA Road 1, weisen NASA Café, NASA Liquor oder NASA Jewelry unmissverständlich den Weg zur terrestrischen Bodenstation, zum *closest thing to space on earth,* wie der Veranstalter, eine Stiftung für die Didak-

Houston: Space Center Houston

tik der bemannten Raumfahrt, behauptet. Und weiter heißt es, dass vier Stunden gerade ausreichen, um alles mitzukriegen, was sich die »Imagenieure« von Walt Disney ausgedacht haben, um hier auf dem Gelände das Thema Raumfahrt in einen spannenden und zugleich lehrreichen Vergnügungspark umzusetzen.

Außerirdisches, von Natur aus schwer greifbar, gibt es in der Raumschiff-Galerie zum Anfassen, Brocken vom Mond ebenso wie einschlägige Hardware: die Mercury-Kapsel, Gemini 5, die Kommandozentrale von Apollo 17 und so weiter. An Computern kann der Besucher Satelliten starten und Raumfähren landen lassen oder per Video den Trainingsprogrammen der Astronauten und dem Betrieb im berühmten **Mission Control Center** zusehen. Ingenieure, Wissenschaftler und sogar echte Astronauten stehen Rede und Antwort, während sich die Accessoires der Weltraummode – Helme und Handschuhe zum Beispiel – zur Anprobe und Tuchfühlung anbieten. Wer möchte damit nicht mal nach den Sternen greifen?

Konzept und Design der Disney-Leute übertreffen bei weitem die Präsentationskünste, die viele amerikanische Museen ohnehin auszeichnen und durch die sie sich von den meisten ihrer europäischen Kollegen unterscheiden: das bewundernswerte Geschick nämlich, Entertainment und Erziehung, Spaß und Lernen unter einen Hut zu bekommen. Zugegeben, nationalpathetische Töne bleiben nicht gerade außen vor (vor allem nicht bei den Super-Film-Programmen oder auf der *NASA Tram Tour* zum Kontrollzentrum und zu den Raketen-Rentnern im *Rocket*

Mission Control: im Space Center, Houston

132

Houston: Space Center Houston; **Galveston**

Park), aber im ganzen gesehen ist das Space Center Houston ein spektakuläres technisches Museum, dessen Animationskraft jene im National Air & Space Museum in Washington weit übertrifft.

Die Mittel für dieses ausschließlich von Sponsoren und aus Privatspenden finanzierte Unternehmen flossen reichlich. IBM, Southwestern Bell, Dupont und Coca-Cola haben am tiefsten in die Tasche gegriffen; mit deutlichem Abstand folgt erst die Flugzeugindustrie (Lockheed, McDonnell Douglas). Auch außergewöhnliche Mühen wurden nicht gescheut. Die komplette Spacelab-Trainingsstation musste zum Ausstellungsort transportiert werden, bevor dessen bauliche Umhüllung überhaupt in Angriff genommen wurde. Kein Tor wäre groß genug gewesen, die Laboreinheit hereinzuschaffen und innen zu installieren.

Vom Raumkontakt zurück auf den Asphalt, zum Golf. Dazu hebt sich bald eine lange Brücke über die **Galveston Bay**, von der aus man deutlich die Pyramiden von **Moody Gardens** erkennen kann, ein Touristenmagnet aus Spaßbad (mit künstlichem Strand), Aquarium, tropischem Regenwald und Resort-Hotel.

Das Inselstädtchen **Galveston** (rund 60 000 Einwohner) hat tapfer durchgehalten, trotz stürmischer Geschichte und der Nähe zu Houston. Doch die 70 Kilometer zwischen der Großstadt und der Insel reichen, um sich praktisch ein Jahrhundert im Zeitgeschmack zurückzuversetzen. Gefällig verstecken

Schmuckstück: Opernhaus in Galveston

Galveston: The Strand **9**

Mit dem Rad lässt sich das historische Galveston am besten erkunden

sich die hübschen Holzvillen in tropischen Gärten, deren schwerer Geruch in der Luft liegt. Eine seltsam poröse und pockennarbige Oberfläche überzieht viele viktorianische Überbleibsel, hervorgerufen durch Salzluft, Sonne und eine Gelassenheit, der es nicht darauf anzukommen scheint, das Erbe perfekt zu sanieren.

Die ersten Bewohner waren Flüchtlinge mit sehr unterschiedlichen Motiven. 1817 fand der Pirat Jean Lafitte hier Unterschlupf, wenn er sich nicht gerade über spanische Handelsschiffe hermachte. Als die provisorische texanische Regierung vor der mexikanischen Armee auf die Insel flüchtete, wurde 1836 die Stadt als solche gegründet. Galveston war kurz Hauptstadt der Republik. Gegen Ende des Jahrhunderts besaß sie bereits den drittgrößten Tiefseehafen der Nation; das Finanzviertel, **The Strand**, galt als Wall Street des Südwestens. Gehandelt wurde vor allem mit Baumwolle und Sklaven. Die kulturbewussten Händler, hauptsächlich deutsche Juden, deren Nachfahren noch heute hier leben, formten aus Galveston ein urbanes Schmuckstück. Während im übrigen Texas noch Colt und Faustrecht regierten, buchten die Bürger der Hafenstadt bereits Opern-

Galveston: Ashton Villa

premieren und schickten ihre Kinder auf die Medizinische Hochschule am Ort.

Wegen seiner Nähe zu den Öl- und Gasfeldern des östlichen Texas, seines natürlichen Hafens und seiner cleveren Geschäftsleute, hätte Galveston eigentlich das New York des Westens werden müssen. Im September 1900 jagte ein Hurrikan vom Golf heran, trieb eine mehr als sechs Meter hohe Flutwelle vor sich her, tötete Tausende von Menschen und verwandelte fast die gesamte Stadt in meterhohe Schuttberge. Zwar baute man danach eine hohe Ufermauer, den **Seawall,** aber so richtig hat sich die Stadt von diesem Schlag nie wieder erholt. Als 1917 auch noch der Houston Ship Channel gebaut wurde, war das wirtschaftliche Schicksal von Galveston endgültig besiegelt.

Erst Anfang der 1960er Jahre regte sich neues Leben auf der Insel. **Ashton Villa** am Broadway, ein wahres Prachtgebäude, sollte einer Tankstelle weichen. Die Galveston Historical Foundation kaufte das Haus, renovierte es und setzte damit ein Zeichen für neuen Bürger- und Zukunftssinn, der trotz der schweren Schläge in der Vergangenheit eigentlich nie wirklich verloren gegangen war. Eine alte Dame und gebürtige Galvestonierin kann sich daran erinnern. Eigentlich, meint sie, sei es nur

Picknick am Strand von Galveston

Galveston: Broadway, Strand District, Postoffice Street

Schon im Zeitalter der kolorierten Postkarte zählte das Hotel Galvez zu den besten Adressen in Galveston

der Dickköpfigkeit, Sturheit und dem Durchhaltewillen der deutschen Siedler zu verdanken gewesen, dass aus Galveston je etwas geworden sei. Schon lange vor dem Hurrikan, denn die natürlichen Siedlungsbedingungen seien einfach schrecklich gewesen. »Da war die Hitze, die hohe Luftfeuchtigkeit, die Gelbfieber-Epidemien und die ständigen Stürme. Außerdem gab es kein Wasser.« Noch heute übrigens bezieht Galveston sein Trinkwasser vom Festland. Auch zum Bauen gab es nichts Rechtes. »Die Leute hatten weder Steine noch Holz. Sie mussten Treibholz vom Strand aufsammeln und Muscheln zerkleinern, um den Häusern wenigstens den Anschein zu geben, sie seien solide aus Stein gebaut.«

Der östliche Teil des **Broadway** ist heute sicher die schönste Straße, ein Boulevard mit Oleander, Palmen, immergrünen Eichen und sehenswerten Baudenkmälern. **Bishop's Palace** zählt dazu ebenso wie die filigrane Ashton Villa und die herrschaftliche **Moody Mansion**. Galveston kann man aber auch gut zu Fuß erkunden, vor allem den **Strand District**, das mit viel Kleinarbeit restaurierte Stadtzentrum. Besonders **Postoffice Street** lohnt einen Abstecher, denn hier versammeln sich die meisten Antiquitätenläden, Galerien, Bars und Restaurants.

Und die Strände? Vor dem Seawall erfüllen sie sicher nicht jeden Badetraum, aber in östlicher Richtung bieten z.B. **Steward Beach** und **East Beach** stillere Alternativen, während sich am Westende der Stadt weitere anbieten – zum Baden, Laufen und Reiten. RENT A HORSE ON THE BEACH! Wo keine Kühe auf den Weiden an der Wattseite grasen, reihen sich munter bunte Stelzenhäuser für die Stadtmüden aus Houston. Und die Dünen deuten an: ein bisschen Langeoog steckt schon in Galveston Island.

9 Infos: Houston

 **The Museum of Fine Arts/
Caroline Wiess Law Building**
1001 Bissonnet St.
Houston, TX 77265
✆ (713) 639-7300, Fax (713) 639-7399
www.mfah.org
Di/Mi, Sa 10–19, Do/Fr bis 21, So 12.15–19 Uhr, Mo geschl.
Kunst aus Alt-Amerika Ozeanien, Afrika und Asien. Außerdem eine Sammlung von Goldarbeiten aus Afrika. Eintritt $ 5.

 **The Museum of Fine Arts/
Audrey Jones Beck Building**
 Ecke Main & Binz Sts.
Houston, TX 77265
✆ (713) 639-7300
www.mfah.org
Di/Mi, Sa 10–19, Do/Fr bis 21, So 12.15–19 Uhr, Mo geschl.
Der beeindruckend großzügige und von dezenter Lichtführung geprägte Neubau des spanischen Architekten Rafael Moneo, im März 2000 eröffnet, verdoppelt die Ausstellungsfläche des Kunstmuseums. Im Erdgeschoss gibt es amerikanische Malerei (u. a. Werke von Homer, Remington, Peale und O'Keeffe) zu sehen, im oberen Stockwerk eine ansehnliche Bilderfolge europäischer Tafelmalerei: u. a. frühe italienische Malerei, viele niederländische Still-Leben, ein schöner Frans Hals und ansonsten von jedem etwas: Breughel, Renoir, Monet, Cézanne, Gaugin, Sisley, Brancusi, Vlaminck, Braque, Matisse und Picasso. Im Cafe Express kann man sich stärken, im Museumsshop informieren (Kunstbuchhandlung und Designerkleinteile). Eintritt $ 5.

 Contemporary Arts Museum
5216 Montrose Blvd. & Bissonnet St.
Houston, TX 77006
✆ (713) 284-8250, Fax (713) 284-8275
www.camh.org

Licht und leicht: Menil Collection von Renzo Piano

9 Infos: Houston

Di/Mi/Fr/Sa 10–17, Do 10–21, So 12–17 Uhr, Mo geschl.
Wechselnde Ausstellungen zeitgenössischer Kunst im schimmernden Gehäuse aus rostfreiem Edelstahl. Eintritt frei.

The Menil Collection
1515 Sul Ross St.
Houston, TX 77006
✆ (713) 525-9400, Fax (713) 525-9444
www.menil.org
Mi–So 11–19 Uhr, Mo/Di geschl.
Der eindrucksvolle schlichte Bau von Renzo Piano zeigt Werke aus der Sammlung von Dominique und John de Menil. Vorzüglich: die Abteilung der Surrealisten mit Werken von de Chirico, Magritte und vor allem Max Ernst.
Neueren Datums ist der ebenfalls von Renzo Piano erstellte Bau der **Cy Twombly Gallery** schräg gegenüber der Rückseite des Haupthauses (1501 Branard, ✆ 713-525-9450, www.menil.org/twombly.html, Mi–So 11–19 Uhr), die etwa 30 Werke des Künstlers (Tafelbilder, Plastiken und Arbeiten auf Papier), entstanden zwischen 1954 und 1994, zeigt. Bemerkenswert: das raffinierte Lichtfiltersystem, das durch Brechung von Helligkeit für eine optimale Ausleuchtung sorgt. – Eintritt frei.

Byzantine Fresco Chapel Museum
4011 Yupon St. (Branard)
Houston, TX 77006
✆ (713) 521-3990
Das zur Menil Collection gehörende Museum zeigt u. a. zwei Fresken aus dem 13. Jh. Eintritt frei.

Rothko Chapel
3900 Yupon St. (Nähe Montrose Blvd.)
Houston, TX 77006
✆ (713) 524-9839
www.menil.org/rothko.html
Tägl. 10–18 Uhr
Von Philip Johnson zusammen mit Mark Rothko entworfen, später (1971), nach Rothkos Tod, ausgeführt von Howard Barnstone und Eugéne Aubry. Im schlichten Backstein-Oktogon hängen 14 Tafeln aus Rothkos später Schaffensperiode. Vor dem Eingang der Kapelle steht der **Broken Obelisk**. Die Stahlskulptur von Barnett Newman, einem Freund Rothkos, ist Martin Luther King gewidmet. Eintritt frei.

Museum of Health & Medical Science
1515 Hermann Dr.

Houston, TX 77004
✆ (713) 521-1515, Fax (713) 526-1434
www.mhms.org
Di–Sa 9–17, So 12–17 Uhr, Mo geschl.
Lehrgang durch den menschlichen Körper – *Texas size*. Rein geht's durch Mund und Rachen, vorbei an Superherzen, Mega-Augen, durch Riesenohren, vorbei an aufgeklappten Gehirnhälften, vollen Mägen und dicken Rippen. Und raus geht's schließlich zum – Gift Shop! Unterhaltsam und lehrreich in allem, was unter die Haut geht. Außerdem viele gute Tipps für die Gesundheit. Eintritt $ 4.

Museum of Natural Science
1 Hermann Circle Dr.

Houston, TX 77030
✆ (713) 639-4629
Fax (713) 523-4125
www.hmns.org
Mo–Sa 9–18, So 11–18 Uhr
Naturkundliches Museum mit hochkarätiger Edelstein- und Mineralienkollektion (Riesen-Topaz und fantasieanregende Malachite) – dem Smithsonian Museum of Natural History in Washington durchaus ebenbürtig. Die Wissenschaftler hinter den Kulissen unterhalten rege Kontakte zu Idar-Oberstein.
Im **IMAX Theatre** gibt es zu jeder vollen Stunde auf einer Superleinwand naturkundliche Filme zu sehen (Mo–Do 10–20, Fr 10–21, Sa 10–22, So 11–20 Uhr).
Im **Cockrell Butterfly Center** leben mehr als 2 000 Schmetterlinge. Hier kann man durch ein tropisches Ambien-

Infos: Houston, Kemah, Galveston

te wandern – ein wenig Regenwald, ein wenig forstbotanischer Garten.
Man sollte sich selbst möglichst auch etwas bunt wie ein Schmetterling kleiden, denn das lockt die Flieger an (Eintritt $ 4). Der Insektenzoo wurde mit der Absicht eingerichtet, das durchweg negative Image dieser Spezies ein wenig aufzupolieren.

Holocaust Museum Houston
5401 Caroline St.
Houston, TX 77004
℡ (713) 942-8000
Fax (713) 942-7953
www.hmh.org
Mo–Fr 9–17, Do bis 21, Sa/So 12–17 Uhr
Jüdische Kultur vor dem Holocaust und Dokumente der Überlebenden. Eintritt frei.

The Children's Museum of Houston
1500 Binz St.
Houston, TX 77004
℡ (713) 522-1138
Fax (713) 522-5747
www.cmhouston.org
Im Sommer Mo–Sa 9–17, So 12–17 Uhr, ansonsten Mo geschl.
Hinter dem munteren Eingang verbirgt sich eine Menge Spaß, Handgreifliches und Lehrreiches aus Technik und Naturwissenschaft, Kunst und Umwelt. Eintritt $ 5.

The Artcar Museum
140 Heights Blvd.
Houston, TX 77007
℡ (713) 861-5526
artcarm@swbell.net
www.artcarmuseum.com
Mi–So 11–18 Uhr
Fantasievoll gemodelte und verrückte Autos – ein »Garage Mahal« oder Hommage an die bizarre Seite der amerikanischen Autokultur. Was es in diesem 1998 eröffneten Museum zu sehen gibt, verkehrte in den 1970er Jahren häufig live auf den Highways Kaliforniens.

National Museum of Funeral History
415 Barren Springs Dr.
Houston, TX 77090
℡ (281) 876-3063
Mo–Fr 10–16, Sa/So 12–16 Uhr
Särge und Urnen dokumentieren die Geschichte der Bestattung von den Pharaonen bis heute. Eintritt $ 5.

The Galleria
5075 Westheimer Rd. & Post Oak Blvd.
Houston, TX 77056
℡ (713) 621-1907
Mo–Sa 10–21, So 12–18 Uhr
Konsum- und Dienstleistungstempel für gehobene Ansprüche im Post Oak District mit zwei Hotels, Warenhäusern, vier Kinos und diversen Restaurants.

Weitere Informationen zu Houston finden Sie S. 126 f.

Kemah Boardwalk
Waterfront St.
Kemah, TX 77565
℡ 1-887-AT-KEMAH
Shops, Restaurants und ein Riesenrad am Wasser sorgen für ein Unterhaltungsprogramm für die ganze Familie.
Anfahrt: I-45 zwischen Houston und Galveston, Exit NASA Rd., Hwy. 146 rechts, dann Richtung Süden über die Brücke.

Galveston Island Visitor Information Center
2428 Seawall
Galveston, TX 77550
℡ (409) 763-4311 und 1-888-GAL-ISLE
Fax (409) 770-0015
www.galvestoncvb.com

The Tremont House
2300 Ship's Mechanic Row (zwischen 23rd & 24th Sts.)
Galveston, TX 77550-1520
℡ (409) 763-0300 und 1-800-874-2300
Fax (409) 763-1539
www.wyndham.com

9 Infos: Galveston

Die ehemalige Autohandlung ist 1985 als elegantes Hotel wieder auferstanden, mit ansprechender Atrium-Lobby, alter Bar und angenehmen Zimmern mit hohen Decken. Zentrale Lage im Strand-Viertel. $$$$

Hotel Galvez
2024 Seawall Blvd.
Galveston, TX 77550
℡ (409) 765-7721 und 1-800-392-4285
Fax (409) 765-5780
www.wyndham.com
Traditionelles Haus (seit 1911) mit gediegenem Charme am Golf. Die 225 Zimmer wurden jüngst einer Generalüberholung unterzogen. Einen guten Ruf genießt das Restaurant **Bernardo's** ($$–$$$). $$–$$$$

Holiday Inn on the Beach
5002 Seawall Blvd.
Galveston, TX 77551
℡ (409) 740-3581 und 1-800-465-4329
Fax (409) 740-4682
www.holidayinnonthebeach.com
Das Hotel wurde ansprechend renoviert, mit Pool, Entertainment und beachtlichem **Black-Eyed Pea Restaurant**. $$$–$$$$

Commodore on the Beach
3618 Seawall Blvd.
Galveston, TX 77552
℡ (409) 763-2375 und 1-800-231-9921
Fax (409) 763-2379
beachhotel@aol.com
www.commodoreonthebeach.com
Kleineres, angenehmes Hotel (91 Zimmer) am Strand. Pool, Restaurant. Leichtes Frühstück. $$–$$$

Gaido's Seaside Inn
3828 Seawall Blvd.
Galveston, TX 77550
℡ (409) 762-9625 und 1-800-525-0064
Fax (409) 763-2977
Solides Haus, Pool, Restaurant, Bar. $$

Galveston Island State Park
Ab Seawall den Schildern folgen
FM 3005 (I-45, Exit 61 bis Seawall Blvd.)
Galveston, TX 77554
℡ (409) 737-1222
180 Campingplätze, fast alle mit *full hookups*; Duschen, Telefon, Picknicktische, BBQ-Feuerstellen. Ganzjährig. $ 10–18.

Dellanera RV Park
FM 3005 (Westende von Seawall)
Galveston, TX 77554
℡ (409) 740-0390
Städtischer Campground mit 84 Plätzen, 51 mit *full hookups*, Duschen, Waschmaschinen, Lebensmittel. Liegestuhl- und Sonnenschirmverleih, Picknicktische, Kinderspielplatz, Duschen und Toiletten. $ 15–18.

East Beach/R.A. Apffel Beach Park

Seawall Blvd. & Boddeker Dr.
Galveston, TX 77550
℡ (409) 762-3278
März–Okt. tägl. 8–18 Uhr
Dieser Strand am äußersten östl. Ende der Insel – vom Seawall Blvd. rechts über Boddeker Dr. – eignet sich gut zum Baden. Ein Paradies für Muschelsucher, die hier u. a. Engelsflügel und Seesterne *(sand dollars)* finden können. Eintritt und Parken $ 5 pro Auto. – Im Big Reef Nature Park kann man die Vogelwelt studieren (Eintritt frei).

Vogelliebhabern bietet Galveston Island eine Reihe von guten Beobachtungspunkten für Ibisse, Enten, Kormorane, Reiher etc. (East Beach/Big Reef Nature Park, Steward Rd./Lafitte's Nature Preserve, Galveston State Park, San Luis Pass/The West End).
www.galvestoncvb.com

Steward Beach Park & Recreation Area
Seawall Blvd. & Broadway
Galveston, TX 77550

❾ Infos: Galveston

✆ (409) 765-5023
März–Okt. tägl. 8–18 Uhr
Schöner Strand, Snack Bar, Kinderspielplatz. Man kann Sonnenschirme und Liegestühle leihen. Eintritt $ 5 pro Auto.

 Ashton Villa
2328 Broadway & 23th St.
Galveston, TX 77550
✆ (409) 762-3933
Mo–Sa 10–16, So 12–16 Uhr, stündl. Führungen
Die erste der großen Villen von Galveston (1859): viktorianisch verspielter Antebellum-Charme und sehenswertes Paradies für Antiquitätenfreunde. Eintritt $ 5.

 Bishop's Palace
1402 Broadway & 14th St.
Galveston, TX 77550-4938
✆ (409) 762-2475
Führungen im Sommer tägl. 10–17, So 12–17, im Winter tägl. 10–16 Uhr
1886 als Offiziersvilla gebaut, ab 1923 im Besitz der Diözese von Galveston und katholischer Bischofssitz bis 1950. Heute öffentlich zugänglich. Sehenswertes Holztreppenhaus. Eintritt $ 5.

 **Moody Mansion Museum**
2618 Broadway & 26th St.
Galveston, TX 77550-4427
✆ (409) 762-7668
Führungen Mo–Sa 10–16, So 13–16.30 Uhr
Der Kontrast von Kalkstein und Ziegel bestimmt die Außenwirkung dieser herrschaftlichen Villa von 1895 mit sehenswertem Interieur.

 1894 Grand Opera House
2020 Postoffice St. (Nähe 21st St.)
Galveston, TX 77550
 ✆ (409) 765-1894 und 1-800-821-1894
www.thegrand.com
Mo–Sa 9–17, So 12–17 Uhr
Vorbildlich restaurierter Prachtbau mit ganzjährig gemischtem Programm – von Ray Charles über »La Bohéme« zu den Wiener Sängerknaben. Selbstgeführte Rundgänge.

 Moody Gardens
1 Hope Blvd.
Galveston, TX 77554
 ✆ (409) 744-1745 und 1-800-582-4673
Fax (409) 744-1631
 www.moodygardens.com
 Tägl. 10–22 Uhr
Drei Pyramiden, drei Themen: Technologie, Regenwald (wegen der exotischen Vögel und Fische besonders bei Kindern beliebt) und Aquarium. IMAX-3D-Theater. Gärten, Pools und Strände (Palm Beach), Schaufelraddampfer und Hotel sorgen für Entspannung gestresster Erdenbürger aller Altersklassen. Die Anlage auf der Bayseite wurde 1982 von der philantropischen Moody Foundation ins Leben gerufen. Eintritt $ 6–16.

Viktorianische Pracht: Bishop's Palace in Galveston

❾ Infos: Galveston

Im Aquarium von Moody Gardens

 Ocean Star Offshore Drilling Rig and Museum
Pier 20 (Harborside Dr. & 20th St.)
Galveston, TX 77554
✆ (409) 766-7827
Tägl. 10–17 Uhr, im Winter 10–16 Uhr
Die Bohrinsel gewährt Einblick in die Erdöl- und Erdgasgewinnung auf See. Videos, Geräte, interaktive Ausstellung. Führungen schließen einen 12-minütigen Film ein. Eintritt $ 5.

 Saltwater Grill
20 Postoffice St. (gegenüber vom alten Opernhaus), Galveston, TX 77550
✆ (409) 762-3474
Schicke Cafeteria, professionell geführt, kreative Küche, vor allem Fisch und andere Meeresfrüchte. $$

 Luigi's
2328 The Strand
Galveston, TX 77550
✆ (409) 763-6500
Ansprechender Raum, schmackhafte italienische Gerichte, viele offene Weine. $$–$$$

 Gaido's Restaurant
3800 Seawall Blvd. & 39th St.
Galveston, TX 77550
✆ (409) 762-9625
Traditionelles Familienrestaurant mit nautischem Dekor, vis-à-vis vom Golf. Hauptsache: zappelfrische Meeresfrüchte. $$

 Hill's Pier 19 Restaurant, Bar & Fish Market
Pier 19
Galveston, TX 77550
✆ (409) 763-7087
Frisches aus dem Golf zur Selbstbedienung. $–$$

 21
2102 Postoffice St.
Galveston, TX 77550
✆ (409) 762–2101
Beliebte und belebte Martini-Bar für die späteren Stunden.

Wichtige Feste:

Erste Dezemberwoche: das vorweihnachtliche **Dickens on The Strand**. Informationen: ✆ (409) 765-7834
Zweite Februarwoche: **Galveston Mardi Gras** (www.mardigrasgalveston.com).

❿ Texas Riviera
Von Galveston nach Corpus Christi

10. Route: Galveston – Port Aransas/Corpus Christi (358/377 km/224/236 mi)

km/mi	Zeit	Route
0	9.00 Uhr	Von **Galveston Seawall** nach Südwesten, d. h. Hwy. 257 nach Westen über **Surfside**, und in **Freeport** dem Hinweis zum Hwy. 36 nach Norden folgen Richtung Brazoria. In West Columbia auf Hwy. 35 nach Süden abbiegen über **Bay City** nach
192/120	12.00 Uhr	**Palacios**. Weiter über Lavaca Bay und **Fulton**. Dort, dem Schild folgend, links zur

Texas Riviera

321/201 13.30 Uhr **Fulton Mansion** (Möglichkeit zur Besichtigung). Zurück zum Hwy. 35 und in Aransas Pass S 361 nach links und mit der (kostenlosen) Fähre nach

358/224 14.00 Uhr **Port Aransas** auf **Mustang Island**. Im Ort gibt es kleine preiswerte Motels, es lohnt aber, auf der Park Rd. 53 ein paar Meilen weiter südlich zu fahren, um ein abgelegeneres Plätzchen in den Dünen zu finden (das Gleiche gilt für Camper, s. u.).

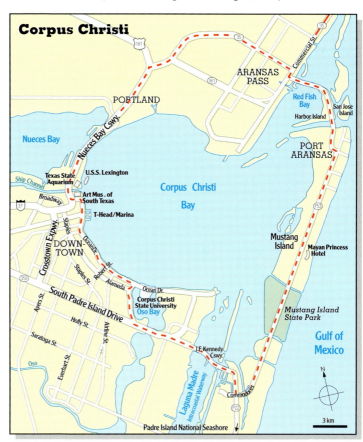

Alternativen: Statt gleich an den Inselstrand, kann man auch erst einmal nach **Corpus Christi** fahren, d. h. in Aransas Pass auf Hwy. 35 bleiben. Ankunft in Downtown Corpus Christi (bei 377 km/236 mi) etwa gegen 15.30 Uhr.
– Wem **Port Aransas** so gefällt, dass er sich hier gleich festsetzen möchte, der hat u. a. Gelegenheit zu einer Bootstour in ein Naturschutzgebiet: **Aransas National Wildlife Refuge,** FM 2040 off Hwy. 35, Port Aransas, TX 78373, ✆ (361) 286-3559,

10 Aransas Wildlife Refuge

> tägl. 7.30–17 Uhr. Die Fahrten gehen in den seit den 1930er Jahren eingerichteten Biotop, in dem sich, trotz naher Ölpumpen und heftig befahrenem Intracoastal Waterway, der sich an der texanischen Küste zwischen Galveston und South Padre Island zwischen dem offenen Meer und den Marschen diesseits der Barrier Islands hinzieht, nicht weniger als 390 verschiedene Vogelarten heimisch fühlen, allen voran der mit seiner Höhe von anderthalb Metern stattliche *whooping crane*, der Schreikranich, der zwar schon seit 1916 unter Naturschutz steht, aber immer noch nicht als gerettet bezeichnet werden kann. Eintritt $ 3 pro Person oder $ 5 pro Auto.

Südlich von Galveston lassen sich Vergleiche mit der deutschen Nordseeküste immer schwerer halten, es sei denn, man ließe die kleinen Kakteen *(prickly pear)*, die hier in den Dünen wachsen, als texanische Stranddisteln durchgehen.

Den Willkommensgruß auf dem Ortsschild von Surfside mag man ja noch hinnehmen, aber die nachfolgende Petrochemie-Szene von Freeport serviert schwer verdauliches Augenfutter. Von der Brücke über den Intracoastal Waterway überblickt man das Areal der Firma Dow Chemical, eine richtige Dow-Landschaft. Keine Frage, Freeport ist *oilport*. Doch schon auf der gegenüberliegenden Straßenseite breiten sich schöne, von mäandernden Wasserläufen durchzogene Wattwiesen aus. Und während in der Folge Spanisches Moos und weißgetupfte Baumwollfelder idyllische Bilder schaffen, steht dann doch ab und zu eine Ölpumpe dazwischen.

Je weiter der Highway 35 hinter Palacios südwestlich vordringt, um so mehr entfaltet der von unzähligen Buchten ausgespülte Küstenstreifen seine Wasserfülle. Lavaca Bay, Tivoli oder Copano Bay: Kanäle und Seen, Bays und Bayous verschönern ständig diese »Marsch«-Route. Eine mit ungewöhnlichem Vogelreichtum übrigens; die Abzweigung zum **Aransas Wildlife Refuge** deutet es an. Sein »Star« ist der *whooping crane*, der Schreikranich, ein ebenso schöner und großer wie seltener Vogel, für den dieses Schutzgebiet eine Bleibe schaffen möchte – trotz naher Ölpumpen und dem heftig befahrenen **Intracoastal Waterway**, der sich an der texanischen Küste zwischen Galveston und South Padre Island zwischen dem offenen Meer und den Marschen diesseits der Barrier Islands hinzieht.

Stolz auf Stelzen: Kranich in Fulton

Überhaupt ist das Gebiet um Corpus Christi eine wahre Fundgrube für Vogelfreunde. Unter den annähernd 400 Arten fleucht, stelzt und flattert so mancher gefiederter Geselle – von braunen und weißen Pelikanen und Kormoranen über Austernfischer und Scherenschnäbel, Falken, Eulen und Spechte, Wachteln und wilde Truthähne bis zum Kolibri und dem exotischen Rosa-Löffler. Zu jeder Jahreszeit gesellen sich zu den einheimischen Arten Fluggäste aus Zentral- und Südamerika (im Sommer) und aus dem hohen arktischen Norden (im Winter).

Im Badekurort Fulton steht die elegante **Fulton Mansion**. Leicht nachzuvollziehen, warum hier früher sogar amerikanische Präsidenten ihre Sommerfrische verbracht haben. Ringsum stehen kleine grüne Eichen *(live oaks)*, die der Wind aerodynamisch gestylt hat. Sie bezeichnen neben den Kiefern eine Vegetationsgrenze, denn der südlichste Ausläufer des osttexanischen Waldlandes reicht bis Fulton.

Was die Rute für die Angler, das ist der Pinsel für die Maler – ein Mittel nämlich, um Früchte und Licht des Meeres einzufangen. **Rockport**, das Mekka der Sportfischer, ist denn auch eine Künstlerkolonie. Viele Galerien, Antiquitäten- und Kunstgewerbeläden zeugen davon; auf ihre Art auch die offenbar beliebte Volkskunst mit Muscheln in den *shell shops*.

Mehr und mehr *condos* – sprich Eigentumswohnungen – flankieren die **Aransas Bay**. Oft sind es Zweitwohnsitze. Wochenendtrips aus den Städten oder von den Ranches erledigen viele Texaner mit dem Flugzeug. Deshalb liegt auch der kleine Flughafen so nah. Etwa fünf Minuten, so hat man errechnet, braucht der Hobbyflieger vom Flugzeug bis zum Wasser, wo er die Angel auswerfen kann. Dort behalten dann die Möwen und Seeschwalben, die Pelikane, Reiher *(white egrets)* und große Kraniche *(blue herons)* ihrerseits die Fische im Auge.

Die kleinen Restaurants servieren delikate Fischgerichte, und an jeder Ecke gibt es, oft nur für ein paar Dollar, Krabben pfundweise; oder Austern direkt von den Fischern auf den Fangbooten zwischen Rockport und Fulton – in der Regel große Oschis, texanische Austern eben, die in der Bay und nicht draußen im Golf gefangen werden.

Auch **Aransas Pass** lebt vom Krabbenfang. Über 500 Boote sind hier dafür im Einsatz, außerdem für Golf-Forellen, *redfish*, Makrelen und Flundern. Kein anderer Bundesstaat verfügt über eine größere Shrimp-Boot-Flotte als Texas. Schließlich zählt der Golf von Mexiko zu den fruchtbarsten Meeren der Welt. Doch auch hier wächst die Belastung durch Industrieabwässer stetig.

Wer dem nautischen Trend folgen möchte, der sollte von Aransas Pass die Fähre nach **Mustang Island** nehmen, zu jener Insel, die ihren Namen den Wildpferden verdankt, die sich hier einst auf dem Gras tummelten.

Port Aransas, klein und quicklebendig, mit zahllosen *bait and tackle shops* mit allem, was der Angler so braucht, hübschen hölzernen Motels und haufenweise jungen Leuten, die mit ihrer guten Laune nicht hinterm Berg halten. Schon gar nicht an Samstagnachmittagen, wenn es Zeit zum *hanging out* ist – auf den Geländewagen, gut eingedeckt mit »Corona«, »Lone Star« oder »Schlitz«. An solchen Tagen legt die Einwohnerzahl des Örtchens im Sommer um 100 000 zu, für 48 Stunden Wonne in der Sonne. An den Stränden in Ortsnähe kommt dann der Auftrieb der motorisierten Jugend in die Gänge – mit Strandflitzern,

Port Aransas, Mustang Island, Corpus Christi

bulligen Buggies, Motorrädern und flinken Pickups. Viele johlende Teens und Twens sind sichtlich angeheitert, andere fangen es eher heimlich an und genießen den Sichtschutz der Dünen. *Having a good time* nennt sich dieser Zeitvertreib, bei dem jeder jedem zu imponieren sucht. Keine Angst, es riecht immer noch mehr nach Meer als nach Budweiser, und der Sheriff passt auf, dass niemand wirklich durchdreht.

Ein paar Meilen weiter südlich geht es auf **Mustang Island** ruhiger zu. Die jeweils markierten *Beach Access Roads* zweigen von der Hauptstraße zu den inzwischen vertrauten Küsten- und Dünenlandschaften ab. Dort hocken die Leute, futtern, lesen, spazieren, liegen einfach auf dem Bauch oder lassen die Seeschwalben über sich hinwegfliegen. Alles völlig normal, keine modische Schickeria, eher ein Wochenende für die ganze Familie, Meeresfrüchte eingerechnet, denn hin und wieder ziehen die Angler einen kapitalen Burschen aus der Brandung.

Rund 30 Kilometer lang erstreckt sich die Straße auf der schmalen Insel. Auf der Golfseite sieht man ab und zu neue Apartment- und Eigentumswohnblöcke und Schilder wie LAND FOR SALE. Schon möglich, dass sie einmal jenen Ruf ruinieren werden, den Texas für seine Küste reklamiert, nämlich die *Third Coast* zu sein, die dritte neben denen des Atlantiks und Pazifiks, vor allem die geruhsamere und preiswertere Alternative zu Florida.

Doch zurück nach Aransas Pass: zu jenen, die erst einmal nach **Corpus Christi** fahren möchten. Im hohen Bogen bringt Sie die Harbor Bridge in die Stadt. Unter ihr gleiten Supertanker und bepackte Cargo-Riesen, die außer Öl und chemischen Produkten vor allem Getreide und Baumwolle verfrachten.

Zweimal im Jahr wird ringsum Baumwolle geerntet. Seit 1880 ist Texas größter Baumwollproduzent; etwa 35 Prozent des gesamten US-Aufkommens stammen von hier.

Kurz hinter der Brücke und vor dem ersten städtischen Badestrand hat die »U.S.S. Lexington« festgemacht, ein Flugzeugträger a. D., der als Frührentner nur noch friedliche Zwecke verfolgt, indem er staunende Touristen über sich ergehen und Geschäftsleute in seinen Kabinen tagen lässt. Auch in anderen Hafenstädten des Golfs feiern solche Kriegsgeräte ihr Comeback als Entertainment.

Mit ein paar zusätzlichen Hochhäusern in der Skyline wirkt Corpus Christi aus

der Ferne neuerdings fast wie eine richtige Großstadt, aber je näher man kommt, um so mehr gewinnt man den Eindruck, dass das Ganze trotz städtebaulicher Anstrengungen wie dem **Water Street Market** und dem **Heritage Park** immer noch nicht so recht zusammenwachsen will. Immerhin die Uferpartie präsentiert sich akzeptabel: die Marina mit dem schaukelnden Mastengewimmel der Jachten und Jollen, außerdem die tiefblaue Corpus Christi Bay. Zum Glück sorgt der Wind für ein natürliches Air-conditioning, weil er die Düfte von petrochemischen Betrieben außer Riechweite bläst. Und nicht nur das. »Der heftige Wind rettet uns das Leben – bei dieser Hitze im Sommer«, erzählt eine Hotelbesitzerin.

»Mehr Wind als in Chicago«, meinen viele Ortskundige.

Corpus Christi – Fronleichnam: Was für ein Name für eine Stadt! Die Taufe war ein Dankeschön, denn genau an diesem Tag fanden einst spanische Seefahrer in der ruhigen Bucht Schutz vor dem stürmischen Golf. In Texas hält man Corpus Christi für gemächlicher als Houston oder Dallas, obwohl die Stadt mit ihren gegenwärtig fast 260 000 Seelen weiter wächst – die Mehrheit von ihnen mexikanisch und alles andere als betucht. Neben Öl, Erdgas und Petrochemie lebt sie vom Hafen, vom Tourismus und vom Militär. Ocean Drive, der reizvolle Boulevard an der Bay entlang, die kleinen Picknick-Parks, Jogger und Nobelvillen

Mustang Island: lässiges Strandleben

Corpus Christi: Art Museum, Heritage Park

lenken davon ab, dass Downtown selbst nach wie vor Probleme hat. Die dort herumstehenden Hochhausschachteln verbreiten in erster Linie Langeweile. Seit 30 Jahren sei das Zentrum praktisch tot, aber jetzt gehe es langsam bergauf, heißt es allerdings.

Im nördlichsten Winkel der Stadt, gleich unterhalb der Harbor Bridge, erkennt man erste Ergebnisse des *urban renewal*, der Altstadtsanierung. Einige öffentliche Bauten sind dazugekommen, darunter auch das markante **Art Museum** von Philip Johnson. Um die Ecke liegt der **Heritage Park**, ein Ensemble viktorianischer Villen, die an diese Stelle transloziert wurden, um sie vor dem drohenden Abriss zu retten.

An den nach ihrer T-Form benannten T-Heads kann man herumspazieren und angenehm sitzen, besonders vorne am Wasser bei den Booten, wo es auch den Pelikanen, Kormoranen und Strandläufern gut gefällt. Von Downtown aus

Vernetzt: Fangflotte in Corpus Christi

Corpus Christi, Padre Island National Shore

gelangt man über den J. F. Kennedy Causeway zum Südzipfel von Mustang Island. Im Schiffskanal, dem Intracoastal Waterway, sind häufig Tanker in Sicht, die Kurs auf den Hafen nehmen. Nicht weit von ihnen springen muntere Delphine durchs Wasser, hier und da ein bisschen Industrie, ein paar Gas- und Öltanks, Off-Shore-Bohrinseln und wieder Angler.

Südlich von Mustang Island schließt sich Padre Island an, eine Insel mit extrem ruhiger Gangart, denn die **Padre Island National Seashore** hält ihre schützende Hand über Strandhafer und Priele. Keine Zäune, keine Häuser, kaum Autos. Im Besucherzentrum kann man duschen, ein paar Dinge kaufen und notfalls auch etwas essen. Am besten aber bringt man ein Picknick mit.

Dahinter öffnet sich die weitläufige Dünenlandschaft mit breiten, weißen Stränden. Gelb und lila blüht es zwischen den Kakteen, unter denen die spitzblättrigen Spanischen Dolche, die *Spanish daggers*, besonders auffallen. In gebührender Entfernung von ihnen beziehen gewöhnlich vereinzelte Camper mit Zelt und Boot Quartier. Außerdem stehen reguläre Campingplätze zur Verfügung, zum Beispiel auf dem Malaquite Beach Campground. Ab hier hilft nur noch der Vierradantrieb für die immerhin noch weitere 180 Kilometer lange Inselbarriere, die bis zur *southern tip of Texas* reicht, das heißt hinunter bis zur mexikanischen Grenze bei Brownsville und Matamoros. Als National Seashore ist die Sandwildnis weitgehend von der Zivilisation abgeschnitten und ökologisch noch intakt.

Die lichte Höhe ihrer Dünen verführte einst Beobachter zu dem Schluss, dass es sich bei Padre um mehrere Inseln handeln müsse. *Las Islas Blancas* nannte man sie deshalb. Aber erstaunlicherweise blieb die Insel bis Mitte des 19. Jahrhunderts hinein in der Hand ihrer ursprünglichen Siedler, der Karankawa-Indianer. Abgesehen von ein paar umherziehenden Missionaren bildete sie einen weißen Fleck auf der spanischen Kolonialkarte. So war es auch kein spanischer, sondern ein portugiesischer Priester, Padre Nicholas Balli, der im 19. Jahrhundert eine Ranch mit Vieh und Pferden auf der Insel betrieb und der ihr auch den Namen gab. Ansonsten mach-

Padre Island National Seashore, Corpus Christi

te Padre Island allenfalls als Friedhof für gestrandete Schiffe von sich reden.

Sportfreundlich und erholsam ist auch die Wattseite an der Laguna Madre – mit Windsurfern, Katamaranseglern und Wasserskiläufern. In stillen Regionen kann man hier Lerchen und Falken sehen oder die farbigen Stelzvögel beobachten, ab und zu auch eine Eule. Im Winter wird es sogar richtig voll, dann bevölkern Enten und Gänse scharenweise die Lagune und genießen ihre subtropisch milden Temperaturen.

Auf der Rückfahrt nach Corpus Christi, besonders an den Spätnachmittagen am Wochenende, ist es dann mit der Ruhe vorbei; denn jeder will zur gleichen Zeit zu Hause sein. Dabei kommt man im wachsenden Gedrängel der Autos seinen mitrollenden Weggenossen so richtig nah: dicken Männern, die in offenen Cabrios schlafen, schwatzenden *Chicanos*, Hunden auf den Ladeflächen der Pickups, langen Mädchenbeinen, die von irgendwoher schräg aus dem Seitenfenster ragen, Nasenbohrern, Lachhälsen und Grimassenschneidern. Und die Kakophonie der Autoradios bildet die Tonspur für diesen Freizeitfilm. Nebenan und ungerührt stehen Kraniche und menschliche Einzelgänger im Wasser. Sie sind hinter den Fischen her. Die einen mit, die anderen ohne Gummihosen.

Golf am Golf: Northshore Country Club, Corpus Christi

🔟 Infos: Fulton, Port Aransas

Fulton Mansion
317 Fulton Beach Rd.
Fulton, TX 78358
✆ (361) 729-0386
Stündl. Führungen Mi–So 9–16 Uhr
Bemerkenswerte Villa eines Viehbarons von 1876 mit erlesener Innenausstattung aus Walnuss- und Ebenholz, Marmor und Jade. Leicht nachzuvollziehen, warum hier früher sogar amerikanische Präsidenten gerne ihre Zeit verbrachten. Ringsum stehen kleine grüne Eichen *(live oaks)*, vom Wind verformt. Eintritt $ 4.

Port Aransas Mustang Island Chamber of Commerce
421 W. Cotter
Port Aransas, TX 78373
✆ (361) 749-5919 und 1-800-452-6278
Fax (361) 749-4672
www.portaransas.org

Tarpon Inn
200 E. Cotter St.

Port Aransas, TX 78373
✆ (361) 749-5555 und 1-800-365-6784
www.texhillcntry.com/tarponinn
Hübscher alter Inn mit Karibik-Touch, schattigen Veranden, Schaukelstühlen und Deckenventilatoren. Dafür fehlen TV und Telefon. Top-Restaurant im Hinterhof: **Beulah's**. $$

Mayan Princess
7537 Hwy. 361 (Mustang Island, südl. von Port Aransas)
Port Aransas, TX 78373
✆(361) 749-5183 und 1-800-662-8907
Fax (361) 749-5186
An den Dünen von Mustang Island gelegenes Ferienhotel; diverse Pools, Tennisplätze, kinderfreundlich; an einem weiten, (fast) sauberen Strand zum Laufen, Baden und Brandungsfischen. $$–$$$

Sand & Surf Condominium
1423 1/2 S. 11th St.

Port Aransas, TX 78373
✆ (361) 749-6001
sandsurf@centuryinter.net
Gleich am Strand: Zimmer mit Küche und Balkon zum Golf, Pool. (An Feiertagen 3 Nächte Minimum.) $$–$$$

Belles By The Sea
1423 11th St.
Port Aransas, TX 78373
✆ (361) 749-6138
Mit Blick auf den Golf, Pool. So Champagner-Frühstück. Einige Zimmer mit Küche. $$$

Belles Inn
710 S. Station
Port Aransas, TX 78373
✆ (361) 749-6138
Zimmer mit einem oder zwei Schlafräumen und Küche (Check-in bei Belles By The Sea). $–$$

Nueces County Park
Strand zwischen Caldwell Pier und dem Ende von Cotter St.
Port Aransas, TX 78373
✆ (361) 749-6117
Breiter Strand, Fischen, Camping. (Zufahrt: Cotter St. bis zum Strand, dann rechts halten.) 75 Plätze mit Elektrizitäts- und Wasseranschluss.

Mustang Island State Park
Highway 361
Port Aransas, TX 78373
✆ (361) 749-5246 und 1-800-792-1112
Baden, Camping (48 Stellplätze), Picknicken, Fischen. Ca. 22 km südlich von Port Aransas auf Hwy. 361, dann über Park Rd. 53.

Beulah's
E. Cotter & Alister Sts. (Tarpon Inn)
Port Aransas, TX 78373
✆ (361) 749-4888
Mo/Di geschl.
Bestes Restaurant weit und breit: originelle Küche, gute Weinauswahl (viele Riesling-Weine). Reservierung dringend empfohlen. $$$

🔟 Infos: Port Aransas, Corpus Christi

 Marcel's Restaurant
905 S. Alister St. (Hwy. 361)
Port Aransas, TX 78411
✆ (361) 749-5577
Gemütliches Dinner-Restaurant (auch zum Draußensitzen): Seafood & Steaks sowie Jägerschnitzel und *German Gulasch*. Piano Bar **Ballyhoo**, oft mit Tanz. Mi geschl. $$

 Trout Street Bar & Grill
104 W. Cotter St.
Port Aransas, TX 78411
✆ (361) 749-7800
Seafood, Steaks und schöner Blick auf Marina und Wasser. Auch zum Draußensitzen. $$

 Venetian Hot Plate
232 Beach St. (Station)
Port Aransas, TX 78402
✆ (361) 749-7617
Mo geschl.
Hausgemachte Pasta und andere italienische Leckereien, Meeresfrüchte, Steaks. Freundlicher Service. Wein mit Kellertemperatur. $$

 Corpus Christi Visitor Center
1823 N. Chaparral St.
Corpus Christi, TX 78401
✆ (361) 949-8743 und 1-800-766-BEACH
www.corpuschristi-tx-cvb.org

 Padre Island National Seashore
9405 S. Padre Island Dr. (Ende von Park Rd. 22)
Corpus Christi, TX 78418
✆ (361) 949-8068
Der über 100 km lange Badestrand dieses von Präsident J. F. Kennedy 1962 initiierten Naturschutzgebiets zählt zu den längsten der Welt.
Visitor Center, Duschen und Toiletten, Picknick, Shop und Camping auf dem **Malaquite Beach Campground**: 40 Stellplätze, ganzjährig auf *first-come, first-served* Basis (keine *hookups*). Eintritt $ 10 pro Auto.

 Omni Bayfront Hotel
900 N. Shoreline Blvd.
Corpus Christi, TX 78401
✆ (361) 887-1600 und 1-800-843-6664
Fax (361) 887-6715
www.webgatemall.com
Erstklassiges Hotel in vorzüglicher Lage, Restaurants, Saunas, *health club*, Pool. Mit Frühstück. $$$$

 Omni Marina Hotel
707 N. Shoreline Blvd.
Corpus Christi, TX 78401
✆ (361) 882-1700 und 1-800-843-6664
Fax (361) 882-3113
Restaurant, Sauna, Fitnessräume. $$$

 Railway Inn Suites
4343 Ocean Dr.
Corpus Christi, TX 78412
✆ (361) 225-3946 und 1-888-729-7245
Fax (361) 225-4154
Freundlicher Familienbetrieb: Zimmer mit Mikroherd und Kühlschrank, 2 Pools, Frühstück. Kinder können kostenlos mit dem Bähnchen rund ums Haus fahren. $$

 Art Museum of South Texas
1902 N. Shoreline Blvd.
Corpus Christi, TX 78401
✆ (361) 980-3500
Di-Sa 10–17, Do bis 21, So 13–17, Mo geschl.
Der markante und kompakte Philip-Johnson-Bau beherbergt eine ständige Sammlung und zeigt Wanderausstellungen. Eintritt $ 3.

 Heritage Park
1581 N. Chaparral
Corpus Christi, TX 78401
✆ (361) 883-0639
Mo–Sa; Führungen Mi/Do 10.30, Fr/Sa 10.30 und 12.30 Uhr
Historisches Freilichtmuseum aus neun an diese Stelle translozierten Häusern, die zu den ältesten der Region zählen. Besichtigung kostenlos, Führungen $ 3.

🔟 Infos: Corpus Christi

Yardarm
4310 Ocean Dr. (Robert St.)
Corpus Christi, TX 78412
℡ (361) 885-8157
So/Mo geschl.
Delikater Fisch, schöne Ausblicke aufs Wasser. Nur Dinner. $$

Marco's at Lamar
Shopping Center Ecke Alameda & Goddridge Sts.
3812 S. Alameda St.
Corpus Christi, TX 78411
℡ (361) 853-2000
Pasta, Geflügel, Lamm. Reichliche Auswahl an Weinen. Aufmerksamer Service. $$

Torch Restaurant
4425 S. Alameda St. (Nähe Robert St.)
Corpus Christi, TX 78412
℡ (361) 992-7491
So geschl.
Steaks und Seafood. Tipp: Probieren Sie unbedingt die gefüllten *jalapenos*! Für die Drinks ist gut gesorgt: Es gibt viele Bier- und Weinsorten; freundlicher Service. $$

The Ancient Mariner
4366 S. Alameda St.
Corpus Christi, TX 78412
℡ (361) 992-7371
So geschl.
No-name-place: Lautsprechergedudel, Plastikdeckchen, unsägliches nautisches Dekor, aber erstaunlich gute Fischgerichte und herzliche Bedienung. Lunch und Dinner. $–$$

Water Street Oyster Bar & Restaurant
309 N. Water St. (Downtown)
Corpus Christi, TX 78401
℡ (361) 881-9448
Beliebtes Fischlokal.
$$

Gesundheit
5830 McKardle & Airline Sts. (Cross Roads Shopping Center)
Corpus Christi, TX 78412
℡ (361) 986-9332
Sauerkraut etc. $$

Wichtige Feste:

Ende September: **Bayfest**, Musik, Gaukler, Bootsparaden, Feuerwerk.
Ende April/Anfang Mai: **Buccaneer Days**, 10 Tage Gaudi, Märkte und Paraden.

ZWEI ROUTEN DURCH OST-TEXAS

❶ Chili und Öl
Von Galveston nach Beaumont

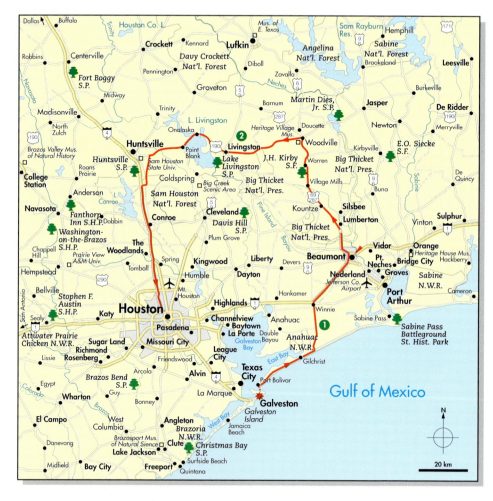

1. Route: Galveston – Crystal Beach – Beaumont (118 km/74 mi)

km/mi	Zeit	Route
0	10.00 Uhr	In **Galveston** nach Nordosten dem FERRY-Zeichen folgen; mit der Fähre nach Port Bolivar und S 87 nach

Galveston, Crystal Beach

24/15   11.00 Uhr   **Crystal Beach** (Pause: Strand, Baden, Lunch – ca. 2 Std.). Weiter auf S 87 bis High Island, dort S 124 nach Norden bis zur I-10, diese nach

118/74   14.30 Uhr   **Beaumont** (Besuch von **Gladys City**).

Am Seawall, dort wo die Mauer an der Straße endet, wird es stiller. Nur hungrige Möwen begleiten die Fähre auf ihrer kurzen Fahrt über den **Houston Ship Channel** zur Halbinsel **Bolivar**. Seit 1936 in Betrieb, ist dies die älteste Autofähre der Golfregion.

Die schmale Landzunge gibt sich sehr ländlich mit Holzhäusern auf Stelzen, Kühen und zahllosen weißen und lila Disteln am Straßenrand. Viel Schutz vor dem Wasser haben die langbeinigen Hütten dennoch nicht, denn die Dünen sind allenfalls 30 Zentimeter hoch, und der Strand ist eher schmal, aber ruhig. Die Leute, meist Anwohner, angeln hier oder sind mit ihren Kindern auf Muschelsuche. Andere führen ihre Hunde aus oder machen eine Spritztour am Wasser entlang.

Typisch für diese Gegend: **Crystal Beach**, ein Ort mit 900 Einwohnern, Motels, Restaurants und vielen Strandhäusern. An der nördlichen Seite der Halbinsel führt der Intracoastal Waterway vorbei. Wenn man von weitem

Das Thema Öl wird im Osten von Texas von jeher groß geschrieben

① Beaumont

hinüberblickt, sieht man riesige Containerschiffe gespenstig durchs Marschland gleiten.

Wohnen in **Beaumont**, auf dem »schönen Berg«, das erfüllte seinen Bewohnern immer schon ihren Lieblingstraum. Aber lange Zeit haperte es mit den Vergnügungen, mit den Düften der großen Welt. Also machten sich die Beaumonter regelmäßig auf zu den nächsten Großstädten, nach Houston oder New Orleans. Heute können sie getrost zu Hause bleiben, denn alle 114 000 Seelen kommen hier auf ihre Kosten: bei Jazz, Country Music und sinfonischer Klassik. Museen, Ausstellungen, Sportveranstaltungen sorgen für zusätzliche Abwechslung. Was fehlte, wurde hergeholt – aus Louisiana z. B. *Cajun Music* und *crawfish étouffée*. Schließlich ist Beaumont auch die Heimat der texanischen *Cajuns*.

Die Stadt schoss mit dem Öl aus dem Boden. Anfangs (1824) ein verschlafenes Nest mit 100 Einwohnern, die von Rindern, Sägewerken und Reis lebten, gab 1901 der erste große Ölfund das Signal zum Ansturm auf Beaumont. Das schwarze Gold quoll aus dem »Spindletop«. Geprägt wurde der Name für den stark bewaldeten Hügel schon vor dem Bürgerkrieg. Hitzewellen ließen die Bäume wie Spindeln *(spinning top)* erscheinen. Gruselgeschichten umgarnten diesen Hügel, wo im Mondschein spukige Lichter gesichtet wurden.

Als dort Öl vermutet wurde, entwarf man auf dem Reißbrett eine Industriestadt für den Hügel, »Gladys City«, mit Industrieanlagen, Kirche, Parks, Krankenhaus, College und Hotels. Als dann am 10. Januar 1901 um 10.30 Uhr morgens Öl zu sprudeln begann, stand man vor der größten Quelle, die jemals gesehen wurde. Das 320 Meter tiefe Bohrloch hatte einen Salzdom getrof-

Kein texanisches Festival taugt was ohne C & W Music

Beaumont: County Fair Grounds

fen, wo das Öl so unter Druck stand, dass die Fontäne meterhoch aus dem Turm schoss, alles ringsum in Schwarz tauchte und die unglaubliche Menge von 25 000–100 000 Barrel Öl pro Tag hergab, was anfangs technisch gar nicht zu handhaben war.

Tausende strömten herbei, um vom plötzlichen Reichtum zu profitieren. Die geplante Industriestadt war vergessen, und den Namen »Gladys City« machten sich die hastig zusammengeschusterten Baracken und Buden zu eigen, die um den Ölturm-Wald gezimmert wurden.

1902 saßen bereits 285 Türme auf dem Spindletop-Hügel. Unabhängige Ölunternehmer, sogenannte *wildcatter*, hatten ihre Hände ebenso im Spiel wie mehr als 600 Ölgesellschaften, von denen einige später zu Industriegiganten wurden, wie z. B. Texaco, Gulf Oil und Mobil. Der Boom war kurzlebig. Überproduktion erschöpfte und ruinierte die Quellen. Zwischen 1913 und 1926 verwahrloste das Gebiet zum Geisterort. Erst bessere Technologie machte bis in die 1950er Jahre die Ölgewinnung wieder rentabler. Dann wurden die Pumpen abgedreht und Gladys City wurde an anderer Stelle in Beaumont nachgebaut, um eine nostalgische Kulisse für Touristen zu schaffen.

Wenn auch in Pennsylvania schon früher kommerziell nach Öl gebohrt wurde, so ermöglichten doch erst die riesigen Mengen aus dem Spindletop, Öl billig auf den Markt und so das 20. Jahrhundert auf Touren zu bringen. Auch Beaumont. Die großen Ölgesellschaften, die in ihren prächtigen Glaspalästen in Dallas und Houston thronen, sorgen mit den petrochemischen Raffinerien in Beaumont für genügend Arbeitsplätze. Kein Wunder, dass sich das Dreieck der Städte Beaumont – Port Arthur – Orange in besseren Zeiten einmal den Namen *The Golden Triangle* verdiente. Diese Zeiten sind vorbei.

Die gigantischen Raffinerien, Papierfabriken und Werften auf dem »schönen Hügel« versuchen sich in die liebliche Umgebung von Nadelwäldern und *swamps* einzuschmiegen. Während der prächtigen Azaleen-Saison im alten viktorianischen Zentrum vergisst man dann beinahe die öligen Schattenseiten des 20. Jahrhunderts.

Das passiert natürlich erst recht, wenn in den Hallen auf den **County Fair Grounds** zum *chili cookoff* geblasen wird. Überall in Texas sind die Parties rund um den scharfen Extrakt der *Chile*-Schote äußerst beliebt. Also auch in Beaumont. Schon um 9 Uhr morgens herrscht bei solchen Festen reges Getümmel. An allen Kochplätzen wird geschnipselt und gehackt, gewiegt und gebraten. Es gelten strenge Regeln, nur Fleisch und *chile* sind erlaubt, aber kein Wild, vor allem keine Bohnen. *No beans!* Aber wer weiß schon, was alles in den Töpfen verschwindet – ob *armadillo* (Gürteltier), Erdhörnchen oder Krokodil.

Jeder schwört auf sein Geheimrezept. Er muss es tun, denn die Konkurrenz der Kochkünstler ist groß. »Manche schmuggeln da Tomaten, Kartoffeln und sogar Bier rein«, meint Joe, der Indianer aus El Paso, der als Jurymitglied eingeflogen ist. Je nach Schärfe gibt es Abstufungen: *one alarm chili*, *two alarm* und *three alarm chili,* der einem die Kehle verbrennt. Dann gibt's noch den *false alarm chili* – da passiert gar nichts, da ist was schiefgelaufen.

Allmählich füllen sich die Hallen. Die meisten Köche haben sich inzwischen verkleidet und ihre Stände drapiert, denn für die Jury zählt nicht nur, was im

Beaumont: County Fair Grounds

Topf ist, sondern auch Standdekor und Kostümierung. Ein Koch-Team firmiert als »Electro Chili« mit weißen Kitteln und wissenschaftlichem Touch.

Draußen, bei den Flohmarktständen, wo die Tankwagen die Bierdepots füllen und die C & W-Band Stimmung macht, gibt sich auch die Highsociety die Ehre. Nur die Insider erkennen sie auf Anhieb: am Brandzeichen des Gestüts, das sie auf der Gürtelschnalle tragen. Reichtum sieht man diesen Familien-Clans nicht an, sie tragen karierte Hemden, Jeans und Stiefel – wie alle anderen auch. »Denen hat mal die ganze Stadt gehört«, raunt ein Kellner.

Um 12 Uhr ist es dann so weit. *High noon.* Die Köche lassen die Löffel fallen, füllen Pröbchen ab und tragen sie zum Richtertisch, zu den 20 Chili-Juristen – 17 weiße Männer, der Indianer Joe, zwei Frauen. Für Joyce, die Anwältin, erfüllt sich damit ein Traum. Endlich hat man sie einmal zum Richter gewählt! – Nach langem Probieren und Tuscheln steht das Ergebnis schließlich fest. »E. T.« mit seinen glimmernden All-Verwandten hat als Gruppe das große Los gezogen. Ihnen ist sicher, was für die meisten emsigen Köche im Land oft lebenslang in weiter Ferne bleiben wird: die Teilnahme an der Champions League der Chili-Köche in Terlingua. Wer sich einmal den Weg dorthin erkocht hat, gilt als internationaler Spitzenkoch und Glückspilz.

Aber so weit ist es noch nicht. Gegessen wird erst einmal, was hier in Beaumont auf den Tisch kommt. Das meiste davon sind, zugegebenermaßen, kulinarische Horrortrips. Die armen Richter! Da hilft nur Bier.

Chili-Köchin in Beaumont

Infos: Beaumont

 Beaumont Convention & Visitors Bureau
801 Main St., Suite 100
Beaumont, TX 77704
✆ (409) 880-3749 und 1-800-392-4401
Fax (409) 880-3750
bmtcvb@beaumontcvb.com
www.beaumontcvb.com

 Beaumont Hilton
2355 I-10 South (Exit: Washington Blvd.)
Beaumont, TX 77705
✆ (409) 842-3600 und 1-800-445-8667
Fax (409) 842-1355
www.hilton.com
Ordentlich, mit Restaurant, Bar, Pool und Fitnessraum. $$–$$$

 Holiday Inn – Midtown
2095 N. 11th St.
Beaumont, TX 77703
✆ (409) 892-2222 und 1-800-465-4329
Fax (409) 892-2231
Solide Unterkunft, Pool, Restaurant und Cocktail Lounge. $$–$$$

 East Lucas RV Park
2590 E. Lucas Dr.
Beaumont, TX 77703
✆ (409) 899-9209 und 1-800-280-2579
Privater Campground, seit 1958 in Familienbesitz, schattig und ruhig. *Full hookups.* Auch Zelte. Gut 2 km von US 69/96/287 (Eastex Fwy.).

 Spindletop/Gladys City Boomtown Museum
Hwy. 69/96/287 & University Dr.
Beaumont, TX 77710
✆ (409) 835-0823
Di–So 13–17 Uhr
3 km westlich von Beaumont auf I-10 zur US 69/96/287, 5 km nach Süden zum University Dr.: Reaktivierte Öl-Boomtown mit Gebäuden und Geräten aus den wilden Öljahren. Eintritt $ 2.50.

 Old Town Beaumont
Harrison, Laurel, 3rd & 11th Sts.
Ein Einkaufsbezirk, in dem sich zahlreiche Shops und Restaurants finden lassen.

 McFaddin-Ward House
1906 Calder & 3rd Sts.
Beaumont, TX 77701
✆ (409) 832-2134
Di–Sa 10–16, So 13–16 Uhr
Ein Leckerbissen für Liebhaber verspielter klassizistischer Architektur (1906). Ein betuchter Geschäftsmann ließ sich diesen eleganten Südstaatenpalast bauen. Führungen. Eintritt $ 3.

 Sartin's
6725 Eastex Fwy.
Beaumont, TX 77706
✆ (409) 892-6771
Exzellente Fischgerichte mit Cajun-Geschmack. $–$$

Tigua-Indianer Joe Sierra beim Chili-Festival in Beaumont

❷ Evergreen Country
Streifzüge durch das östliche Texas

2. Route: Beaumont – Big Thicket National Preserve – Woodville – Livingston – The Woodlands (265 km/166 mi)

km/mi	Zeit	Route	
		Route	Route siehe Karte S. 156.
0	9.00 Uhr	In **Beaumont:** US 69/287 nach Norden, nördlich von Kountze FM 420 nach Osten zum Besucherzentrum des	
51/ 32	Mittag	**Big Thicket National Preserve** (Wanderung). Weiterfahrt nach	
88/ 55	Nachmittag	**Woodville** (Lunch), dort US 190 nach Westen und Stopp bei der **Alabama-Coushatta Indian Reservation**. Weiterfahrt auf der US 190 über Livingston, **Lake Livingston**, Oakhurst. In Phelps FM 2296 und danach S 75 und I-45 nach Süden und	
265/166		**The Woodlands**.	

Extra: Wem es am **Lake Livingston** so gut gefällt, dass er hier länger bleiben und gern übernachten möchte, hat dazu Gelegenheit im komfortablen **Waterwood National Resort**, einem hübsch gelegenen Erholungs- und Sportzentrum mit Tennis- und Golfplätzen, großzügigem Pool, Restaurant, Marina und Campingplatz am bewaldeten Seeufer: One Waterwood, Huntsville, TX 77340, ✆ (409) 891-5211 und 1-800-441-5211, Fax (409) 891-5011; $$–$$$. Anfahrt über FM 980 nach Norden, vorbei an Teppichen voller *bluebonnets* und Bäumen, die, behangen mit *Spanish moss*, wie Greise mit wallenden grauen Haaren aussehen.

D ass der immens grüne Osten von Texas seine flächendeckende Bezeichnung *Piney Woods* nach wie vor zu Recht trägt, beweist der Highway 69 schon morgens: eine Kiefernschneise von begrenztem Unterhaltungswert, die von Beaumont zielstrebig nach Norden führt. Solche Straßen gibt es hier in rauen Mengen. Ihr Saum aus Baum an Baum tarnt das Land dahinter, nur ab und zu wagt sich eine einsame Bar oder eine Tankstelle vor den immergrünen Vorhang.

So monoton die Strecke, so wenig eignet sie sich zum Dösen, denn die *lumber trucks*, Holzlaster auf dem Weg zur nächsten Säge, heizen hier ohne viel Federlesens durch, so dass die Borkenfetzen fliegen.

Andere Gesetze, vor allem Ruhe, herrschen im »Großen Dickicht«, im **Big Thicket National Preserve**, einem sub-

Big Thicket National Preserve

Spukige Sümpfe lauern im »Großen Dickicht« von Ost-Texas

tropisch-wilden Urwald, wie er sich einst über die gesamte Fläche des östlichen Texas erstreckte und der lange als undurchdringlich galt. Im Laufe der Zeit freilich sind hier Land- und Forstwirtschaft heftig dazwischengegangen, so dass nur noch ein kleines *patchwork* zusammenhängender Waldflächen übrig geblieben ist, das dem ursprünglichen Zustand ähnelt.

Vor allem der Bau der Eisenbahn brachte den Wäldern starke Einbußen, denn große Teile endeten in den Sägewerken. Die ursprünglich 1,4 Millionen Hektar schrumpften auf 120 000. Heute gehören davon 34 000 Hektar aus Kiefern, Unterholz und Marschland zum Naturschutzgebiet.

Das Gesamtgebiet des Big Thicket reicht heute vom Trinity River im Westen zum Neches River im Osten, von der I-10 im Süden bis nach Norden zur Achse Huntsville, Livingston und – Steinhagen.

Schon die Caddo-Indianer im Norden und die Attakapas im Süden kannten dieses Gebiet. Sie nannten es die »großen Wälder«. Die Alabama- und

Big Thicket National Preserve

Bocksprung mit Folgen: Auch im Osten von Texas zählen Rodeos zu den beliebtesten Sportarten

Coushatta-Indianer, seit 1800 aus Louisiana nach Westen vertrieben, suchten hier Zuflucht, bevor ihnen ihr Reservat zugewiesen wurde. Dagegen mieden die spanischen Siedler ebenso wie die Anglos den dichten Wald und siedelten vorsichtshalber an seinen Rändern. Erst später diente das Dickicht als beliebter Schlupfwinkel – im Bürgerkrieg den Kriegsdienstverweigerern unter den Konföderierten, später den illegalen Whiskeybrennern, den *moonshiners*, heute eher jenen, die sich durch den Anbau von Marihuana einen kleinen Nebenverdienst schaffen wollen.

Im Besucherzentrum des Naturschutzgebiets erklärt der rührige Ranger alles, was man wissen will, und verteilt Broschüren, Trinkwasser und vor allem Tipps für die zahlreichen *trails*, jene Wanderwege, die mit der Natur vertrauter machen als die Highways. Um die Landschaft kennen zu lernen, meint er, müsse man sich schon auf den Boden begeben. »Sie müssen sich wirklich hinknien«, rät er den lauschenden Wandersleuten. »Die interessanten Dinge hier sind alle klein. Sehr klein.« Das klingt einleuchtend und fast ein wenig nach Adalbert Stifter, also überhaupt nicht nach texanischer Großspurigkeit und Übertreibungssucht.

Aber trotz methodischer Einweisung kann man Pech haben und in einer Wanderstunde durch das stille Refugium aus Nadelgehölz, Swamps und Bayous außer Bäumen und vielen gelb-schwarzen Schmetterlingen, Vogelge-

Big Thicket National Preserve, Woodville

zwitscher und einem hurtig springenden Frosch nichts entdecken – auch, weil sich natürlich kaum einer wirklich hinkniet. Ab und zu bekommt man einen der hier ansässigen *armadillos* zu Gesicht, jene ebenso komisch wie urzeitlich anmutenden Gürteltiere, die bei den Texanern hoch im Kurs stehen.

Ausgestopfte Armadillos sind die texanischen Teddybären. Lebend gelten die »kleinen Gepanzerten« *(armadillo)* als freundlich, aber etwas dumm, jedenfalls sind sie sehr scheu und meist nur nachts unterwegs, es sei denn, sie nehmen bei den entsprechenden Volksfesten an einem Wettbewerb teil und müssen Rennen austragen. Die Gesellen, die ursprünglich aus Mexiko einwanderten, haben sich in den letzten Jahren immer weiter nach Osten bewegt, bis weit über den Mississippi hinaus sogar fast bis zur Atlantikküste.

Im Big Thicket treffen die großen biologischen Regionen Nordamerikas aufeinander: die Swamps, die Ausläufer der Appalachen, die östlichen Wälder, die zentralen Plains und die Wüsten des Südwestens. Diese natürliche Versammlung bringt faszinierende Kontraste zustande, beispielsweise Moore neben trockenen Sandhügeln mit Kakteen und Yucca. Besonders die Blumenfülle ist bemerkenswert, fast tausend Arten hat man registriert, darunter wilde Orchideen und zahlreiche Insekten fressende Pflanzen. Ebenso unerwartet leben hier auch Tierarten zusammen, die sonst für ganz unterschiedliche Gebiete charakteristisch sind. Mitverantwortlich für diese seltenen Rendezvous ist die Eiszeit, die viele Tiere mehr und mehr nach Süden drängte, wo sie dann später blieben.

Woodville ist das Mekka der Barschangler, weil sich diese Fischsorte en

Golf – »Texas style«

mass im nahgelegenen Lake Sam Rayburn tummelt. Kaum ein Coffee Shop, in dem nicht über den letzten Fang diskutiert würde. Überhaupt wimmelt es im seenreichen Ost-Texas von Anglerclubs. Es gibt jede Menge Wettbewerbe und natürlich auch ein einschlägiges Magazin mit guten Ratschlägen und Geheimtipps.

Von Woodville aus gelangt man über den Highway 190 zur **Alabama-Coushatta Indian Reservation**. Diese beiden Stämme lebten immer schon eng beisammen und heirateten untereinander. Sie galten stets als ausgesprochen friedlich. Als der Staat auf Betreiben von Sam Houston 1854 den Alabama-Indianern das Reservat zuwies, zogen die Coushattas denn auch schnell nach. Doch das Reservat schützte die Indianer lange nicht vor Betrügereien und Übergriffen durch Weiße, erst in den 1920er und 1930er Jahren griff die Regierung zu ihren Gunsten ein. Seit etwa 1960 leben die heute rund 500 Bewohner nahezu ausschließlich vom Tourismus. Besonders an Wochenenden zieht das Reservat Besucher an, die die Vorführung der Tänze, die Schmuck-, Töpfer- und Korbarbeiten bewundern. Ein federgeschmückter Indianer am Steuer eines Miniaturzugs oder eines Busses fährt die Freizeitler durch den Big Thicket. Wer will, kann hier auch bleiben und sein Zelt aufschlagen, Boot fahren, angeln oder in einem kleinen See schwimmen.

Wälder links und rechts von der US 190 – bis zum Lake Livingston! Es ist gerade Samstag, und an der Straße stehen immer wieder Autos, die *tool sale* betreiben, den Verkauf von Werkzeugen. Überall sieht man Hinweisschilder auf die beliebten *yard sales*, Entrümpelungsverkäufe im Vorgarten. Besonders einladend wirken die groß aufgebauten Obst- und Flohmärkte an beiden Straßenseiten.

Was der Staudamm des Trinity River an See zustandebringt, ist schon beachtlich. **Lake Livingston** sieht nämlich ganz so aus wie ein natürlicher See, und seine dicht bewaldeten Ufer verstärken diesen Eindruck noch. Man kann sich Hausboote leihen, auf dem riesigen Gewässer umhertuckern, in einem der vielen Seitenarme ankern – und nachher froh sein, dass man wieder zum Startplatz zurückgefunden hat. Hier ein paar stille Angler, dort ein paar preschende Wasserskifans – Platz ist für alle genug da.

Vom See nach Süden geht es durch den **Sam Houston National Forest**, ein erholsames Waldgebiet mit lieblichen Hügeln, blühenden Blumen und grasenden Pferden. Etwa auf halber Strecke zwischen Huntsville und Houston bietet die (am Reißbrett geplante) Gemeinde **The Woodlands** viel Komfort im Grünen, einwandfreien Golfrasen, gepflegte Natur, einen Country Club und ein Hotel aus hübschen Holzhäuschen. Wer partout kein Golf-Fan ist, kann am Pool liegen und schwimmen. Oder einfach um den See spazieren, was ihn freilich sofort als Europäer ausweist. Amerikaner joggen oder radeln. Niemand in einer solchen Umgebung käme auf die Idee, zu Fuß zu gehen.

Der Öl-Milliardär George Mitchell gründete die ungewöhnliche Reißbrettanlage Anfang der 1970er Jahre als eine Art utopische Gemeinde mit dem Ziel, in diesem riesigen Waldgelände die Bereiche Arbeit, Wohnen und Erholung räumlich zu integrieren. Offenbar funktioniert die Vision, ungefähr 44 000 Leute leben und arbeiten hier, gehen im Supermarkt einkaufen oder auf der überdachten Eisbahn Schlittschuh laufen.

❷ Infos: Big Thicket, Woodlands

Big Thicket National Preserve
Nähe US 69
Visitor Center an FM 420 (7 Meilen nördl. von Kountze)
✆ (409) 246-2337
Tägl. 10.30–17 Uhr
Naturschutzgebiet. Außer Wandern und Boot fahren ist hier nichts erlaubt – kein Abholzen, keinerlei andere kommerzielle Verwertung.

Alabama-Coushatta Indian Reservation
US 190, 25 km westl. von Woodville
✆ (409) 563-4391 und 1-800-444-3507
Juni–Aug. Mo–Sa 9–18, So 12.30–18 Uhr; März–Mai und Sept.–Nov. Fr/Sa 10–17, So 12.30–17 Uhr
Im Reservat leben z. Zt. rund 500 Personen beider Stämme. Im Sommer gibt es täglich Zeremonialtänze zu sehen, im Frühjahr und Herbst an den Wochenenden. Museum, Arts & Crafts Shop, Camping. Eintritt $ 12.

The Woodlands Resort
2301 N. Millbend Dr.
Woodlands, TX 77380

✆ (281) 367-1100 und 1-800-533-3052
Fax (281) 364-6345

www.thewoodlands.com
Am See gelegene Apartments, 6 Restaurants und Lounges, 2 Pools, 21 Tennisplätze, 2 Golfplätze (18 Loch), Fitnesszentrum und Sauna, Jogging- und Wanderpfade, Shopping Center, Eisbahn. Anfahrt: 5 km westl. I-45, Exit 76 (Robinson Rd./Woodlands Pkwy.) und Zeichen folgen. $$$–$$$$

La Quinta Inn
28673 I-45 North
Woodlands, TX 77381
✆/Fax (281) 367-9054 und
1-800-531-5900
Einfacher Standard, Pool, kleines Frühstück. $$

Great Parks RV Park
24902 Budde Rd.
Woodlands, TX 77380
✆ (281) 363-0562 und 1-800-683-6832
125 Stellplätze. Shopping Center nebenan. Ausfahrt 73 von I-45, ein kurzes Stück westl. auf Sawdust Rd., dann nach Süden auf Budde Rd. $ 17.

Ein Hauch von Südstaaten durchweht die moosbehangenen Wasserlandschaften von Ost-Texas

DREI ROUTEN DURCH SÜD-TEXAS

❶ Ranchin'
Die King Ranch und die *Tip o' Texas*

Vaquero/Brush Country

1. Route: Corpus Christi – King Ranch – South Padre Island (282 km/ 176 mi)

km/mi	Zeit	Route
0	Vormittag	In **Corpus Christi** S 44 (Agnes St.) in Richtung US 77, diese nach Süden; in Höhe der S 141 abbiegen zur **King Ranch** (Zeichen folgen); anschließend zurück zur US 77 und **Kingsville**.
	Nachmittag	Ein Stück südöstlich von Harlingen über SR 100 nach **Port Isabel** und über den Queen Isabella Cswy. nach
282/176		**South Padre Island**.

Wenn von Ranchland die Rede ist, beginnen die Augen der meisten Texaner zu leuchten. Erst recht im eigentlichen Geburtsland der Viehzucht, im **Vaquero** oder **Brush Country**. Alles, was hier wächst, das piekst, klebt oder stinkt. Und es ist wirklich kein Vergnügen, in einem *Prickly pear*-Kaktus festzusitzen. Mesquite- und andere Büsche sind nicht weniger schmerzhaft, und seit den Pioniertagen sind sie auch noch im Vormarsch. Das Buschland dehnte sich immer weiter aus, weil die Herden auf den Trails das Gras niedertrampelten oder es

Siesta auf der King Ranch

Vaquero/Brush Country, King Ranch

Deftige Strandfreuden sind die Regel während der Schulferien im Frühjahr (»Spring Break«)

abgrasten. So hat sich die Beschaffenheit des riesigen Weidelands im Lauf der Zeit stetig verändert. Der Kargheit der Vegetation steht von jeher dem Reichtum an Pferden und Rindern gegenüber. Sie gingen häufig durch oder wurden von Indianern auseinandergetrieben. Verwundete oder ausgemergelte Tiere blieben am Trail zurück, wo sie oft den Kern einer neuen, verwilderten Herde bildeten.

Mustangs und wilde Longhorns fand man Ende des 19. Jahrhunderts zu Tausenden im Nueces Valley. Deshalb hieß das Gebiet südlich von Corpus Christi auch *Wild Horse Desert*. Um diese Tiere und deren Fänger und Dompteure ranken sich die Legenden und Mythen. Vor ihnen gab es den *vaquero*, den »auf dem Pferd geborenen« Spanier oder Mestizen, der die Herden auf spanischen oder mexikanischen Ranches hütete. Vom *vaquero* übernahm sein amerikanischer Kollege nahezu alles: die Technik, das Pferdegeschirr, die Ausrüstung, den Wortschatz, das klassische Bohnen- und BBQ-Gericht, das Rodeo.

Als im 19. Jahrhundert Texas 58 Millionen Hektar an Siedler vergab, entstanden die größten und ältesten Ranches. Wer schlau war, nahm so viel Land in Besitz wie möglich, entdeckte darauf auch noch Öl und vergrößerte seine Familie, anstatt sie durch Fehden zu schwächen. Nach diesem Muster wuchs jedenfalls das patriarchalische Imperium der **King Ranch**, der absolut größten in Texas und mit 350 000 Hektar fast ein Staat im Staat. Auf ihre vier Abteilungen (Laureles, Santa Gertrudis, Norias, Encino) verteilen sich 60 000 Rinder; etwa 2 730 Öl- und Gasquellen und 14 960 Hektar Baumwolle. Außerdem züchtet man seit den 1940er Jahren auch Rennpferde, die bei zahlreichen Ausscheidungen erfolgreich waren.

Der Gründer, Richard King, begann als Dampfschiffskapitän auf dem Mississippi und kaufte 1853 einen Batzen der *Wild*

King Ranch, Kingsville

Horse Desert in der *Coastal Plain*. Einige der ursprünglichen Eigner hatten die Lust auf dieses Land verloren, wo es nur viele Indianer und wenig Wasser gab.

Nach Kings Tod 1885 übernahm sein deutschstämmiger Schwiegersohn Robert Kleberg die Ranch, die noch heute im Besitz der Klebergfamilie ist. Das laufende »W« ist ihr Brandzeichen. Manche sagen, es stehe für den sich windenden Santa Gertrudis Creek, andere, es symbolisiere eine Klapperschlange, von denen es sehr viele gebe und die den Rindern arg zusetzten. Wie dem auch sei, das attraktive Firmenlogo ziert längst auch Koffer, Gürtel und Kappen.

Auf der Ranch entstand die neue Züchtung des Santa-Gertrudis-Rindes: eine Kreuzung von *Brahmans* (die mit den Hängeohren, Hörnern und viel loser Haut, grau oder rot) und *shorthorns* (kompakte Burschen mit kurzen, nach unten gebogenen Hörnern, die erste europäische Zucht, die in die USA importiert wurde). Trotz der großen Hitze bringen die Tiere noch viel zartes Fleisch auf die Steak-Grills des Landes.

Nach dem Ranchbesuch geht es nach **Kingsville,** das als Ort lange nur ein Anhängsel der Ranch war, heute aber ein bisschen erwachsener geworden ist. Südlich davon sieht man gemütliche Angler am Los Olmos Creek, bunte Blumenflors aus *Texas wild flowers*, Kühe im Gras und Kühe im Kaktus, manchmal parkähnliches Ranchland mit viel Vieh und Teichen. Die La Gata, Kennedy, Armstrong und die Norias Ranch (die zum King-Imperium gehört) liegen am Wegesrand, ebenso die Punta del Monte, Yturria, Thomas und die Garcia Santa Berta Ranch.

Weiterhin setzen Trecker und Äcker die landwirtschaftlichen Akzente in der

Brücke zur Sonne und zum Festland: Queen Isabella Causeway zwischen South Padre Island und Port Isabel

① Port Isabel, South Padre Island

Coastal Plain, zusammen mit den mexikanischen *farm hands*, die forsch mit ihren Jagdflinten im Pickup herumkutschieren. Ananas, Krabben und *tortillas* werden dem eiligen Autofahrer zur Stärkung angeboten, und je näher die Küste kommt, um so saftiger werden die Büsche und Weiden.

Gleich hinter Harlingen naht das südliche Pendant zu Corpus Christi und Mustang Island, freilich eine Nummer kleiner, dafür noch eine Spur subtropischer: Port Isabel und South Padre Island. Dieser Südzipfel, der *Tip o' Texas*, liegt auf demselben Breitengrad wie Miami Beach.

In **Port Isabel** – wegen seines Leuchttürmchens von 1851 als *The Lighthouse City* apostrophiert – sorgen auch die *trailer parks* für die weniger Betuchten. An den Nummernschildern kann man gut erkennen, in welchen US-Staaten und kanadischen Provinzen es zur Zeit kalt und ungemütlich ist. Die vielen Reklametafeln machen klar, wer in dieser Gegend sonst noch reich werden möchte. Eigentumswohnungen werden angepriesen, Restaurants, Jachtklubs und immer wieder Maklernamen, die gute Deals versprechen. Auch deutsches Kapital, so ist zu hören, hat die texanische Sonneninsel erreicht.

Der **Queen Isabella Causeway** spannt seinen eleganten Bogen vom Hafen hinüber nach **South Padre Island**. Deren breit gestaffelte Sandhügel sind willkommene Pisten für die dickreifigen Buggies, die es am Nordende der äußerst schmalen Insel zu mieten gibt. Die Strände gehören den Pelikanen, Lachmöwen und Badegästen, die Gewässer den Fischern, die auf Makrelen, *red snapper* und Thunfische im Golf hoffen. *Redfish*, Flunder und Seeforelle bevölkern in unglaublichen Stückzahlen dagegen die andere Seite, also die Laguna Madre Bay, die die Insel vom Festland trennt.

Die alten Holzhäuschen haben hier auf Dauer wohl wenig Chancen. Im Unterschied zur nördlicher gelegenen Padre Island National Seashore ist South Padre Island privat, also unbegrenzt vermarktbar. Zwar bemühen sich die Touristenbüros, ihre Insel als ein Naturparadies inmitten eines Nationalparks darzustellen, aber eigentlich stimmt das nicht. Mit keinem Sandkorn berührt das muntere South Padre Island das Naturschutzgebiet seines nördlichen Nachbarn, denn zwischen beiden verläuft der Schiffskanal vor Port Mansfield. Entsprechend breit können sich die riesigen Resorts und *condominiums* machen, die Wochenendadressen vieler wohlhabender

South Padre Island

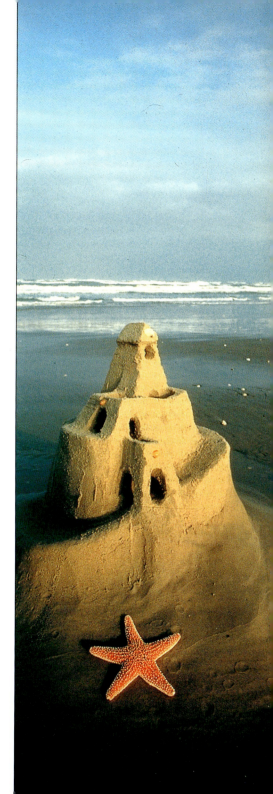

Familien aus dem nördlichen Mexiko ebenso wie Winterdomizile der *snowbirds* aus dem kalten Michigan oder Minnesota.

Ein paar Kuriosa im leicht hektischen Betrieb von South Padre gibt es auch. Zur Schulferienzeit im Frühjahr, wenn während der *Spring Break* Horden von College-Schülern über die Insel herfallen, geht es hier so hoch her wie in Daytona Beach. Hotels führen Extra-Kategorien: solche, die *Spring Break*-Publikum akzeptieren (acht Personen in einem Zimmer und so weiter) und solche, die das aus Rücksicht auf die übrigen zahlenden Gäste nicht tun. Außer Rummel mit Beach Boys und quietschenden Girls hat sich South Padre aber auch einen Namen durch Burgenbauwettbewerbe gemacht, die hier unter kreativer Anleitung einiger Lehrmeister erstaunlich filigrane Resultate in den Sand setzen. Es heißt zwar, manchmal sei auch Pfusch mit im Spiel (Klebstoffspray), aber was soll's, die Sandskulpturen sind allfrühjährlich ein Augenschmaus.

Ja, und dann wohnt da noch Ila Loetscher, die berühmte alte Dame, die Schildkröten-Lady der Insel. Zusammen mit Gesinnungsfreunden kämpft sie für ihre Schützlinge, die bedrohten Meeresschildkröten. Um die Mittel dafür aufzutreiben, inszeniert sie ein paar mal die Woche eine kleine Show, für die sie einige Kröten-Stars dressiert und putzig eingekleidet hat, um sie zu herzen und allerlei kurzweilige Scherze mit ihnen zu treiben, während sie dem amüsierten Publikum erzählt, was es mit den Tieren so alles auf sich hat. Diese Burschen bringen es übrigens zu ansehnlicher Größe: Schildkröten – *Texas style*.

Am frühen Morgen, wenn die Sonne über dem Golf aufgeht, passt endlich der Werbespruch ins Bild: South Padre Island, die *Gold Coast*.

❶ Infos: King Ranch, Harlingen, Port Isabel, South Padre Island

King Ranch
Von Kingsville 4 km S 141 nach Westen
Visitor Center/Hwy. 141 West
Kingsville, TX 78364
✆ (361) 592-8055 und 1-800-282-KING
Fax (361) 595-1344
www.king-ranch.com
Mo–Sa 9–16, So 13–17 Uhr
Einstündige Bustouren durchs Ranchgelände (3 370 km²), auf denen man eine Menge vom kleinen Einmaleins der Rancherwelt lernt. Die landschaftlichen Reize liegen nicht nur in den meilenlangen Eichenwäldern, sondern auch in der unendlichen Weite des dürren Buschlandes, das den Großteil des Gebiets bedeckt. Eintritt $ 7.

Harlingen Chamber of Commerce
311 E. Tyler St.
Harlingen, TX 78550
✆ (956) 423-5440 und 1-800-531-7346
Mo–Fr 8–17 Uhr

Port Isabel Lighthouse State Historical Park
Maxan & Tarvarna Sts. (an der Brückenauffahrt)
Port Isabel, TX 78578
✆ (956) 943-1172
Tägl. 10–12 und 13–17 Uhr
Der älteste texanische Leuchtturm (1852–1905) kann besichtigt werden – für einen Blick auf die Küste von oben. Eintritt $ 2.

Roß und Reiter auf der King Ranch

The Yacht Club
700 Yturria
Port Isabel, TX 78578
✆ (956) 943-1301
Meeresfrüchte und weit über 100 Weinsorten. $$

South Padre Island Convention & Visitors Bureau
600 Padre Blvd.
South Padre Island, TX 78597
✆ (956) 761-6433 und 1-800-343-2368
Fax (956) 761-9462
www.sopadre.com

Holiday Inn Sunspree Resort
100 Padre Blvd.

South Padre Island, TX 78597
✆ (956) 761-5401 und 1-800-531-7405

Fax (956) 761-1560
Eines der typischen Strandhotels: Pools, Fitnesseinrichtungen, Restaurant. $$–$$$

Brandzeichen der King Ranch

❶ Infos: South Padre Island

Sheraton Fiesta Beach Resort
310 Padre Blvd.
South Padre Island, TX 78597
✆ (956) 761-6551 und 1-800-222-4010
Fax (956) 761-6570
Golfseite: schöner Strand, Pools, Fitnessräume, beleuchtete Tennisplätze, Restaurant. $$$–$$$$

Days Inn South Padre Island
3913 Padre Blvd.
South Padre Island, TX 78597
✆ (956) 761-7831 und 1-800-329-7466
Fax (956) 761-2033
Die meisten Zimmer mit kleiner Küche. Pool, Münzwäscherei. $$

Isla Blanca Park
P. O. Box 2106
South Padre Island, TX 78597
✆ (956) 761-5493
Campground mit Badestrand, Münzwäscherei, Bootsrampe, Möglichkeit zum Angeln. Anfahrt: von der Brückenabfahrt auf der Insel die Park Rd. ca. 1,5 km nach Süden – auf der Golfseite.

Sea Turtle, Inc.
5805 Gulf Blvd.
South Padre Island, TX 78597
✆ (956) 761-2544
Shows Di, Do 13 und 14 Uhr
Ila Loetscher, die Turtle Lady of South Padre Island, leitet dieses Non-Profit-Unternehmen, das sich für die Erhaltung der bedrohten Meeresschildkröten einsetzt.

Island Equestrian Center
Andy Bowie County Park (nördl. der Ortsgrenze)
South Padre Island, TX 78597
✆ (956) 761-4677 und 1-800-7614677
Tägl. 8 Uhr bis Sonnenuntergang
Hier bekommt man Pferde und Ponys für den Ritt am Strand.

Scampi's
206 W. Aries St.

Turtle Lady Ila Loetscher kümmert sich rührend um die Meeresschildkröten

South Padre Island, TX 78597
✆ (956) 761-1755
Alles gut: Fische, Weine und Aussichten (auf die Bay). Reservierung empfehlenswert. $$–$$$

Blackbeard's
103 E. Saturn
South Padre Island, TX 78597
✆ (956) 761-2962
Meeresfrüchte, Sandwiches, Hamburger und Steaks. $

Wichtigstes Fest:

Ende Februar bis fast Mitte März: **Spring Break** – Bier-Bacchanal und Partyrummel mit Strandkonzerten und Sportveranstaltungen (Beach Volleyball, Jet-Skiing, Basketball, Tennis).

② Wintergarten
Im Rio-Grande-Tal

2. Tag – Route: South Padre Island – McAllen/Reynosa – Laredo (346 km/216 mi)

km/mi	Zeit	Route	Route siehe Karte S. 168.
	Vormittag	Auf **South Padre Island:** über die Brücke, S 100 bis US 77/83 über Harlingen und weiter US 83 bis McAllen	
109/68		Ausflug (zu Fuß) über die mexikanische Grenze nach **Reynosa** und Lunch.	
	Nachmittag	Weiterfahrt auf US 83 über Rio Grande City, Roma, Zapata nach	
346/216		**Laredo.**	

The Valley, dieser weitläufige Obst- und Gemüsegarten, zieht sich 70 Kilometer am Unterlauf des Rio Grande entlang. Tex-Mex oder Mex-Tex, je nach Blickwinkel, heißen die Wechselbäder zwischen den beiden Kulturen, die jeder hier an der *frontera* bei deren Bewohnern, den *fronterizos*, zu spüren bekommt. Es ist ein problemgeladenes Grenzland, geformt von Kräften, die sich der Kontrolle der Einheimischen entziehen. Kokain- und Marihuanaschmuggel, Gewalt und Korruption, Armut und die riskanten Versuche illegaler Grenzgänger, die sich ein Stück vom amerikanischen Kuchen abschneiden wollen, der ihnen im Fernsehen vorgegaukelt wird.

Als der Anwalt Lon C. Hill 1900 das Buschland im Tal des Rio Grande bereiste, überkam ihn die Vision eines großen, üppigen landwirtschaftlich ertragreichen Tals. Er gab seinen Beruf auf, und aus der Vision wurde Wirklichkeit. Ein Netzwerk von Bewässerungskanälen, gespeist durch Stauseen, ließ – beinahe wie in Holland – alles grünen und sprießen. Erntezeit ist praktisch das ganze Jahr über, ja, Ernten ergeben sich hier gleichsam galoppierend: in jedem Monat reift eine Frucht auf einem anderen Baum oder Acker. Auch in den Gewächshäusern und Baumschulen tut sich viel, hier werden Deko-Pflanzen und -bäume für die gesamten USA gezüchtet. Palmen, die Disney World in Orlando garnieren, stammen nicht aus Florida, sondern von hier.

Auch von Holland übernommen: der Name **Harlingen**. Die Eisenbahngesellschaft nannte den Ort allerdings lieber *Sixshooter Junction*, denn das winzige Dorf hatte in den Pioniertagen Anfang des 20. Jahrhunderts nahe der unruhigen Grenze alle Hände voll zu tun, Recht und Ordnung zu halten. Im Ort, so heißt es, gab es damals 351 Sixshooter-

Harlingen

Revolver auf 350 Einwohner. Heute leben in Harlingen an die 44 000 Einwohner, davon 70 Prozent *Hispanics* und eine Hand voll *African-Americans*.

Die Stadt operiert als geographisches Zentrum dieses Großgartens. Hier wird gesammelt, verarbeitet, verteilt und transportiert. Am laufenden Band liefern die Felder Früchte fürs *agribusiness*: Baumwolle, Getreide, Zuckerrohr, Gemüse aller Art und Zitrusfrüchte. Die hiesigen Orangen gelten als hartschaliger und nicht so schön wie ihre Konkurrentinnen aus Florida und Kalifornien, die meisten verschwinden daher vorzeitig und enden als Orangensaft. Vorzeigbarer gelingen da schon die Pampelmusen, und je roter ihr Fleisch, desto süßer und besser. Für zusätzliche Arbeitsplätze sorgen außerdem Flugzeug- und Motorenbau sowie petrochemische Industrie. Die Jobs ziehen vor allem *farmhands* aus Mexiko an, die zur Erntearbeit für ein paar Cent eingespannt werden. Legal und illegal, niemand kann das hier nachhalten.

Das fruchtbare Tal mit Palmen gesäumten Straßen, reichlich Sonne und meist kühler Brise vom nahen Golf steht bei sonnenhungrigen Rentnern aus nördlichen Breitengraden traditionell hoch im Kurs. Trotz Golfnähe ist die Luftfeuchtigkeit gering. Die Winter sind besonders trocken, mit Durchschnittstemperaturen von 21 Grad Celsius. Im Sommer ist es heiß mit durchschnittlich 32 Grad Celsius. Ganzjährig also hält das Valley, was sein Werbe-Etikett verspricht: *sun-kissed tip*.

Schon im Herbst rollen die RVs an und gesellen sich zu den Pickups der mexikanischen Landarbeiter. Selbst aus Kanada kommen die automobilen Zugvögel. Außer dem Klima, der Küste und den

Noch heute ist das untere Rio-Grande-Tal ein einziger Obstgarten

Harlingen, McAllen, Reynosa, Roma

Markt in Nuevo Laredo

vielfältigen Freizeitmöglichkeiten mögen sie vor allem die Preise. Süd-Texas ist billiger als das touristisch verwöhnte Florida. Besonders geschätzt sind die Dauerparker, die *Winter Texans*. Allein Harlingen bietet ihren fahrbaren Wohnungen an die 5000 Stellplätze, RV-Parks und Mobile Home Parks.

Man schätzt, dass in **McAllen** und im angrenzenden Hidalgo County 30000 bis 50000 Menschen überwintern. Langeweile braucht auf den Parkplätzen nicht aufzukommen, Ausflugsziele locken reichlich: zum Golf, in die mexikanischen Grenzstädte, nach Norden durch das Ranchland, die Besichtigung der Felder mit Kostproben der Früchte oder zum anderen »Meer«, dem Falcon-Stausee des Rio Grande.

Deftig: Tacos mit und ohne Füllung kommen aus der Tex-Mex-Küche

Wie dicht das Tal besiedelt ist, merkt man am Verkehr. Auf dem Highway wimmelt es von Lastwagen mit Gemüse- und Obstkisten. Die meist verwegen fahrenden Mexikaner sorgen zusätzlich für Abwechslung. Obst bekommt man allenthalben sackweise zu Spottpreisen angeboten. Auch die roten Grapefruits. FRESH ORANGE JUICE. SACK FRUIT, ist zu lesen, während es vorbeigeht an wohlklingenden Ortsnamen, Mercedes und Heidelberg zum Beispiel.

Zwischendurch: Stippvisite in **Reynosa**. Man parkt am besten in Hidalgo und überquert die Brücke über den Rio Grande zu Fuß. Die Stadt ist klein, aber lebendig wie alle mexikanischen Orte. Die Luft an diesem schwülen Tag stinkt nach Abgasen und Staub. Die Armut ist deprimierend. Auf der Straße werden in der Hitze hauptsächlich warme Decken verkauft. Und Puppen. Auf der grünen und schattigen Plaza stehen bequeme Bänke und sehr viele Schuhputzer herum, die Sandalen hassen.

Hinter Sullivan verengt sich der Highway zur einfachen Landstraße. Prompt wird es ruhiger. Das grasende Vieh weiß das zu schätzen: Niemand lärmt herum und stört seine Tagträume. Auch **Roma** schläft einigermaßen vor sich hin, ein hübscher alter Ort von 1768 mit stark spanischem Einschlag. Die Plaza und viele alte Gebäude mit ebensolchen Eisengittern sind restauriert worden. Sämtliche Innenaufnahmen des Films »Viva Zapata!« mit Marlon Brando stammen von hier. Früher, als der Rio Grande noch schiffbar war und Dampfschiffe Baumwolle und andere Waren den Fluss hinuntertransportierten, war mal mehr los in Roma. Heute lebt die Stadt offiziell von der Viehwirtschaft und inoffiziell vom Dope-Schmuggel.

Ein Meer von fast 80 Kilometer Länge bedeckt die trockene Landschaft voller

Falcon Lake, Zapata

Neospanischer Stil: Landesregierung in Nuevo Laredo

Kakteen und blühender Yuccas: der **Falcon Lake**, seit 1953 ein Stausee aus dem Rio Grande. Sein Damm markiert die Grenze zu Mexiko. Wer angeln will und/oder ein Boot hat, ist im **Falcon State Park** gut aufgehoben. Die meisten Uferpartien sind allerdings seicht und wenig schattig.

Viele der kleinen Örtchen in der Gegend kämpfen um ihre Selbsterhaltung. So winzig sie sind, so rührig geben sie sich. Überall wird für die *trailer camps* geworben. Und **Zapata** liegt nicht einfach am Rio Grande. Nein, es liegt am Falcon Lake. Das klingt besser.

Ab und zu fallen Felder mit pieksigen, wasserspeichernden Pflanzen auf. Sie heißen Aloe vera und sind Heilpflanzen, die besonders in dieser Region kommerziell angebaut werden. Natürlich werden sie in Texas größer als zu Hause im Blumentopf. Das Heilsame steckt in den langen, dicken Blättern, ein grünliches Gel, das zu Toniken, Salben, Cremes und Lotionen verarbeitet wird. Die Farmen liefern Blätter und Gel an Labors im Valley und Fabriken innerhalb und außerhalb der USA.

Aber die unscheinbare Aloe vera ist mehr als das. Man braucht hier nur ihren Namen auszusprechen, schon berichtet jeder verklärten Blicks über seine tollen Erfahrungen mit dem heilenden Gel. Ob Brandwunden, Allergien, Akne, Schnittwunden, Falten, stets soll Aloe vera Wunder gewirkt haben. Man braucht nur die dicken Blätter zu brechen und die Zauber-Paste aufzutragen. Reinigungscreme, Nachtcreme, Body Lotion, After Shave, Sonnenschutzcreme, Shampoo: Aloe vera ist immer dabei. Man hat herausgefunden, dass das Gel Magnesium

Laredo, Zacate Creek

Dreharbeiten in Laredo – für den Film »Eddie Macon's Run« mit Hollywood-Veteran Kirk Douglas

Das Südende der Interstate 35 hat Laredo zu einer klassischen Grenzstadt gemacht, denn in puncto Güterverkehr bringt es keine andere Stadt weit und breit auf ein größeres Volumen. Gleichwohl bemühen sich Laredo und seine knapp 190 000 Einwohner, ihr Image der *dusty border town*, von dem schon 1822 der »Vater von Texas«, Stephen F. Austin, sprach, abzuschütteln. Der alte Stadtkern wird heute renoviert. Besonders die ehemalige St. Mary's University Law School an der alten San Agustin Plaza fällt ins Auge. Heute dient sie als prächtiges weißes Luxushotel mit einem wunderschönen Innenhof mit Pool inmitten blühender Bougainvilleen. Ein Blick in die Kirche **St. Agustin** lohnt zumindest wegen eines Details, denn da steht die kleine Figur eines Bischof mit einem (echten) Kehrbesen. Ein heiliger Saubermann?

und eine dem Aspirin ähnliche Substanz enthält, die schmerzbetäubend wirken soll. Also doch keine Zauberei?

Los Dos Laredos, die beiden **Laredos**, sind wieder einmal Grenz- und Schwesterstädte, aber einander ähnlicher als andere Tex-Mex-Pärchen am Rio Grande. Gerüche, Hitze, unbefestigte Straßen und Dritte-Welt-Armut, dies gilt für Laredo *und* Nuevo Laredo. Beide wirken mehr *mexicano* als *norteamericano*.

Der **Zacate Creek** war einst der Fluss, der den Gründer von Laredo anzog. 1755 ließ sich Don Tomás Sánchez de la Barrera y Gallardo, ein Offizier der königlich-spanischen Armee, hier nieder und gründete damit eine der ältesten

C & W-Band in Laredo

Städte der USA. Den Siedlern stand ein hartes Leben bevor. Mehr als 100 Jahre galt es immer wieder, die regelmäßigen Comanchen- und Apachen-Raubzüge zu überstehen. Und da die Stadt am Handelsweg zwischen San Antonio und Mexico City lag, wurde sie oft zum unruhigen Durchgangslager für Truppen beider Nationen.

1839 dann platzte den Einwohnern der Kragen. Gemeinsam mit ihrem Umland gründeten sie die *Republic of the Rio Grande* mit Laredo als Hauptstadt. 283 Tage konnte sie sich halten. Lange genug, um eine eigene Fahne zu entwickeln, die seither stolz neben dem »Lone Star« weht. Mit der Unabhängigkeit 1848 zogen die Leute, denen Mexiko besser gefiel, ans andere Ufer und gründeten Nuevo Laredo. Noch heute meinen selbst die Verbliebenen, dass Laredo immer noch nicht ganz zu den USA gehöre.

Die untergehende Sonne taucht Downtown ins Halbdunkel. Am Grenzübergang herrscht ein Gewühl wie am Times Square. Plazas und Straßen in **Nuevo Laredo** (650 000 Einwohner) wimmeln von Kindern, Pärchen, Händlern. Guerrero ist die Hauptgeschäftsstraße. Eis, Maiskolben *(elotes),* Austern, frische Tropenfrüchte gibt's an jeder Ecke. In den Geschäften: zum Teil teures mexikanisches Kunstgewerbe und Handarbeiten. Viele Schuhe, viele Zahnärzte, viele Brautkleider. Auf dem El-Mercado-Markt, dessen Stände um diese Tageszeit langsam schließen, sind die Angebote sehr viel preiswerter.

Viele Amerikaner kaufen in Laredo (aber auch in Matamoros oder Reynosa) Kleidung französischer Modeschöpfer weit billiger als im eigenen Land. Fürs Shopping darf die entsprechende Beköstigung nicht fehlen: Elegante Touristen-Restaurants überbieten einander mit Delikatessen – kulinarische Enklaven im Elend, das draußen allenthalben sichtbar ist, besonders in den alten Gesichtern der vielen Kinder.

Während die amerikanischen Touristen folkloristische und modische Schnäppchen zu machen suchen, haben die mexikanischen Grenzgänger anderes im Auge. Für sie ist Downtown Laredo das Shopping-Paradies für Errungenschaften des technischen Fortschritts. Englisch und Spanisch sind hier ebenso vertreten wie Dollars und Pesos. Tafeln mit den Umtauschraten sind so geläufig wie sonst Zeit- und Temperaturanzeigen. Nach wie vor sieht man Mexikaner in der Innenstadt riesige Tragetaschen mit Transistoren und Haushaltsgeräten schleppen. Folklore gegen Fortschritt, heißt die Devise im wechselseitigen Tauschgeschäft, das täglich über die Brücke geht. In der Mitte treffen sie sich: der Gringo mit einer handgewebten Decke, der Chicano mit dem neuesten Sony-Gerät.

Mexikanischer Lassowerfer (»charro«) in Nuevo Laredo

❷ Infos: Reynosa, Laredo, Nuevo Laredo

Rolle vorwärts: So wurde früher in Mexiko Wasser transportiert

Zaragoza Market
Hidalgo y Pordirio Diaz (1 Block südl. der Plaza)
Reynosa, Mexico
Shopping Center mit typisch mexikanischen Waren.

Falcon State Park
24 km nördl. von Roma, US Hwy. 83 (Ostufer des Falcon Reservoir)
✆ (956) 848-5327
Mo–Do 8–17, Fr–So 8–21 Uhr
Riesiger See des gestauten Rio Grande. Im Park wachsen dornige Mesquite und tropische federblättrige Büsche, die im Frühjahr stark duftend in dieser Gegend blühen – wie orangefarbene Mimosen. Camping, Schwimmen, Duschen.

Laredo Convention & Visitors Bureau
501 San Agustin Ave. & Lincoln St.
Laredo, TX 78040
✆ (956) 795-2200 und 1-800-361-3360
Fax (956) 795-2185
www.visitlaredo.com
Mo–Fr 8–17, Sa 9–15 Uhr

La Posada
1000 Zaragoza St. (gegenüber der St. Agustin Church)
1 Block östl. der alten International Bridge
Laredo, TX 78040
✆ (956) 722-1701 und 1-800-444-2099
Fax (956) 722-4758
www.laposadahotel.com
Zweifellos das stilvollste Hotel am Ort mit spanisch-mexikanischer Atmosphäre, weiß getüncht mit rotem Ziegeldach und viel Komfort. Früher einmal eine Hochschule. Im Innenhof, unter Palmen und exotischen Blüten, Pool mit blauweißen mexikanischen Kacheln. Empfehlenswertes Restaurant (**The Tack Room** – ein Steakhaus, So geschl.; $$), Fitnessräume. $$$–$$$$

Hampton Inn
7903 San Dario
Laredo, TX 78041
✆ (956) 717-8888, Fax (956) 717-8391
Wie die meisten Motels dieser Kette: einfach, gutes Preis-Leistungs-Verhältnis. Pool. Kleines Frühstück. $$

St. Agustin Church
200 San Agustin Ave. (zwischen Grant & Zaragoza Sts.)
Laredo, TX 78040
✆ (956) 722-1382
Ein Hauch von Neugotik an der mexikanischen Grenze (Bauzeit: 1872–77).

Deutsch's
310 Ave. Guerrero
Nuevo Laredo, TAM, Mexico
Nuevo Laredos' Tiffany. Auch wenn Qualität und Auswahl des Schmuckgeschäftes nicht mehr ganz top sind, lohnt ein Besuch.

El Mercado
Ave. Guerrero (300er Block)
Nuevo Laredo, TAM, Mexico
Markt unter freiem Himmel (ehemaliges Gebäude brannte 1980 ab), vom Schnäppchen bis zum Schrott. Alkohol ist hier billiger als in der Nähe der International Bridge.

② Infos: Nuevo Laredo, Laredo

 Marti's
2933 Calle Victoria (Nähe Ave. Guerrero)
Nuevo Laredo, TAM, Mexico
℡ (011) 52 87 12 33 37
3 Blocks von der alten International Bridge entfernt: hervorragend und weithin bekannt für Kunst und Kunsthandwerk aus Mexiko und Lateinamerika, unter anderm Keramik, Glas, Flechtarbeiten, Kleidung, Masken, Möbel, Schmuck, Malerei.

 El Rancho
2134 Ave. Guerrero
 Nuevo Laredo, TAM, Mexico
℡ (011) 52 87 14 87 53
Großer bierhallenähnlicher Raum mit Mariachi-Band und vielen vergnügten Mexikanern. 27 Taco-Gerichte, spanische Speisekarte. Bar. $

 El Dorado
401 Ave. Ocampo
 Nuevo Laredo, TAM, Mexico
℡ (011) 52 87 12 00 15
Als dies noch die Cadillac Bar war, soll hier der *Ramos Gin Fizz* erfunden worden sein. Mexikanische und amerikanische Gerichte. $–$$

Wichtigstes Fest in Laredo:

Washington's Birthday Celebration mit Musik, Tanz, Tex-Mex-Snacks und Entertainment (Anfang Februar).

Frivole Folklore in der Grenzstadt Laredo

③ Tex-Mex-Tour
Von Laredo nach Del Rio

3. Route: Laredo – Carrizo Springs – Eagle Pass/Piedras Negras – Del Rio/Ciudad Acuña (288 km/180 mi)

km/mi	Zeit	Route	Route siehe Karte S. 168.
0	10.00 Uhr	In **Laredo** auf Matamoros St. zur I-35 und diese nach Norden, US 83 nach Nordwesten bis Carrizo Springs, dort US 277 (Pena St.) nach Westen bis	
198/124	12.00 Uhr	**Eagle Pass**. Dort Ausflug zum mexikanischen Nachbarn, nach **Piedras Negras** (Pause/Lunch ca. 2 Std.). Weiterfahrt auf US 277 nach	
288/180	15.30 Uhr	**Del Rio/Ciudad Acuña**.	

Informationen zu dieser Etappe finden Sie am Ende der 1. West-Texas-Route, S. 192 (Del Rio).

Von Laredo nach San Antonio zu fahren (ca. 2 Stunden), um dort den Anschluss an die West-Texas-Route zu suchen, macht nur Sinn, wenn man San Antonio gern noch einmal wiedersehen und/oder Brackettville mit der Filmkulissenstadt »Alamo« nicht verpassen möchte (was tatsächlich auch ein Verlust wäre). Ansonsten aber liegt es nahe, von Laredo aus gleich nach Del Rio zu fahren.

Allzuviel gibt es unterwegs nicht zu sehen und erleben. Zum Beispiel **Catarina**, mit einem verheißungsvollen Namen, aber de facto nichts als Tempolimits im Angebot. Danach dominiert plattes Ranchland mit struppigen Gesellen wie Kakteen und allen möglichen *shrubs*. **Carrizo Springs?** Auch nichts Besonderes.

Eagle Pass, die ruhige Grenzstadt mit einer lebendigen Main Street, hat eine mexikanische Schwester, **Piedras Negras**, die gleich fünfmal so groß ist (120 000 Einwohner). Wenn man den Wagen vorher grenznah geparkt hat, ist jenseits der Rio-Grande-Brücke, auf der die Autos hin- und herstinken, alles leicht zu Fuß zu erreichen. Die knuffige

Hamburger Drive-in: in Del Rio

Piedras Negras, Quemado, Del Rio

Plaza in Ciudad Acuña, Mexiko

Innenstadt (Mercado) besteht aus Straßen, die sich, ganz anders als auf der Gringo-Seite, als Bühnen unterschiedlichster Temperamente und Straßenszenen erweisen: vom gelangweilten Granatapfelverkäufer bis zur zackigen Señorita, die so aussieht, als würde sie auf dem Bürgersteig gleich eine Flamenco-Nummer zum Besten geben.

Auffällig sind wieder einmal die vielen Zahnärzte *(dentistas),* die den amerikanischen Touristen ihre Aufwartungen machen, weil sie wissen, dass ihre Leistungen drastisch billiger als die ihrer US-Kollegen sind. Die Frisöre trennen ihr Klientel sauber nach Geschlecht. Nicht so die Kirche, dennoch erweist sie sich im Innersten eher als ästhetischer Albtraum. Im Sommer sind hier die Stierkämpfe die große Attraktion.

Weiter nördlich steigt der Unterhaltungswert des Highway keineswegs. Im Gegenteil. **Quemado** wirkt eher desolat mit viel Schrott und Ruinen. Auch die *locals* scheinen das ähnlich zu sehen und hängen lieber in »Mary's Cafe« herum.

Je mehr sich die Straße dem Rio Grande nähert, desto näher rücken Äcker und Nussbäume. Schließlich ziehen rechts und links vom Highway Ranches, Creeks und fliederfarbene Struppelsträucher vorbei – eine Art Heidekraut. Aber nicht Lüneburg folgt, sondern **Del Rio** (vgl. S. 190 f.).

»Las Cazuelas«, Laredo

SECHS ROUTEN DURCH WEST-TEXAS

❶ Hart an der Grenze
Del Rio und Ciudad Acuña, Mexico

West Texas – where all the lies you heard about Texas are true.

1. Route: San Antonio – Brackettville – Del Rio/Ciudad Acuña (277 km/ 173 mi)

km/mi	Zeit	Route
	Vormittag	**San Antonio:** Besuch des **Institute of Texan Cultures** und/oder **Museum of Art** (montags stattdessen Rundgang durch den **King William Historic District**).
0	12.00 Uhr	Von **San Antonio** über I-37 und US 90 nach Westen über Uvalde nach
197/123		**Brackettville**. Dort FM 674 nach Norden zum
210/131	15.00 Uhr	**Alamo Village**. Nach dem Rundgang (ca. 1 Std.) wieder zur US 90 zurück und in westlicher Richtung bis (ca. ½ Std. Fahrtzeit)
277/173	16.30 Uhr	**Del Rio** (die US 90 wird hier zur Avenue F). Spätnachmittags oder abends Besuch in **Ciudad Acuña**, Mexiko.

Ein kurzes Wegstück nach Westen ist identisch mit dem **Texas Hill Country Trail**, was sich insoweit bestätigt, als tatsächlich einige Hügel die vom Ackerbau dominierte Landschaft prägen. Nach und nach folgen scherenschnittartige Figuren auf Ranch-Toren an der Straße – Ikonen der Viehzucht, oft auch Brandzeichen.

Im Licht der bisherigen Texas-Kenntnis wissen wir, dass es solche und solche Ranches gibt. Die King Ranch steht sicher Modell für eine »richtige« Ranch.

Texas Hill County Trail

Dreh auf der Film-Ranch: mit echten Longhorn-Rindern und echten Mexikanern

Aber schon bei »echten« Exemplaren gibt es Unterschiede. Bei einer kleinen Ranch liegt der Eingang in der Regel nahe am Highway – mit viel Klimbim und oft noch mit dem Cowboy-Gruß »Howdy« vorn am Tor. Der Eingang zu einer großen Ranch ist von der Straße aus meist gar nicht sichtbar. Das schlichte Eisenbogen-Tor trägt den Namen der Ranch und/oder das Brandzeichen. Ansonsten kein Firlefanz, es geht ums Geschäft. Allenfalls zeigt man mal ein Bild von der Zucht, aber niemals einen Willkommensgruß.

Auch Brandzeichen symbolisieren großen Landbesitz, außerdem die Größe der Herden und die Mitgliedschaft in der *Texas and Southwestern Cattle Raisers Association*. Diese Gesellschaft in Fort Worth muß man sich wie eine Art Adelsverein für texanische Viehzüchter vorstellen. Wessen Brandzeichen schon vor 1900 registriert wurde, der gehört zur *Cattle Royalty*.

Wiederum andere halten sich eine Ranch, um dort ihren Seelenfrieden zu finden oder sie kaufen sich halt eine wie andere ihre Ferienwohnung am Meer oder ihre Hütte in den Bergen. Nach einer harten Woche in der Stadt entspannen sie sich auf ihrem selbstgebastelten Bauernhof und halten sich ein paar Tiere, damit das Milieu beim Grillfest für die Gäste glaubhafter wirkt.

Trendbewusste Texaner pflegen sich darzustellen, indem sie ihrem Beruf einen Bindestrich hinzufügen und als *oilman-rancher*, *business-rancher* oder *president of the U.S.A.-rancher* (wie bei L. B. J.) auftreten. Kein Zweifel, der Rancherstatus ist in Texas so mystifiziert, dass sich viele fragen, was einige den ganzen Tag da draußen eigentlich so machen. Kümmern sie sich wirklich ums Vieh oder um den Heuvorrat? Oder hören sie nur die *bluebonnets* wachsen? Gleichwohl, gern verabschiedet man sich freitags selbstbewusst: »I'm goin' ranchin'.« Was immer das heißen mag.

Windräder und Kakteen leiten langsam den Wandel der Vegetation ein, es wird

Alamo Village

zunehmend ruppiger und struppiger, Schafe stehen unter Mesquite-Bäumen, kurz, Flora und Fauna des Südwestens gewinnen die Oberhand. Die Überquerung des Nueces River, jenes alten Bekannten aus Corpus Christi und einst umstrittener Grenzfluss, gibt den Blick auf eine schöne Buschlandschaft frei, während der mexikanische Sender im Autoradio herzzerreißende Songs verströmt.

In **Brackettville** geht es rechts ab zum **Alamo Village**, einem kommerziellen Filmdorf inmitten einer *working ranch*, was sofort die Vorfahrtsregeln bestimmt: GIVE LIVESTOCK THE RIGHT OF WAY, heißt es auf dem Schild.

Großvater, Mutter und Tochter der Besitzerfamilie geben sich alle Mühe, die täuschend echt nachgebauten Bestandteile ihrer Westernwelt ins rechte Licht zu rücken, aber erheblich spannender ist es, den gerade laufenden Dreharbeiten zu *Rio Diabolo* zuzusehen, einem TV-Western mit Kenny Rogers als Kopfgeldjäger. Am besten wirken die als mexikanische Cowboys verkleideten Mexikaner und die gefährlich aussehende, aber filmerprobt harmlose Longhorn-Herde, die so lange an den Kameras vorbeigetrieben wird, bis die Aufnahme sitzt. Das dauert.

Zeit also für einen Exkurs über diese für Texas so typischen Tiere. Denn was die Swimmingpools für Beverly Hills, das sind die Kühe für Texas: Man muss mindestens eine im Hinterhof haben. Am besten ein Longhorn oder, besser gesagt, *wieder* ein Longhorn, denn lange Zeit schien dieses Rindvieh mit den stattlichen Hörnern von der Bildfläche verschwunden. Seine Vorfahren kamen mit Columbus nach Santo Domingo. Von dort brachte sie Cortez 1525 mit nach Mexiko und Coronado 1540 ins heutige Texas. Die Rinder waren damals schwarz oder dunkelbraun. Erst durch Kreuzungen entwickelten sie ihre heutige Vielfarbigkeit.

Manche der Pferde und Rinder, die die Spanier zur Selbstversorgung mitführten, gingen verloren, und da die Spanier ihre männlichen Rinder nicht kastrierten, vermehrten sich die entlaufenen Tiere in ziemlichem Tempo und wurden zu zähen,

Drehpause im Filmort Alamo Village

Alamo Village

cleveren, hochsensiblen Überlebenskünstlern mit längeren und schärferen Hörnern als die bei ihren europäischen Vorfahren.

Die ursprünglich als *black cattle* bezeichneten Longhorns durchwanderten diverse Namensgebungen. Sie hießen *mustang cattle, wild cattle, Texas cattle* und schließlich, in der zweiten Hälfte des 19. Jahrhunderts, *longhorn cattle*. Lange gehörten die Herden niemandem bzw. jedem, der ihrer habhaft werden konnte. Das änderte sich nach dem Bürgerkrieg, als die arbeitslosen Soldaten Cowboys und Viehtreiber wurden. Um sich zusätzlich ein paar *greenbacks* (Banknoten, weil auf der Rückseite grün) zu verdienen, trieben sie die wilden Rinder zusammen zu den Viehbörsen in Abilene und Kansas City. Mit Erfolg! Longhorn-Steaks wurden zum heißen Tipp bei den Ostküsten-Gourmets.

Bald übernahmen Profis das Geschäft. Hunderttausende von Rindern wanderten in den Jahren 1867–84 auf dem Chisholm Trail nach Abilene, von wo aus sie in die Schlachthäuser von Kansas City oder Chicago verfrachtet wurden. Um mit der Nachfrage Schritt halten zu können, kamen neue Trails hinzu: der Western Trail nach Dodge City und der Goodnight-Loving Trail durch die Plains nach Denver und Cheyenne. Die näher rückenden Schienen der Eisenbahnen vereinfachten den Handel mit dem Vieh, das seine Pfunde nun nicht mehr auf den Trails einbüßte. 1893 lebten an die 20 Millionen Longhorns in Texas, davon ein Drittel frei, wild und ohne Brandzeichen. 20 Jahre später waren sie fast ausgestorben. Was war geschehen?

Einmal brachten die enormen Hörner, ihre Überlebenswerkzeuge, sie aus dem Geschäft, denn es hieß, sie nähmen in den Zügen zu viel Platz ein. Die eigentliche Ursache für ihr Aussterben war, dass einflussreiche Industrielle, die bei den Rinderzüchtungen ein Wort mitzureden hatten, zu dem Schluss kamen, englische Züchtungen wie Angus, Devon und Hereford seien produktiver und somit ökonomischer. Plötzlich galten die Longhorns als bastardisierte Form vieler Rassen. Als ihr Bestand drastisch sank, hieß es, sie hätten das Zecken-Fieber nicht überlebt, eine Krankheit, gegen die die Tiere, wie sich nachher herausstellte, ausgerechnet resistent waren. Die Zucht der Longhorns wurde schließlich verboten und niemand protestierte.

Erst 1927 änderte sich die Lage. Der US-Kongress schickte einen Suchtrupp los, um die letzten Longhorns in Süd-Texas und Nord-Mexiko zu einer Herde zusammenzustellen. Acht Monate brauchten die Männer, um 20 Kühe und acht Stiere aufzutreiben, die zur Zucht nach Oklahoma gebracht wurden. Von nun an ging es auch in Texas mit den totgeglaubten Urtieren wieder aufwärts. Doch Viehindustrie und Öffentlichkeit nahmen erst in den 1960er Jahren positiv davon Notiz. Charles Schreiner III. von der Y. O. Ranch musste noch 1957 einige gekaufte Longhorns vor seiner Mutter verstecken, weil die ihm untersagt hatte, diese abscheulichen und knochigen Burschen auf ihr Land zu bringen! Heute besitzt die Y. O. Ranch in der Nähe von Kerrville die größte Longhorn-Herde, mit der übrigens vor mehr als 20 Jahren hier die Marlboro-Reklame begann (vgl. S. 98).

1964 wurde die *Texas Longhorn Breeders Association of America* im historischen Menger Hotel in San Antonio gegründet. Das machte die Longhorns gesellschaftsfähig und zu einer Institution des Südwestens, ja, zum Kulttier. Es sind zähe, genügsame und damit billige Tiere mit außerordentlichen Fähigkeiten. Die Rancher müssen nicht unbedingt kostspieliges Alfalfa-Heu verfüttern. Ein

1 Alamo Village, Del Rio, Ciudad Acuña

Longhorn frisst und verträgt jedes Gras. Es kann mit Kaktusfrüchten, Brombeergestrüpp, zur Not sogar mit der Rinde von Zaunpfählen überleben. Die Tiere erschnuppern Wasser – etwa einen Schauer in den Bergen – über Entfernungen bis zu zehn Meilen, und sie bewegen sich dort auch noch in der größten Hitze hin, wo andere Kühe schon nach kurzem Marsch schlappmachen. Die eleganten, weitgeschwungenen Hörner (die Cowboys nennen sie *lyrical*) sind Waffen und im Übrigen hervorragend geeignet, den Weg durch dichtes Gestrüpp zu bahnen. Die langen Beine helfen, Strecken schneller zu überwinden und weiter zu laufen als andere Züchtungen.

Inzwischen hat jeder Rancher, der auf sich hält, mindestens ein Longhorn in der Herde. Yankees auf Besuch in Texas können eine Longhorn-Limousine mieten und durch die Stadt fahren: offene, weiße Cadillacs mit imposanten Hörnern auf dem Kühler. Die seriöse Universität von Texas in Austin hält sich ein Longhorn als Maskottchen und nennt sich »Longhorn University«.

Zurück zur Filmszene, für die die Tiere viel Staub aufwirbeln. Es ist unsäglich heiß, und ganz plötzlich wird klar, dies *ist* der Western. Im Hinterzimmer führt Jim, der Großvater, stolz seine Prominenten-Galerie vor, Hollywood- und Medienstars,

»Golden Fried Chicken« in Del Rio

die in Alamo Village gearbeitet haben, allen voran natürlich John Wayne, den er persönlich kannte und für dessen Film *The Alamo* der aufwendige Nachbau im Kulissenfundus nebenan hochgezogen wurde. Ganz bewegt erzählt Jim auch von Freddy Quinn: »Er ist schon oft hier gewesen und hat sich gern als Texaner verkleidet.« Ein Foto beweist es. Und damit endet die Vorstellung auf der Kino-Ranch.

Die letzten Meilen bis zur Grenze werden steiniger und erdtöniger. Weit und breit bestimmen Vieh- und Schafherden die Szene, während sich texanisches Buschland und *chaparral* immer deutlicher mit den Merkmalen der Chihuahua-Wüste mischen.

Del Rio, das Provinznest im Val Verde, dem grünen Tal, nennt sich Wolle- und Mohairhauptstadt der Welt, aber das nützt nicht viel, von Hauptstädtischem fehlt jede Spur. Auch das historische Viertel von Downtown, wo noch einige ältere Sandsteinbauten überdauern, die von italienischen Steinmetzen errichtet wurden, lässt nicht gerade das touristische Herz höher schlagen; ebenso wenig wie das älteste Weingut in Texas, die ortsansässige **Val Verde Winery**, die sich seit 1883 in italienischem Familienbesitz befindet.

Und es kommt noch schlimmer. Die angeblich tüchtigen Quellen, die San Felipe Springs, aus denen sich täglich Millionen Gallonen Wasser ergießen, die einen Fluss und um ihn herum einen grünen Stadtpark bilden, sind ausschließlich im Verborgenen tätig. Kamele, von Jefferson Davis aus Afrika in der (irrigen) Annahme importiert, sie würden sich dem westtexanischen Klima optimal anpassen, haben hier zwar ebenso ihren Durst gelöscht wie später die Reisenden in der Postkutsche – aber diese Zeiten sind vorbei.

Was bleibt? Nun, die Little Chicago Bar an der Main Street bietet sich als eine im-

Ciudad Acuña, Rio Grande

merhin zeitgenössische Oase an, und außerdem scheint die Grenzstadt hier atmosphärisch auf den Punkt gebracht: Del Rio *in nuce*.

Die eigentliche Attraktion von Del Rio (Einwohner: ca. 35 000) ist sein doppelt so großer Nachbar, **Ciudad Acuña**, die mexikanische Zwillingsstadt – insbesondere am frühen Abend, wenn das späte Licht die Farben zum Leuchten bringt. In ein paar Minuten ist man an der Grenze, kann dort den Wagen parken und sich zu Fuß oder mit dem Taxi über den **Rio Grande** aufmachen, über den Río Bravo del Norte, wie er in Mexiko heißt. Von seinen insgesamt rund 2 880 Kilometern Länge zwischen den Bergen in Süd-Colorado bis zum Golf von Mexiko bilden gut 2 000 Kilometer die Grenze zwischen Texas und Mexiko, von El Paso/Ciudad Juárez bis Brownsville/Matamoros.

Der Weg über die Brücke zieht sich ein wenig, was seinen Grund darin hat, dass sich die lange Konstruktion den wechselhaften Wasserverhältnissen des Flusses anzupassen sucht. Anders als im Norden, in El Paso/Ciudad Juárez, oder weiter im Süden, in Laredo/Nuevo Laredo, ist er an dieser Stelle nicht kanalisiert und einbetoniert, um eine eindeutige Grenzziehung des »Tortilla-Vorhangs« zu gewährleisten.

In Acuña wie überhaupt entlang der Grenze lebt die Dritte Welt Wand an Wand mit einem der reichsten Länder der Erde. Der Import von billigen Arbeitskräften hat auf amerikanischer Seite Tradition. Statt kleiner Familienbetriebe gab es im Wesentlichen nur riesige *ranchos*, die schon immer auf Hilfs- und Wanderarbeiter angewiesen waren. Zur Zeit der Missionen in Texas, Arizona und Kalifornien arbeiteten die Indianer in dieser Rolle, dann, bis zur Vollendung des Eisenbahnbaus, die Chinesen, und schließlich, nach der mexikanischen Revolution (1910–15), die Mexikaner. Neben den *braceros*, die eine offizielle Arbeitserlaubnis hatten, waren es illegale Einwanderer, die *wetbacks* – weil sie vom Durchschwimmen des Rio Grande einen nassen Rücken bekommen hatten.

Der Zustrom über die grüne Grenze geht weiter; die Kontrollen nützen nichts, weil beide Seiten von der territorialen Nachbarschaft profitieren. Mexiko lindert auf diese Weise sein immenses Arbeitslosenproblem, und die USA ziehen ihren Gewinn aus den ebenso willigen wie billigen Arbeitskräften.

Auf der **Plaza** in Ciudad Acuña oder der **Avenida Hidalgo** ist gewöhnlich viel los, besonders, wenn die Geschäfte noch offen sind. Das Straßenleben, Farben und Kinder, die Fußball spielen, wecken sofort europäische Assoziationen. An Restaurants und Bars herrscht kein Mangel und erst recht nicht an mexikanischem Kunstgewerbe, bei dem schon etwas Trennschärfe gefordert ist, um in der Massenware gelungene Stücke zu entdecken. Wie in allen Grenzstädten haben sich auch in Acuña auffällig viele *dentistas* niedergelassen, um ihren Standortvorteil zu nutzen. Da sie ihre amerikanischen Kollegen preislich um Längen unterbieten, hoffen sie auf viele Gringos mit Zahnschmerzen.

Die zentrale Plaza ist das Herzstück der Stadt; wie ein sozialer Magnet zieht der Raum rund um den bunt bemalten *gazebo* alle Generationen und Aktivitäten gleichzeitig an. Damit das tägliche Stelldichein möglichst unbeeinträchtigt bleibt, hat man sich ein paar kleine Vorsichtsmaßnahmen ausgedacht: Oberhalb des Erdbodens sind die Bäume auf der Plaza mannshoch weiß getüncht, um Ameisen und Termiten fern zu halten. Und an den Verkaufsständen hängen häufig Wasserbeutel, deren Lichtreflexe die Insekten vertreiben sollen.

❶ Infos: Brackettville, Del Rio

Informationen zu San Antonio finden Sie S. 106 ff. und S. 118 f.

 Alamo Village Movie Location
 11 km nördl. von Brackettville, FM 674
Shahan HV Ranch
Brackettville, TX 78832
✆ (830) 563-2580
Im Sommer tägl. ab 9–18, sonst 9–17 Uhr Nachbildung der Alamo für den gleichnamigen Film mit John Wayne (1959). Heute genutzt als Kulisse für Westernfilme und *TV-commercials*. Eintritt $ 6–7.

 Del Rio Chamber of Commerce
1915 Ave. F
Del Rio, TX 78840
✆ (512) 775-3551
Fax (512) 774-1813
www.drchamber.com

 Best Western La Siesta Inn
2000 Ave. F
Del Rio, TX 78840
✆ (830) 775-6323 und 1-877-574-3782
Fax (830) 775-9100
www.bestwestern.com
Zuverlässiges Motel im Neo-Santa-Fe-Look. Restaurant, Pool. $$

 La Quinta Inn
2005 Ave. F
Del Rio, TX 78840
✆ (830) 775-7591 und 1-800-531-5900
Fax (830) 774-0809
www.laquinta.com
Mit Pool und Lounge. $$

 Ramada Inn
2101 Ave. F
Del Rio, TX 78840
✆ (830) 775-1511 und 1-800-272-6232
Fax (830) 775-1476
Mit Restaurant, Bar, Pool, Jacuzzi, Sauna, Fitnessraum, Babysitting. $$

 Holiday Inn Express
3616 Ave. F
Del Rio, TX 78840
✆ (830) 775-2933 und 1-888-775-2933
Standardhotel. Pool. $$

 Die meisten Campingplätze liegen in der Nähe von Lake Amistad und der US 90 nördlich von Del Rio.

 American Campground
Hwy. 90 W. (nordwestl. von Del Rio)
Del Rio, TX 78840
✆ (830) 775-6484 und 1-800-525-3386
Full hookups, Bootsverleih, Shop, Waschautomaten und Pool. Auch für Zelte. $ 16.75.

 Angler's Lodge
Hwy. 90 W. (ca. 13 km westl. von Del Rio)
Del Rio, TX 78840
✆ (830) 775-1586
Full hookups, Shop, Waschmaschinen. $ 15.

 Memo's
804 E. Losoya St.
 Del Rio, TX 78840
✆ (830) 775-8104
Seit 1936 beliebtes Tex-Mex-Restaurant mit Blick auf den San Felipe Creek, der zuletzt 1998 so aus den Fugen geriet, dass das Lokal zerstört wurde und zwei Jahre schließen musste. Di und Do Live-C & W oder Jazz. $

Infos: Del Rio, Ciudad Acuña

 Cripple Creek Restaurant
US 90 nördl. von Del Rio, an der Gabelung von US 90 & US 277
Del Rio, TX 78840
✆ (830) 775-0153
Steaks, Fisch und Meeresfrüchte in rustikalem Blockhaus. Bar. So geschl. $$

 Rich's Restaurant & Bar
2211 Ave. F
Del Rio, TX 78840
✆ (830) 774-7313
Fisch, Steaks, Drinks. $

 Ciudad Acuña
Mexikanische Schwester von Del Rio. Bis zur Grenze fährt man den Schildern MEXICO nach. Kurz davor kann man bei CITY TAXI und SECURITY PARKING parken und entweder zu Fuß oder per Taxi den Rio Grande überqueren. Reisepass erforderlich.

 Crosby's
Calle Hildago 195
 Ciudad Acuña, Mexico
✆ (011) 52 87 72 20 20
Empfehlenswerte mexikanische Küche und Piano-Bar gleich jenseits der Grenze. $–$$

Wichtige Feste:

Anfang Mai: Top-Cowboy-Wettbewerbe im Bullenreiten sind **George Paul Memorial Bull Riding** bzw. **Super Bull** auf dem Val Verde County Fairground in Del Rio.
Mitte Oktober: **Arts & Crafts-Show**.

»Bull-Dogging« heißt die Methode, Stiere unter Kontrolle zu bringen, indem man sie bei den Hörnern packt, mit diesen ihren Hals dreht und so den Kopf zu Boden zwingt.

② Die Große Biege
Big Bend National Park

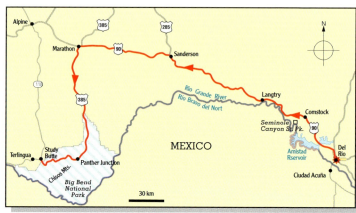

2. Route: Del Rio – Langtry – Marathon – Big Bend National Park (424 km/265 mi)

km/mi	Zeit	Route
0	9.00 Uhr	In **Del Rio** Avenue F, d. h. US 90 nach Norden über den Lake Amistad und die **Pecos High Bridge** nach
94/59	10.00 Uhr	**Langtry** und Stopp bei Judge Roy Bean (ca. 1 Std.). Weiter über US 90 nach
277/173	13.00 Uhr	**Marathon** und Lunch im **The Gage Hotel** (ca. 1 Std.). Anschließend S 385 nach Süden zum
384/240		**Big Bend National Park** (Headquarters bei Panther Junction) und nach
424/265	16.00 Uhr	**Study Butte**.

Am nördlichen Ende von Del Rio hat die Avenue F ihre Schuldigkeit getan und übergibt den Asphalt der guten alten US 90. Ein Damm führt sie sicher über das **Amistad Reservoir**, den Stausee aus Rio Grande, Pecos und Devils River, ein mexikanisch-amerikanisches Gemeinschaftsprojekt, das 1969 eingeweiht wurde. Der blaue Riesenklecks in der Landschaft bildet ebenso wie einige weitere, die folgen werden, die Grundlage der Bewässerungskultur entlang dem Rio Grande. Es gilt, die zwischen Hochwasser und extremer Austrocknung schwankende Wasserführung auszugleichen. Der Freizeitwert der Seen kommt als erfreulicher Nebeneffekt zum Angeln, Schwimmen oder für Bootsfahrten dazu.

Die wachsende Kargheit des *chaparral country* ruft die ersten Christusdornbüsche *(ocotillo)* und Yuccas auf den Plan. Geckos und Wachteln, Erdmännchen und Kaninchen, Wildschweine *(jabalinas)* und Armadillos (geruhsame Gürteltiere, die seit prähistorischen Zeiten so aussehen, vgl. S. 165) leben hier; auch Klapperschlangen und Skorpione, (harmlose) Taranteln und (weniger harmlose) Schwarze Witwen. Ab und zu gleitet ein Ranch-Tor oder ein Windrad vorbei oder, wenn man Glück hat, mal ein Güterzug der »Southern Pacific«.

Comstock macht die Strecke nicht aufregender; erst mit der **Pecos High Bridge** kommt Bewegung ins Landschaftsbild, denn von der Brückenhöhe kann man die steilen Uferfelsen jenes berühmten Flusses bewundern, dessen Name Wildwestfans und insbesondere Karl-May-Kennern auf der Zunge zergeht.

Ab hier beginnt die so genannte Trans-Pecos-Region, die letzte *frontier* Amerikas am Ende des 19. Jahrhunderts. Das ist heute noch nachvollziehbar, denn ähnlich wie gestern auf dem Weg nach Del Rio erlebt man erneut eine beinah schulbuchmäßige Einführung in den einst Wilden Westen. Die Weiten werden weiter, die einsamen Straßen einsamer, und während sich am Horizont zart die ersten Bergrücken aufbauen, werden die *highway cuts*, die Straßendurchstiche, tiefer und tiefer. Und über allem kreisen schwarze Galgenvögel, Aasgeier *(vultures),* die sich auf alles Getier stürzen, das die Überquerung des Highway nicht überlebt hat.

Lajitas Trading Post

2 Langtry

Über **Langtry** und seine 45 Einwohner würde man kein Wort verlieren, hätte es da nicht diesen bizarren Richter gegeben, der schon zu Lebzeiten von sich reden machte: Judge Roy Bean. »Ich verurteile Sie zu 45 Dollar Geldstrafe und einer Runde Drinks für das Gericht.« So oder ähnlich endete mancher Schuldspruch »westlich des Pecos«, wo Roy Bean für *law and order* allein und ausnahmsweise nicht der Gouverneur von Texas zuständig war. Der solle sich gefälligst um seinen Job in Austin kümmern und ihn in Ruhe lassen, soll Bean gesagt haben.

Die Holzbaracke, in der dem Gesetz Genüge getan wurde, ein karges Ensemble aus Saloon, Billardraum und Gerichtssaal, ist in einen wohlrestaurierten Zustand gebracht worden und zu besichtigen, zusammen mit einem Kakteengarten und Besucherzentrum, in dem unter anderem zahlreiche, penibel gebastelte Dioramen Szenen des Lebens und die Karriere des legendären Richters wie Puppenstuben nachstellen. Er hatte sich mit seinem zahmen Bären Bruno ins Abseits und in Gedanken an die von ihm angebetete englische Schauspielerin Lillie Langtry, die übrigens auch in Atlantic City auftrat, zurückgezogen. Ihr verdankt die Stadt zwar ihren Namen, aber Bean hat sie persönlich nie kennengelernt. Lillie besuchte Langtry erst 1904, nachdem der Friedensrichter das Zeitliche schon gesegnet hatte.

Es war letztlich die Eisenbahn, die zu Beans skurriler Form von Amt und Würden führte, denn im Zuge ihres Baus – 1883 wurde hier letzte Hand an die Strecke New Orleans/San Francisco gelegt – siedelten und gründelten die verschiedenen Bautrupps und mit ihnen allerlei zwielichtiges Volk. Die Bosse der Eisenbahngesellschaften, in Furcht um ihre Investitionen und Kunden, riefen nach dem Gesetz, das heißt im Klartext nach den

Als Puppenstube ist der Saloon des Richters Roy Bean in Langtry heute nachgestellt

Langtry, Sanderson, Marathon, Big Bend National Park

Gage Hotel in Marathon

Texas Rangers und Judge Roy Bean. 1882 wurde er ernannt. Mit den hartgesottenen Rangers im Rücken und einem geladenen *sixshooter* neben sich sah er vor Ort nach dem Rechten. Betrunkene wurden schon mal mit Bruno an eine Kette gelegt. Und so wie milde Urteile kräftigen Drinks nicht im Weg standen, gingen bei Bean auch die meisten Geldstrafen und persönlichen Bereicherungen problemlos ineinander über. Doch hängen ließ er keinen, der Held der *Great American West*-Saga.

Plattes Ranchland bis Dryden und **Sanderson**, in dessen früher Stadtgeschichte es von Viehdieben, Banditen, *outlaws* und *gunmen* nur so wimmelt. Noch heute wirkt das Örtchen wie eine kleine *frontier town* mit Eisenbahndepot.

Am Schienenstrang vorbei durchzieht der Highway das leere und ansehnliche Tal. Ganze Heerscharen von Yuccas treiben am Autofenster vorbei, mit langstieligen Blütenstengeln, die im Frühjahr prächtig gelb und weißlich blühen. Die Berge rücken unmerklich näher, Tausende gelber Wildblumen säumen die Straße, und eine Büffelherde macht sich über die Gräser her. Man schätzt, dass es zu Beginn des 16. Jahrhunderts allein in Texas 60 Millionen Büffel gegeben hat; sie wurden im Lauf der Jahrhunderte abgeschlachtet und nahezu ausgerottet. Lediglich an die 600 Tiere haben überlebt.

Gut, dass in **Marathon** das **Gage Hotel** steht, denn es bietet Gelegenheit zur Stärkung. Der liebevoll renovierte alte Kasten gibt außerdem einen Eindruck davon, wie ein Hotel im Westen früher ausgesehen hat. »Wir wollen kein TV auf den Zimmern«, sagt der Manager. »Die Gäste sollen sich abends in der Lobby treffen und zusammensetzen, statt vor dem Fernseher zu hocken.«

Der **Big Bend National Park** verschafft sich erst einmal Respekt durch ein drastisches Tempolimit. Das bringt mehr Muße, die von fleißigen Park Rangers gepflanzten Vorzeige-Kakteen zu würdigen und für die ersten spektakulären Eindrü-

Big Bend National Park

cke dieser Urlandschaft, die Felsmassive der Sierra del Carmen oberhalb des Boquillas Canyon im Osten zum Beispiel.

Wenn es ein Aschenputtel unter den amerikanischen Nationalparks gibt, dann heißt es Big Bend. Unter den Topstars der Naturwunder-Szene kursiert sein Name selten, was sicher nicht zuletzt an der Abgelegenheit des 1944 gegründeten Parks liegt. Selbst wer hier wohnt, bekommt das zu spüren. Zu einem guten Zahnarzt muss man oft bis nach Houston fahren. Und das dauert. Viele sitzen in aller Herrgottsfrühe auf der Terrasse und hören die Nachrichten im Radio. Nach Sonnenaufgang geht das nicht mehr, weil Berge und Staubpartikel für Funkschatten sorgen. Die sich vermehrenden Satellitenschüsseln haben wenigstens ein wenig Linderung gebracht. Tageszeitungen? Nein. Big Bend an der großen Biegung des Rio Grande erweist sich als ein natürlicher Geheimtipp im Winkel.

Der riesige Landschaftsbrocken vereint im Grunde drei unterschiedliche Parks: das Zentralmassiv der Chisos Mountains, umgeben von den grünsten und kühlsten Flecken der Region; die karge Chihuahua-Wüste zu ihren Füßen, heiße angeschwemmte Niederungen, durchbrochen von kleinen Mesas; und den Rio Grande, der 170 Kilometer lang den Grenzfluss im Park spielt und der außerhalb seiner drei großen Canyons eine oasenhafte Vegetation entlang seinen Ufern und in den Auen bewässert, die im scharfen Kontrast zum durchweg kargen Wüstengeröll steht.

Pflanzen und Tiere verteilen sich entsprechend. Während die Schwarzbären, Berglöwen und Adler die kühlen Höhen der Bergwälder schätzen, Coyoten und Kaninchen, Schlangen und Eidechsen sich am liebsten an die stacheligen Meister des Wasserspeicherns in der Wüste halten, gefällt es den Schwalben, Wachteln und Regenpfeifern bei den Kies- und Sandbänken des Flusses am besten – auch dem feuerroten Cardinal, einer der 400 Vogelarten, die im Park gesichtet worden sind.

Die Temperaturen schwanken zwischen Sommer und Winter, Tag und Nacht beträchtlich. Auch das hat dazu beigetragen, Form, Funktion und Verhalten der Wüstenpflanzen und -tiere zu bestimmen. Unter den Wüstentieren gibt es wunderliche Formen der Anpassung an das extreme Klima, zum Beispiel bei der *spadefoot toad*, einer Krötenart, die bis zu zehn Monate pro Jahr in der Erde lebt. Erst nach einem Sommerregen versammelt sie sich mit ihren Artgenossen an temporären Wasserlöchern, um sich zu paaren und Eier in das stehende Wasser zu legen. Daraus werden innerhalb von Stunden oder wenigen Tagen Kaulquappen, die meist binnen zwei Wochen zu Kröten heranwachsen. Sollte das Wasserloch jedoch vorher austrocknen, dann dienen die verendeten Tierchen der nachfolgenden Generation als Nahrung.

Auch die Schlangen müssen sich vor dem Extremklima schützen. Es ist also keineswegs so, wie Besucher oft befürchten, dass der Park zu jeder Zeit von giftigem Getier wimmelt. Die Schlangen verziehen sich meistens unter Steine oder unter die Erde, wenn es zu heiß oder zu kalt ist, und weichen mit ihren Aktivitäten oft auf die Nacht aus.

Ein anderer typischer Wüstenbewohner ist die Känguruhratte, die den Schlangen mit der Quaste an ihrem langen Schwanz Sand in die Augen streut. Sie kann Wasser nicht nur konservieren, sondern auch produzieren, denn aus den trockenen Körnern, von denen sie lebt, stellt sie chemisch H_2O her, *metabolic water*, wie es genannt wird. Mehr braucht sie nicht, keine Quellen, keine feuchtigkeitshaltigen Pflanzen oder Insekten.

Big Bend National Park

Ab und zu sorgt eine Büffelherde in West-Texas für Abwechslung unterwegs

Erstaunlich sind beim *black-tailed jackrabbit*, einem Wüstenkaninchen, die riesigen Ohren. Das durch sie zirkulierende Blut wird gekühlt und setzt so die Körpertemperatur herab. Ansonsten bevölkern Rehe, Schafe und angriffslustige Wildschweine die magischen Weiten unterhalb der Chisos-Berge, die vor 60 Millionen Jahren aus dem Magma zu blockartigen Gebilden, wie die der Casa Grande, des Tall Mountain und des South Rim erodierten.

Spärliche prähistorische Funde deuten darauf hin, dass hier vor 10 000 Jahren Indianer als Halbnomaden lebten. Man verlor ihre Spuren, andere indianische Jäger und Sammler kamen und verschwanden ebenfalls aus noch heute unbekannten Gründen. Um 1200 ließ sich eine Gruppe von Pueblo-Indianern aus New Mexico am Treffpunkt von Río Conchos und Rio Grande als sesshafte Farmer nieder. Die Spanier, die Anfang des 16. Jahrhunderts auf der Suche nach Bodenschätzen in das Land einbrachen, mieden die unwirtliche Big-Bend-Region, die sie *El Despoblado*, das unbewohnte Land, nannten.

Zu Beginn des 18. Jahrhunderts dominierten die Apachen das Gebiet. Sie waren von den Comanchen aus den *plains* nach Süden abgedrängt worden und nervten die Spanier so lange mit Überfällen, bis diese sich Ende des 18. Jahrhunderts mehr und mehr zurückzogen. Den erhofften Reichtum hatten sie ohnehin hier nicht finden können. Als Mexiko 1821 seine Unabhängigkeit gewann, gaben sie völlig auf. Ihnen folgten die Comanchen, die ihrerseits von den Anglos aus den fruchtbarsten Gebieten verscheucht wurden. Sie mussten sich in dem kargen Land einrichten, und möglicherweise erwiesen sich ihre Überfälle auf Trecks als einträgliche Nebenverdienste für die neue Existenzgründung. Jedes Jahr im Sommer fielen die Comanchen auf ihrem gefürchteten *Comanche War Trail* in Mexiko ein und über Siedlungen und Ranches her.

Als Texas annektiert und in Kalifornien Gold gefunden wurde, kamen mehr

Big Bend National Park, Terlingua

weiße Siedler in die Gebiete und mit ihnen Soldaten, die die Indianer systematisch bekämpften und dezimierten.

Ende des 19. Jahrhunderts begann der große Vorstoß der Gringos nach Big Bend. Die ersten Ranches entstanden an den Hängen der Chisos Mountains. Vieh und Pferde, Schafe und Ziegen wurden gezüchtet, aber ihr *overgrazing* strapazierte das Grasland. Als 1942 der Staat Texas Land und Ranches kaufte, war der Boden bis auf den letzten Halm abgegrast. Gut zu sehen ist das im Green Gulch (zwischen Basin Junction und dem Chisos Mountain Basin), wo die Eichen abstarben, weil das Wasser zu schnell versickerte.

In der ersten Hälfte des 20. Jahrhunderts blühte das Geschäft mit Quecksilber. Zwischen 1900 und 1942 ließ man den gefährlichen Abbau im Wesentlichen von mexikanischen Arbeitern betreiben. Dann rutschte der Quecksilberpreis in den Keller, der Minenbesitzer, ein Industrieller aus Chicago, machte Pleite und Terlingua, die Minenstadt, wurde versteigert.

Indessen geht die Wachsproduktion an der großen Krümmung weiter. Sie basiert auf der *candelilla* oder Wachspflanze, die nur hier, und auch nur auf Kalkstein wächst. Anfang des Jahrhunderts entstanden große Wachsfabriken in McKinney- und Glenn Springs, bis die Pflanzen fast ausgerottet waren. Sie haben sich wieder erholt, werden noch ab und zu geerntet und mit Eseln *(burros)* aus dem unwegsamen Gebiet weggeschafft. Die *candelilla* ist eine blattlose Wüstenpflanze, deren Knospen eine milchige Flüssigkeit ergeben, die den Grundstoff für das Wachs bildet. Daraus werden Gummi, Fußbodenwachs, Politur und Schallplatten hergestellt.

Bequeme Naturpfade ebenso wie stramme Bergtouren, Schlauchbootfahrten durch die Canyons für Hartgesottene, aber auch Ausritte, bei denen die Kinder mitkommen können – der Park geizt nicht mit sportlichen Möglichkeiten.

Leider reicht an diesem Tag die Zeit dazu nicht mehr, aber sicher noch für eine Stippvisite in **Terlingua**, der Geisterstadt aus alten Quecksilbertagen. Schwer vorstellbar, dass hier einmal 2 000 Menschen wohnten; heute sind es vielleicht noch ein oder zwei Dutzend. Ein paar Steinwürfe westlich von Study Butte, rechts am Schild TERLINGUA, führt die Schotterstraße zu dem merkwürdigen Ensemble erdfarbener Schuppen, vorbei an den alten Gräbern des sehenswerten Friedhofs, nach Downtown: ein Desert Deli, ein paar Shops, eine neue Bar.

An klaren Tagen kann man von hier aus den freien Blick auf die Chisos Mountains genießen, während im Vordergrund die säuberlich aus Felsbrocken aufgeschichteten Ruinen der Erdhäuser im satten Licht der späten Sonne leuchten. Einige von ihnen sind wieder wohnlich hergerichtet, wenn auch nach wie vor ohne Strom und Wasser. So wirken sie schlichtweg steinzeitlich, sind aber gerade recht und billig genug für die modernen Klausner und schrulligen Käuze, die sich in diese gottverlassene Ecke der USA zurückgezogen haben.

Wenn die Kraft der Sonne gebrochen ist, wird es vor und in der Bar des **Starlight Theatre** lebendig. Normalerweise dient sie als *hangout* der *local heroes*, doch meist mischen sich ein paar Gäste darunter. Heute nachmittag sind gerade die Herren von der staatlichen Wasserkommission aus Austin eingetroffen. Bei jedem ihrer Besuche ärgern sie die Geister von Terlingua mit dem Hinweis, dass ihre Wasserversorgung wieder mal gefährdet sei, weil die Fluor-Grenzwerte überschritten wären. Man müsse jetzt endlich Zisternen bauen, um das Regenwasser aufzufangen.

Terlingua

Von allen Geistern verlassen: »ghost town« Terlingua (im Hintergrund die Chisos Mountains)

Aber woher soll, anders als in Austin, der Regen denn kommen?

Die Wasserprüfer wissen es auch nicht. Für sie steht erst mal nur fest, dass sie heute abend trotz des klaren Sternenhimmels über Big Bend nicht mehr nach Alpine zurückfahren, um dort das Flugzeug zur Hauptstadt zu nehmen. Sie halten sich lieber an die fluorfreien Drinks der Bar. Im Lauf des Abends wird man sie in der Kiva wiedertreffen, dem traditionellen Szenetreff der Einsiedler. Dann aber nicht mehr als *water commissioners*, eher schon als *booze commissioners*.

Überregional machte Terlingua von sich reden, als hier 1967 die ersten Weltmeisterschaften im *chili cookoff* ausgetragen wurden; nicht in den ruinösen Resten des alten Camps selbst, sondern in der nahegelegenen Villa de la Mina, einem alten Bau, halb Ranch, halb Motel auf dem Grundstück einer ehemaligen Mine. Wildes Wettkochen von Chili-Gerichten war immer schon ein kulinarischer Volkssport im gesamten Südwesten, vor allem in Texas, wo man 1977 Chili sogar zum offiziellen »Staatsmenü« kürte.

Aber so wild wie in Terlingua wird nirgendwo gekocht, für Feinschmecker und Schlinghälse gleichermaßen. *Having a good time,* die Devise aller Kochfestivals, ist hier mehr gefragt als anderswo. Die scharfen Schoten sind dabei nur der Anlass, das Drumherum zählt, vor allem, wenn zu den paar Dutzend Eremiten plötzlich 5 000 Menschen strömen. Da bleiben Eskapaden natürlich nicht aus. Ein Koch ließ leichte Mädchen aus San Francisco einfliegen und kutschierte sie im Feuerwehrauto über das Festgelände. Anderen Garköchen wird nachgesagt, sie hätten sich tiefgekühltes Klapperschlangenfleisch von Neiman Marcus schicken lassen und es ihrem Chili untergejubelt. Das seriöse Warenhaus dementierte sofort.

Abends, auf der Heimfahrt, hängt der schwarze Himmel tief und mit ihm die Sterne – zum Greifen nahe.

> **② Infos:** Del Rio, Comstock, Langtry, Marathon, Big Bend National Park, Terlingua

Einsame Yucca und zahllose »bluebonnets«: im Big Bend National Park

 Amistad National Recreation Area
Superintendent
P. O. Box 5J
Del Rio, TX 78840-9350
✆ (830) 775-7491
Auskünfte über das Erholungsgebiet rund um den Stausee.

 Seminole Canyon State Historical Park
 72 km auf US 90 westl. von Del Rio
Park Rd. 67
 Comstock, TX 78837
✆ (915) 292-4464 und 1-800-792-1112
www.tpwd.state.tx.us
Es gibt eine geführte Wanderung, tägl. 10 und 15 Uhr, für die man allerdings 3–4 Std. einplanen sollte. Campingplätze.

 Judge Roy Bean Visitor Center
Von Hwy. 90 auf der Loop 25
Langtry, TX
✆ (915) 291-3340
Tägl. 8–17 Uhr
Gedenkstätte und originalgetreu rekonstruierter Saloon des skurrilen Friedensrichters.

 The Gage Hotel
Hwy. 90

 P.O. Box 46
Marathon, TX 79842
✆ (915) 386-4205 und 1-800-884-GAGE
Fax (915) 386-4510
welcome@gagehotel.com
Traditionsreiches Hotel von 1927; 1982 restauriert. Frühstück, Lunch (11–14.30 Uhr) und Dinner. Pool. $$

 Big Bend National Park
Park Headquarters
Panther Junction, TX 79834
✆ (915) 477-2251
www.visitbigbend.com
Eintritt $ 10 pro Auto.

 Chisos Mountain Lodge
Big Bend National Park, TX 79834-9999
 ✆ (915) 477-2291, Fax (915) 477-2352
Berg-Lodge (ganzjährig geöffnet) mit dem einzigen Restaurant innerhalb des Parks. Wanderwege, Mietpferde. Reservierung empfohlen. $$

 Easter Egg Valley Motel
Hwy. 170
Terlingua, TX 79852
✆/Fax (915) 371-2254
Preiswert und ordentlich. $$

 Chisos Mining Company Motel
1 km von der Kreuzung Hwy. 118 & 170
Hwy. 170
Study Butte, TX 79852
✆/Fax (915) 371-2254
Simples Standard-Motel Nähe Terlingua Creek. $$–$$$

 Lajitas On The Rio Grande
Hwy. 170
 Terlingua, TX 79852
✆ (915) 424-3471 und 1-800-944-9907
 Fax (915) 424-3277
www.lajitas.com
Rundum-Versorgung in Lajitas: Hotel, Motel, Apartments, Restaurant, Golf- und Tennisplätze, Pool, Camping, Shopping, Bootstouren und Pferdeverleih. $$

② Infos: Big Bend National Park, Terlingua

Camping
Es gibt zahlreiche Campgrounds im Big-Bend-Gebiet, z. B. im Chisos Mountain Basin (Nähe Lodge, ✆ 915-477-2251), den Big Bend Travel Park bei der Kiva (schattig unter Bäumen am Terlingua Creek, Hwy. 170, ✆ 915-371-2250), beim Big Bend Motor Inn (✆ 915-371-2218), in Lajitas (✆ 915-424-3471 und ✆ 1-800-527-4078), in Castolon (915-477-2251) oder im Rio Grande Village (✆ 915-477-2251 und ✆ 915-477-2293).
Im Frühjahr und Herbst kann es leicht zu Engpässen kommen, rechtzeitige Reservierung ist dann anzuraten unter ✆ 915-477-2291.

Starlight Theatre Restaurant & Bar
Ghost Town
Terlingua, TX 79852
✆ (915) 371-2326
Aus dem Theatersaal während der Blütezeit der Quecksilberstadt wurde eine rustikal schicke Bar im Santa-Fe-Stil, ein raffiniert ausgeleuchteter und gemütlicher Raum mit Holzdecke. 17–21 Uhr Dinner, Bar bis Mitternacht. $–$$

La Kiva Restaurant & Bar
Hwy. 170
Terlingua Creek, TX 79852
✆ (915) 371-2250
Urige Bar, BBQ-Restaurant und Duschen. $$

Das Fest der Feste:

World Championship Chili Cookoff in Terlingua, die Weltmeisterschaft der Chili-Köche am ersten Wochenende im November.

Schickes Wasserloch in der Wüste: Starlight Theatre & Restaurant in Terlingua

③ Big Bend National Park

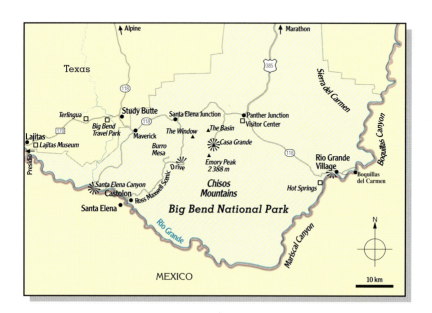

Wie ein *road runner* nach Big Bend zu flitzen ist eine Sache, an der »Großen Biege« eine tiefe Atempause zu machen, um die Stille der Bergwüste, die Formen der Steinwelt oder das Treiben des Flusses auf sich wirken zu lassen, eine andere. Dazu einige Vorschläge.

Da wären zunächst die Bootsfahrten, Touren für halbe oder ganze Tage oder gar länger. Die Trips zu Wasser außerhalb der Schluchten, das heißt westlich von Lajitas, sind in der Regel gemächliche Unternehmungen. Wayne hat uns zu einer solchen Fahrt eingeladen, aber ein spritziger Trip mit Härtetest und Nervenflattern wird nicht daraus. Dafür hat der Rio einfach zu wenig Wasser.

»Too skinny«, meint Jack, der mit roter Schwimmweste im Boot hinten sitzt und aufpasst, dass trotzdem nichts passiert. Er hat diesmal keine Stromschnellen zu meistern, sondern muss immer wieder raus ins Wasser, um das vollbepackte Schlauchboot von den dicken Steinen zu zerren und wieder flott zu machen.

Zur Mittagspause werden die Boote auf der mexikanischen Seite ans Ufer gezogen. Auf dem kleinen Ausflug durch den Canyon treffen wir eine Gruppe wilder Esel, die uns aus gebührendem Abstand mit gespitzten Ohren neugierig betrachten. Einer der Ausflügler entdeckt eine indianische Pfeilspitze aus Stein. Besonders nach Regenfällen findet man solche Relikte in ausgespülten Flusstälern oder an Berghängen.

Spektakulärer sind die Trips durch einen der Canyons, am beliebtesten ist der von **Santa Elena**. Die Touren dauern einen ganzen Tag und länger, wenn zwischendurch auf den Sandbänken und den Grasflächen gezeltet und übernachtet wird.

Diese grasbedeckten Uferpartien wirken so gepflegt, als sei hier ein Gartendirektor tätig gewesen. Im Winter kann es allerdings ziemlich kalt werden, weil die Sonne zwar vorher und nachher die lieblichen Flußauen bestrahlt, aber nicht in die Steinschlucht selbst eindringt. Vögel nisten im Canyon und ihre Rufe werden durch die engen Steinwände als Echo verdoppelt.

Eine Wanderung im **Santa Elena Canyon** und ein Stopp in **Castolon** (halber Tag) könnte so aussehen: Wer von Westen kommt aus Lajitas, Terlingua oder Study Butte, wählt mit der **Old Santa Elena Maverick Road** zwar eine *dirt road*, aber doch eine gut befahrbare Schotterstraße und zugleich den kürzesten Weg zum Parkplatz in der Nähe des Canyons. Dutzende *road runners*, kreisende Falken, ein Kaninchen in weißen Unterhosen *(cottontail rabbit)*, eines mit Riesenlöffeln *(jack rabbit)*, Schmetterlinge, Käfer, bunte Insekten und lange dunkelrote Raupen sind die Zaungäste auf dieser kurzen Anreise. Vom Parkplatz aus muss man durch den je nach vorausgegangener Regenmenge mal schlapp, mal mitreißend fließenden Terlingua Creek waten, bevor man auf dem Santa Elena Canyon Trail in die Schatten spendende Schlucht eindringt. Wanderer mit Neigung zur Klaustrophobie seien gewarnt, die rund 500 Meter steil aufragenden Kalksteinwände kommen sich ziemlich nah.

Santa Elena Canyon im Big Bend Park

3 Castolon, Santa Elena

Man vermutet ja, dass der Rio Grande nur so tut, als hätte er das alles selbst ausgefressen, dass er sich tatsächlich aber in das vom Río Conchos gemachte Bett gelegt hätte, denn nur der sei imstande gewesen, diesen gewaltigen Einschnitt zu sägen.

Muscheln sammeln im knochentrockenen Big Bend? Aber ja, schließlich stand alles hier lange Zeit unter Wasser. Und während der Ozean wogte, bildeten sich Sedimente, die man heute noch finden kann. Austernbetten zum Beispiel. Nach der kleinen Wanderung folgt man am besten der Straße flussabwärts nach Castolon. Unvorstellbar, dass die Flussauen zur Rechten mit Pappeln, Schilfgräsern und Weiden vor 50 Millionen Jahren üppige Savannen und Sumpfgebiete waren, in denen sich die Krokodile tummelten. Heute tun es ihnen Schildkröten, Welse, Hechte und Biber nach. Seit 1900 bauten hier mexikanische und amerikanische Siedler Mais und Baumwolle an; an einigen Stellen bei Castolon oder bei Rio Grande Village geschah das noch bis in die 1940er Jahre.

Mittags drückt gewöhnlich die Hitze in **Castolon**, deshalb das schattige Bambusdach vor dem Geschäft des alten Trading Post, wo es wirklich alles gibt – drinnen mit uralter Kaffeemühle, draußen mit antiquierter Benzinzapfsäule.

Schon zu Pancho Villas Zeiten war Castolon Handelsposten und Soldatencamp für die Garnison gegen die *bandidos*. Von hier aus wurde der Rio Grande per Pferd patrouilliert. Geschmuggelt wird nach wie vor, denn der Fluss ist verlockend leicht zu überqueren, einmal mit Mini-Kanus zum mexikanischen Dorf **Santa Elena**, und dann einfach so,

Einsame Piste: Parkstraße im Big-Bend-Gebiet

Ross Maxwell Drive, Sotol Vista Overlook, Burro Mesa, Chisos Mountains

mit dem Pick-up mittendurch. Es kommt vor, dass plötzlich ein bespritztes Vehikel mit wild aussehenden Mexikanern heranbraust. Illegale? Schmuggler? Vorne am Fluss sieht man kurze Zeit später einen zweiten Pickup aus dem zartgrünen Ufergebüsch auf mexikanischer Seite herausrollen, geübt durch den seichten Fluss fahren und in einer Staubwolke in Richtung Hauptstraße verschwinden.

Zur gleichen Zeit parkt ein Rentnerpaar aus Colorado seinen *trailer* am flachen Ufer und winkt dem Fährmann. Der setzt sie in seinem winzigen Alu-Boot über: kleiner amerikanisch-mexikanischer Grenzverkehr.

Zurück fährt man den **Ross Maxwell Drive**, die *scenic route*, die sich von Castolon zur Santa Elena Junction an verschiedenen Aussichtspunkten vorbei wieder nach Norden schlängelt. Unterwegs wechselt das Panorama von schokoladenbraunen über hellgelbe, zu eierschalen- und lilafarbenen Klippen und Hügeln, Ebenen, Canyons und Mesas. Lava und vulkanische Asche aus den Chisos Mountains gaben dieser Region ihre Farben, ihre Formensprache verdanken sie der Erosion. Wer in dieser Landschaft nicht nur als Tourist flüchtig vorbeischauen will, sondern überleben muss, braucht bestimmte Kenntnisse.

Allgemein gilt im Gebiet von Big Bend die scheinbar paradoxe Regel, dass man Wasser nur durch Klettern und Holz nur durch Graben findet *(you climb for water and you dig for wood)*. Das liegt daran, dass die Quellen an der Seite der Mesas oder Buttes ziemlich hoch austreten (keineswegs also aus dem Talgrund) und dass auch kleine Pflanzen mitunter ein beachtliches Wurzelsystem haben, nach dem man graben muss, um an Feuerholz zu kommen.

Die Wüste blüht ...

Beim **Sotol Vista Overlook** sollte man Ausschau halten, er gilt als der schönste und zugleich am bequemsten erreichbare Aussichtspunkt auf die Urlandschaft, in der man sich die gewaltigen Dinosaurier und fliegenden Superechsen gut vorstellen kann, die früher hier zu Hause waren.

Zwischen **Burro Mesa** zur Linken und den Chisos Mountains zur Rechten trifft die Straße an der Santa Elena Junction auf die US 118. (Wer von der Chisos Mountain Lodge kommt, fährt die beschriebene Route am besten in umgekehrter Richtung.)

Je nach Lust und Laune kann man in den **Chisos Mountains** faulenzen, reiten, stramm oder geruhsam wandern. In jedem Fall bewegt man sich dabei in einer Region des Parks, die sich durch ihre Höhenlage und ihre entsprechend kühleren Temperaturen von den anderen wesentlich unterscheidet.

Von der Basin Junction aus klettert die Straße durch den Green Gulch hoch zum **Chisos Mountain Basin**. Je höher man kommt, desto mehr weicht die Wüstenvegetation, um den Eichen, Ponderosa-Kiefern und Koniferen den Vortritt zu lassen. Am Parkplatz von Panther Pass beginnt der **Lost Mine Trail**, der die Anstrengungen seiner Be-

3 Lost Mine Trail, Window View Trail, Hot Springs

nutzer (knapp acht Kilometer hin und zurück bei 400 Meter Höhenunterschied) mit farbigen Felsformationen und schönen Ausblicken belohnt. (ca. 2 Std.)

Im Basin, überragt vom Gipfel der Casa Grande, nistet die Chisos Mountain Lodge, die das Übernachtungs- und Beköstigungsmonopol innerhalb des Parks innehat. Hier kann man faul in der Sonne sitzen oder auch eine gemütliche Alternative zu Schweiß treibenden Wanderwegen finden, den **Window View Trail** nämlich, der praktisch vor der Tür liegt. Er ist lediglich ein paar hundert Meter lang und mit Bänken bestückt, von denen aus sich die eindrucksvollen Sonnenuntergänge im felsigen »Fenster« bequem erleben lassen gemeinsam mit den lieblichen Taranteln, die um diese Zeit zum Abendspaziergang aufbrechen.

In der Wüste baden gehen, was gibt es Schöneres? Aber im Rio Grande? Lieber nicht, denn Treibsand und Strömungen machen ihn unberechenbar. Also, auf nach **Hot Springs**.

Ein paar Meilen vor bzw. westlich des Rio Grande Village zweigt von der Hauptstraße ein Schotterweg in südlicher Richtung ab, der nach rund zwei Kilometern zu der Stelle führt, wo der kleine Tornillo Creek in den Rio Grande mündet. Hinter dem Parkplatz, einem alten General Store, vorbei an indianischen Piktogrammen in Kalksteinklippen, Schwalbennestern und Steinmulden, in denen Bohnen und Samen zermahlen wurden, liegt der historische Badeplatz – eine Schwimmbadruine. Ihre heilende Wirkung wurde in den 20er und 30er Jahren des letzten Jahrhunderts so gerühmt, dass man von Hot

Von der alten Minenstadt Terlingua ist nicht mehr viel übrig geblieben

Springs als von einem Jungbrunnen sprach, den Juan Ponce de Léon wohl übersehen haben muss. Das Wasser soll Rheuma, Blasenprobleme und Verstopfungen ebenso beseitigt haben wie die Sucht nach Tabak und Alkohol.

Der ursprüngliche Besitzer der Anlage, ein gewisser Herr Langford, in Mississippi aufgewachsen und durch Malaria gesundheitlich geschwächt, ließ sich hier 1909 mit seiner Familie nieder und unterzog sich einer Badekur streng nach Anweisungen der Indianer. Er badete, trank das Wasser und wurde geheilt. Aber die Überschwemmungen des Rio Grande machten den Heilbädern bald danach den Garaus.

Trotzdem kann man sich heute hier im heißen Wasser entspannen, das geothermisch auf gleichbleibend etwa 40 Grad Celsius gehalten wird. Es stammt aus einem Becken »fossilen Wassers«, das sich hier vor mindestens 20 000 Jahren gesammelt hat. In der Regel ist es ruhig hier; mit ein Grund, weshalb sogar Mick Jagger hier auftauchte – weil er sicher sein konnte, von niemandem gesehen zu werden.

Zurück zur Hauptstraße Richtung Boquillas Canyon. Auf dem Weg zu dessen Parkplatz geht es rechts zum abgeflachten Ufer, wo die Bötchen nach Mexiko ablegen. Auch wenn der Fluss verhältnismäßig wenig Wasser führt, hört man im Aluminiumkahn die Steinpartikel, die der Rio Grande mitreißt, gegen die Metallhaut prasseln – ein kleiner Hinweis auf die großen Canyons, die vom dauerhaften Einsatz dieser Schleifmaschine zeugen. Vom mexikanischen Ufer ist es nicht weit ins Dorf **Boquillas del Carmen**, wo man eine Kleinigkeit essen (z.B. *tacitos*) und trinken und als Souvenirs bunte Steine kaufen kann.

Der Ausflug über den **Boquillas Canyon Trail** (wieder auf texanischer Seite)

Fingerspitzengefühl ist bei Vogelspinnen gefragt

ähnelt dem vom Santa Elena, immer vorausgesetzt, der Wasserstand macht mit. Manchmal legt der Rio Grande nämlich kräftig zu und gibt sich völlig unnahbar. In einer guten Stunde kommt man bequem hin und wieder zurück aus der Schlucht, über der sich weiter östlich die mächtigen Berge der Sierra del Carmen erheben.

Am späten Nachmittag in einem kleinen mexikanischen Schuppen an der Straße bei **Study Butte**. Wir sitzen bei einer saftigen *enchilada* mit grüner Chile-Soße, die, wenn man Pech hat, das Gesicht auch schon mal grün färben kann. Ausgerechnet in diesem Augenblick fahren Mike und seine Familie, die wir gestern an einer Tankstelle kennengelernt hatten, im alten VW-Bus vorbei und grüßen. Big Bend zählt ja überhaupt zu den Regionen des intensiven Grüßens aus dem Auto. Sie laden uns

Big Bend National Park

ein, und bei Anbruch der Dunkelheit benutzen wir den kleinen Zettel, auf dem sie den Weg skizziert hatten: ein paar Meilen Richtung Alpine, am Gate 5 links und über eine holprige Piste zum Steinhaus. Das sind zwölf Quadratmeter Wohnfläche, zwei Schlafstellen für die Kinder auf dem Boden, ein Bett für die Eltern, ein kleiner Tisch, drei Kerosinlampen. Kein fließendes Wasser, kein Strom, kein TV, kein Radio, kein Telefon, kein gar nichts: Hippie-Hilton. Sechs Jahre haben sie an dem Haus gearbeitet und 1 200 Dollar dafür ausgegeben.

Die Kinder gehen nicht zur Schule, sie werden zu Hause unterrichtet. Von allem, was nach Staat und Gesellschaft, Fortschritt und Technik riecht, haben die Eltern die Nase voll. Dem ehemaligen Soldaten in Vietnam ist außer Zynismus nicht viel geblieben. »Seit Vietnam ist die Moral hierzulande dahin«, sagt Mike. *Yup world*, die Konsumwelt der Yuppies, gebe den Ton an und herrsche über die Habenichtse. Cathy, seine Frau, ist ähnlich bedient. Sie hat jahrelang in einer chemischen Fabrik gearbeitet. Als wir uns vor dem Haus auf die Bank setzen wollen, macht Mike gerade noch rechtzeitig einer *black widow* den Garaus. Dann blicken wir in die mondhelle Wüste, trinken Regenwasser und reden. Über den Nationalpark nebenan, der hier, wegen der Autotouristen, *Big Bend National Parking Lot* heißt; über taktische Atomangriffe der USA in Vietnam, die nie veröffentlicht wurden; über das Hauptquartier der Überirdischen auf dem Hen Egg Mountain, den man in der Ferne sehen kann und von dem herab schon bald ein neues Jerusalem käme, ein neues Zeitalter, eine bessere Welt.

Bevor wir aufbrechen, erklärt uns Cathy noch ihre alte Nähmaschine, ihren Backofen und den Gemüsegarten. Sie läuft barfuß.

Inzwischen ist im Dreieck zwischen Study Butte, Terlingua und Lajitas das gesellschaftliche Leben der *mountain people society* erwacht, die angeblich, wenn komplett, so um die 50 Seelen zählt, ein seltsames Völkchen, das im Blick auf den amerikanischen Durchschnitt nicht untypischer sein könnte und doch zu diesem Land passt wie zu keinem anderen: Aussteiger und Teilzeit-Jobber, die dem Anpassungsdruck an einen höheren Lebensstandard bewusst ausweichen, die mit wenigen Ausgaben lieber so leben, wie es ihnen passt.

Und während auf der Veranda in Terlingua die Jack-Daniels-Flasche zu kreisen beginnt, schart man sich in der »Kiva« um die Zimt-Schnäpse *(cinnamon schnaps)* und diverse Tequila-Sorten vom milden und teuren »Cuervo Gold« bis zum preiswerteren, weil aus heimischem Kaktus gewonnenen »Sotol«-Verschnitt. Die Leute essen, sie schwatzen, machen Musik und tanzen. In der Saison sind meist ein paar Touristen dabei, die von ihren Bootsabenteuern auf dem Fluss schwärmen. Die *locals* revanchieren sich, indem sie die Vorzüge ihrer Einsamkeit preisen, bisweilen auch von deren Nöten erzählen, zum Beispiel von den kalten Nächten, wenn nur noch Heizdecken helfen. *(You don't sleep with a local, and you don't sleep with a tourist. Just take your electric blanket.)*

Zuletzt stellt sich raus: einer hat kein Auto. Wir bringen ihn heim, unter dem Sternenzelt der Milchstraße nach Terlingua, in eines dieser Geisterhäuser, einen rohen, unverputzten Steinhaufen im Geröll, durch den der Wind fegt. Ein freundlicher Hund, ein Bett und ein Schreibpult warten schon: Pleistozän-Design für 45 Dollar Hausmiete im Monat.

Infos: Big Bend National Park

 Big Bend River Tours
P.O. Box 317
Lajitas, TX 79852
℡ (915) 424-3219 und 1-800-545-4240
bbriver@aol.com
www.bigbendrivertours.com
Halbtags-, Tages- und mehrtägige Schlauchboot-Touren (ganzjährig).

 Far Flung Adventures
P.O. Box 377
Terlingua, TX 79852
℡(915) 371-2489 und 1-800-359-4138
Fax (915) 371-2325
Ein- und mehrtägige Boot-Trips durch die Canyons Santa Elena, Colorado, Mariscal und Boquillas. Voranmeldung bis 16 Uhr am Vortag; besser noch länger vorher und schriftlich. (Tagestour durch den Santa Elena Canyon z. B. ca. $ 90 pro Person.) Treffpunkt: Terlingua.

 Raft Rentals & Shuttles
Lajitas Trading Post
℡(915) 424-3234
Wer es auf eigene Faust mit dem Fluss aufnehmen möchte, der findet hier leihweise Schlauchboote, Schwimmwesten etc. und einen Kurzlehrgang für die Handhabung der Boote. Outfitter für Neulinge und Professionals.

 Lajitas Stables
Hwy. 170 in Lajitas
Star Rt. 70, Box 380
Terlingua, TX 79852
℡ (915) 424-3238 und 1-888-508-7667
Kurze (1 Std.) und lange (mit Übernachtung) Ausritte, auch nach Mexiko, z. B. 2 Std. ca. $ 30, 4 Std. ca. $ 55.

 Santa Elena, Mexiko
Nähe Rio Grande gegenüber von **Castolon**. Mexikanisches Grenzdorf aus Adobebauten mit ca. 240 Einwohnern. 1935 versuchten hier einige Familien aus Juárez Baumwolle in den Flussniederungen anzubauen. Das ging wegen Trockenperioden schief. Eine zweite Siedlergruppe versuchte es in den 1950er Jahren mit Ranching, und das klappt noch heute – mit Ziegen, Pferden, Rindern, Schweinen und Hühnern. Zentrale Plaza, Schule, katholische und Baptistenkirche, familiäre Restaurants (**Enadina's** und **Maria Elena**), Souvenirshop und Pferdeverleih. Fährverkehr mit kleinem Boot.

 Boquillas (Ort)
 Gegenüber vom Rio Grande Village. Mit ein paar Paddelschlägen kommt man für $ 2 hin und zurück. Drüben wartet ein ganzes Sortiment an Transportmitteln und ein vielköpfiges Begrüßungskomitee: Pick-ups, Pferde, Esel. Durch die Flussauen geht es hinauf zu den paar Schuppen des Dorfs, die sich an der Straße entlang verteilen: eine Kirche, ein *Curio Shop*, eine richtige Bar und einige Straßenstände, an denen Steine und Mineralien verkauft werden und – eine Art Schenke – kein Restaurant, sondern eine erweiterte Küche, die leckere *tacitos* und *mini burritos* zaubert.

 Study Butte Store
1 Meile südl. der Kreuzung S 170 & 118
Study Butte
Das Phillips-66-Zeichen weist den Weg zu diesem gemütlichen Laden, einer Fundgrube, wo es eigentlich alles gibt. Im Laufe der Zeit hat er schon viele Auszeichnungen gewonnen und ist zum *Best Little Store* oder zum *Most Off-Beat Place* im Big Bend-Gebiet erklärt worden.

Winter in den Chisos Mountains, Big Bend

④ Traumweiten
West-Texas

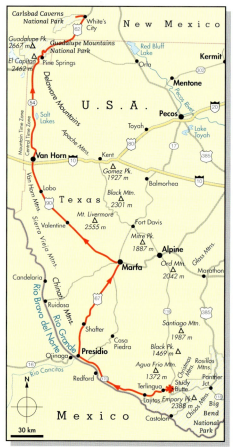

4. Route: Study Butte – Presidio – Marfa – Van Horn – White's City/ Carlsbad Caverns (478 km/299 mi)

km/mi	Zeit	Route
0	9.00 Uhr	Von **Study Butte** FM 170 nach Westen über Lajitas nach Presidio, US 67 über Shafter bis
202/126	12.00 Uhr	**Marfa** (Lunchpause; ca. 1 Std.). Danach weiter US 90 nach Nordwesten über Valentine nach
320/200	14.00 Uhr	**Van Horn**, dort über die S 54 nach Norden. (1 Std. Zeitgewinn durch den Wechsel von *Central Time* in *Mountain Time*.)
410/256	14.00 Uhr	US 62/180 nach Nordosten bis
478/299	14.30 Uhr	**White's City**, Hotelcheck-in, danach zu den **Carlsbad Caverns**.

Alternativen & Extras: Wer die Gegend um Marfa näher kennen lernen möchte, der sollte einen Abstecher nach Alpine, Fort Davis und in die Davis Mountains machen, hier besonders die von Bergpanoramen, offenem Ranchland und dem McDonald Observatory (für Sternengucker: ✆ 915-426-3640) geprägte *scenic loop* westlich von Fort Davis über S 166 und S 118.

Study Butte, Lajitas

Fort Davis National Historic Site, S 17, ✆ (915) 426-3224. Das Kavallerie-Fort am Nordende der Stadt wurde 1854 für die afroamerikanischen *Buffalo Soldiers* zum Schutz der Siedler und Goldsucher gegen die Apachen errichtet. 1862 kurz von konföderierten Truppen besetzt, von Indianern zerstört und wieder (1867) aufgebaut, begann die Restaurierung 1961. Von hier aus führen Wanderwege in die Berge. Tägl. 8–18 Uhr im Sommer, sonst 8–17 Uhr. Eintritt $ 2.

In und bei **Fort Davis** gibt es zwei gute Adressen für die Übernachtung: **Hotel Limpia**, Town Square, Fort Davis, TX 79734, ✆ (915) 426-3237 und 1-800-662-5517, Fax (915) 426-3983, www.hotellimpia.com. Solide restaurierter Steinbau mitten im Ort mit Restaurant und Schaukelstühlen auf der Veranda, nur Nichtraucher; $$–$$$; und **Indian Lodge**, Park Rd. 3, Davis Mountains State Park, ✆ (915) 426-3254. Hübsche, einsam gelegene Adobe-Herberge im Pueblostil aus den 1930er Jahren. Mit Restaurant, Spielraum, geheiztem Pool (Reservierung empfohlen); $$. Im **Davis Mountains State Park**, 1,2 km auf der S 17 nach Norden, dann 5 km westlich auf S 118, dann Park Rd. 3.

In **Alpine** informiert die Alpine Chamber of Commerce, 106 N. 3rd St., Alpine, TX 79830, ✆ (915) 837-2326 und 1-800-561-3735, Fax (915) 837-3638, www.alpine. texas.com. Sehenswert: das **Museum of Big Bend** am Ostende der Stadt, Sul Ross State University (US 90), Alpine, TX 79832, ✆ (915) 837-8143 oder 837-8730, Di–Sa 9–17, So 13–17 Uhr, Natur- und Pioniergeschichte der Trans-Pecos-Region. Eintritt frei.
– Ab und an spielen Bands live im **The Railroad Blues**, 504 W. Holland Ave., Mo–Sa.
– In der Nähe der Stadt liegt eine Fundgrube für Steinesammler und -käufer: **Woodward Agate Ranch**, 25 km südlich von Alpine auf Hwy. 18. In Begleitung dürfen die *rock hunters* auf dem großen Ranchgelände selber sammeln. Öffnungszeiten? Mr. Woodward, der Steine-Boss, schüttelt den Kopf: »Mich haben schon Leute nachts um zwei Uhr aus dem Bett geklingelt. Die sind den Tag und auch die ganze Nacht über gefahren. Wollten unbedingt die Schätze sehen. Oft musste ich draußen das Eis von den Steinen entfernen, mit heißem Wasser, damit diese Leute die Sachen auch richtig besichtigen konnten.« Picknick, Camping.
– Für Ranchferien wie geschaffen: **Prude Guest Ranch**, P. O. Box 1431, Ft. Davis, TX 79734, ✆ (915) 426-3202 und 1-800-458-6232. Unterkunft, Verpflegung, Pools, Tennisplätze, Pferde; schöner Campingplatz. $$

Je mehr *dips,* desto mehr ähnelt die River Road von Study Butte nach Westen einer Achterbahn. Kurz vor Lajitas verführt das Lehrgärtchen von Grasprofessor Warnock zu einer kurzen Lektion über die Tier- und Pflanzenwelt der Chihuahua-Wüste, aber aufs Ganze der vorausliegenden Strecke gesehen, wird die Zeit dafür wohl zu knapp. **Lajitas** präsentiert sich wie ein potemkinsches Dorf West, wie eine perfekte Westernstadtkulisse: ein touristisches Servicepaket aus Holz mit Air-conditioning. Big Bend, die Ruhe in Natur, im Aufschwung? Emily, gebürtige Bambergerin und Herrin über alles hier, wiegelt eher ab: »Das Quecksil-

Lajitas, River Road

ber hat das gesamte Grundwasser verdorben. Also, Wassermangel. Schon aus diesem Grund wird's hier kein rasantes Wachstum geben.« Wer weiß, denn immerhin hat sich zu den bekannten Vorzügen von Lajitas – der Stille, dem urigen alten Trading Post in Ufernähe und der Möglichkeit von Bootstouren auf dem Rio Grande – neuerdings ein Golfplatz gesellt.

Also doch *nomen est omen*? Lajitas bedeutet »flache Steine«, einen sicheren Übergang über den Fluss, der auch so häufig genutzt wurde, dass 1915 die Errichtung eines Forts und die Stationierung von US-Truppen fällig wurden, um die mexikanischen Raubritter und Halsabschneider um Pancho Villa zur Raison zu bringen. Der Cavalry Post Motor Inn steht auf den Fundamenten dieses ehemaligen Kavallerie-Forts. Und heute, in der Post-Pancho Zeit? »Lesen Sie doch »The Drug Lord««, rät Emily Moore. »Das mit dem Drogenhandel, das spielt in dieser Gegend.«

El Camino del Río, die **River Road** zwischen Lajitas und Presidio, gehört sicherlich zu den schönsten Highways des Westens. Und je früher man vom Big Bend National Park losfährt, um so schöner ist gewöhnlich das Licht. Aber welche Tageszeit auch immer, die Straße tut alles, um hinreißende *vistas* und Perspektiven auf den Fluss und die ihn flankierende Bergwelt zu eröffnen. Sie steigt und fällt, taucht in *washes* und legt sich in Kurven, kurz, sie ist ein echter *Blue Highway*, einer jener stilleren Wege, die fernab der großen Interstates und Bundesstraßen über Land führen. »Blau« heißen sie, weil sie auf den älteren US-Karten blau eingezeichnet waren.

Wo heute die bequem durchreisenden Naturästheten auf ihre Kosten kommen,

Wildwestromantik mit Perfektion: Lajitas

River Road

Rarität: So knallgrün sieht es am Rio Grande bei Lajitas nur nach heftigen Regenfällen aus

standen früher handfestere Interessen auf dem Spiel. Silbertransporte schlugen sich ebenso durch wie neidische Banditen, und während der nüchternen Prohibitionszeit sorgten die *tequileros* und *rumrunners* für (illegalen) Alkoholnachschub. Die vielen noch kursierenden Geschichten von durchgebrachten oder verlorenen Schätzen halten die Hoffnung auf überraschende Funde wach, wie beispielsweise auf jenen dicken Brocken aus dem Konvoi des August Santleben, der hier 1876 mit einer Silber- und Kupferladung im damaligen Wert von rund 400 000 Dollar verschollen ging.

Schotter und Geröll garnieren die Fahrt am Rio Grande entlang. Die trockenen Halbwüsten kontrastieren mit dem trägen Wasserlauf auf unterschiedliche Weise, je nach Tages- und Jahreszeit, Wetter und Regenmenge. Mal schleppt sich der Fluss braun und mager dahin, mal gurgelt und schäumt er wild, reißt alles mit und macht seinem großen Namen Ehre – immer dann, wenn zuvor heftiger Regen niederging. Dann mischen auch noch die Wassermassen des Río Conchos mit, der aus Mexiko kommt und bei Presidio einmündet, aber vorher gewöhnlich gestaut wird. Plötzlich erinnern dann die grünen Berghänge (selbst die *ocotillo*-Sträucher sind ungewöhnlich grün) sogar ein bisschen an Hawai'i; sie verwandeln die Strecke in ein Urtal aus paradiesischer Vorzeit.

Apropos *ocotillo:* »Spazierstock des Teufels«, *devil's walking stick*, wird der staksige Geselle oft genannt. Gelegentlich schneidet man die langen Äste, befreit sie von den Dornen und nutzt sie zum Bau von Zäunen. Wenn es dann plötzlich heftig regnet, beginnt er ein zweites Leben und bildet wieder Wurzeln.

Ausnahmewetter durchkreuzte auch einmal Willie Nelsons Filmpläne. Er hatte sich diese dürre Ecke als ideale Western-

4 Presidio, Shafter

kulisse für seinen Film »Barba Rossa« ausgeguckt, aber es goss in Strömen, und der fluxe Anflug von tropischem Regenwald vertrieb die Filmcrew – nach Alamo Village. Seit kurzem steht diese Region unter Schutz, sie ist zum State Park erklärt worden.

Presidio – wegen der Lage am Zusammenfluss von Rio Grande und Río Conchos einst La Junta de los Ríos genannt – ist nicht nur stolz auf seinen »Internationalen Flugplatz«, sondern vor allem auf seine künstlich bewässerten Melonen- und Zwiebelfelder. Die Honigmelonen *(cantaloupes)* sind berühmt, und was die Zwiebeln angeht, so fühlt sich Presidio schlicht als *The Onion Capital of the World*.

Der alte Handelsplatz am Chihuahua Trail, der sich in den letzten Jahren rasch entwickelt und selbst Orte wie Alpine überflügelt hat, lag lange auf mexikanischem Territorium. Erst nach dem amerikanisch-mexikanischen Krieg wurde der Rio Grande internationaler Grenzfluss, Presidio amerikanisch und, jenseits des Flusses, Ojinaga das mexikanische Pendant. Ojinaga ist übrigens Kopfstation der spektakulären Eisenbahnroute über Chihuahua nach Los Mochis am Pazifik.

Halbwüsten und vulkanische Bergzüge beherrschen die Szene nördlich von Presidio. In **Shafter**, der schön gelegenen *ghost town*, sollte man eine kleine Geisterrunde drehen und sich ansehen, was aus dem einstigen Drehort des Science-Fiction-Films »Andromeda antwortet nicht« geworden ist. Wäsche flattert an der Leine, Hunde bellen zwischen den Ruinen, und GHOST TOWN TOURS locken zur Begutachtung der Schachtanlagen der ehemaligen Silberminenstadt. Von 1860 bis 1952 waren sie ergiebig; aber selbst viel versprechende Testbohrungen von 1970 brachten den Abbau nicht wieder in Gang.

Installation mit Objekten von Donald Judd in der Chinati Foundation in Marfa

Nördlich von Shafter: Breitwandbilder einer menschenleeren Westernlandschaft, endlose Weiten und wuchtige Bergprofile. Seit der Zeit der riesigen Büffelherden hat sich hier nicht viel verändert. Nur ab und zu torkelt, vom Winde verweht, ein Strauch über den Asphalt und verfängt sich im Zaun – *tumbleweed*. Im Frühjahr wachsen diese Sträucher rund und grün an den Zäunen, im Herbst brechen sie ab, tanzen über Land und verstreuen ihre Samen. Das tun sie seit 1873, seit die Büsche als ein unerbetenes Geschenk mit einer Schiffsladung Flachssamen aus Russland nach Nordamerika einwanderten.

Wasserpumpen und ein paar Antilopen beim Lunch: so sieht der Alltag in West-Texas aus. Auch die plötzliche Straßensperre gehört dazu: *inspection*, Passkontrolle. An den meisten grenznahen Straßen gibt es solche Hürden der *border patrol*, die die illegale Einwanderung der Mexikaner erschweren sollen.

Weit und breit Rinder, Schafe, Ziegen. Verständlich, dass die ersten Siedler das hochgelegene Grasland einst zum Himmelreich der Kühe erklärten. Doch unversehens naht in der Verlängerung der Straße Kultur – das prächtige Gerichtsgebäude von **Marfa**. Welch ein Kontrast!

Marfa, die alte Eisenbahnstation an der Southern Pacific Railroad und, ähnlich wie Lajitas, 1911 Truppendepot für die Bekämpfung der *bandidos* während der mexikanischen Revolution, ist heute ein adrettes *ranching center*. Im hübschen kleinen Stadtkern rund um das Gerichtsgebäude von 1886 stehen noch das Gefängnis und das **El Paisano Hotel**, das einmal bessere Tage gesehen hat (207 N. Highland). Im Gästebuch finden sich die Namen so mancher US-Präsidenten, die hier nächtigten. Die Hollywood-Film-

Marfa: El Paisano Hotel, Chinati Foundation

crew der *Giganten* schlief ebenfalls hier, während die eigentlichen Stars (Rock Hudson, James Dean und Liz Taylor) in Privathäusern logierten, was angeblich das Gezänk zwischen ihnen nicht verhindern konnte.

Im Bereich der Lobby kann man der verflossenen Pracht der 1930er Jahre nachhängen, aber der alte Charme ist dahin. Wie gern hätten die Marfaianer heute so etwas wieder! Stolz verweisen sie auf die Wohltaten des Klimas und die gesunde Lage ihres Luftkurorts in über 1 500 Meter Höhe, auf die guten Windbedingungen für Segelflieger und auf ihr sauberes, ungechlortes Trinkwasser.

Am meisten aber scheinen sie von den *Marfa Lights* beeindruckt, mysteriösen Lichterscheinungen, die etwas außerhalb des Städtchens meist nachts über plattem Buschland bei jedem Wetter leuchten. Nächtliche Spiegeleffekte? Elektrostatische Lichter? Entzündetes Gas? Keiner weiß sich einen Reim auf die geheimnisvollen Dinge zu machen, die da draußen vor sich gehen – *out there in the middle of nowhere*, wie es heißt.

Dass die gottverlassene Wildnis nicht nur besondere Kräfte der Natur zu entfesseln vermag, sondern auch Raum für Kunst-Oasen hat, beweist die vom 1994 verstorbenen Maler und Bildhauer Donald Judd ins Leben gerufene **Chinati Foundation**, die fernab vom blasierten Kunstbetrieb Werke zeitgenössischer Künstler zeigt und fördert, unter ihnen die Serie blinkender Aluminiumwürfel von Judd und das »Denkmal für das letzte Pferd« von Claes Oldenburg. Die Werke sind teils in den hellen Hallen eines ehemaligen Armeeforts, teils in historischen Bauten in Marfa selbst untergebracht.

Durch den Wechsel von der US 67 auf die inzwischen altbekannte US 90 erhöht sich zwar die Nummer, aber nicht unbedingt die Attraktivität. Allenfalls trifft man auf die eine oder andere Fata Morgana, spukige Spiegelungen auf der Straße, so

Blick über blühende Jumping-cholla-Kakteen auf die Guadalupe Mountains

Valentine, Van Horn, Salt Flat Basin 4

Nur vereinzelt sieht man Ölpumpen in West-Texas – wie hier bei den Sanddünen von Monahans

als ob Aquaplaning bevorstände. Genau 217 Einwohner leben zur Zeit im winzigen **Valentine**, in dem nur einmal im Jahr so richtig die Post abgeht, am Valentinstag im Februar, dem Tag aller Liebenden. Dann flattern Tausende von Grußkarten in dieses Nest und dem Postmeister auf den Tisch, um erneut freigestempelt *(remailed)* zu werden.

Van Horn und dann noch Sauwetter, das ist hart. Kalter Regen prasselt gegen die Scheiben des Büros der Tankstelle. Die Frau sitzt in dicker wattierter Jacke hinter ihrer Kasse. Nur ja keinen Schritt zuviel nach draußen tun.

»Verkaufen Sie auch Zeitungen?«

»Nein, wir haben keine. Drüben gibt es welche, auf der anderen Straßenseite. In dem orangen Kasten da. Manchmal sind sie auch ausverkauft.«

Kurze Pause und Ratlosigkeit. Dann holt sie ihren Feldstecher aus der Schublade und peilt den Zeitungsautomaten an und stellt scharf. »Tut mir leid. Alles ausverkauft.«

Die S 54 von Van Horn nach Pine Springs erweist sich als Geduldsprobe. Sie führt durch das Tal des **Salt Flat Basin**, ein geschlossenes System insofern, als die Niederschläge aus den Bergregionen (zum Beispiel der Apache und Delaware Mountains im Osten) durch keinen Fluss entwässert werden, sondern sich in kleinen Seen sammeln, die schnell austrocknen. Weißliche Salzablagerungen sind die Folge. Viele maritime Fossilien von hier bestätigen, dass Berg und Tal einst Riffe und Meeresböden waren. Links ragen die Berge der Sierra Diablo empor, deren rote Narben an den Flanken auf früheren Silber- und Kupferabbau schließen lassen.

Langsam ziehen sich die Rotlinge zurück, und tatzenähnliche Formationen in steinfarbenen und grünlichen Tönen treten hervor, bis schließlich nur noch das alpine Massiv der Guadalupe Mountains dominiert, ein urzeitlich fossiles Riff und 250 Millionen Jahre alt: Grüße aus dem Perm-Zeitalter. Es gehört zum **Guada-**

Guadalupe Mountains National Park, White's City, Carlsbad Caverns National Park

lupe Mountains National Park, der vom Guadalupe Peak, dem mit 2 667 Metern höchsten Berg von Texas, überragt wird. Allerdings stiehlt ihm der um 200 Meter niedrigere **El Capitan** (2 462 Meter) mit seiner blankgeschliffenen Flanke die Schau, weil er aus der Perspektive der Straße größer wirkt. Der Highway windet sich den Pass hinauf nach New Mexico, ins *Land of Enchantment*, ins Traumland der Verzauberung, wie sich dieser Bundesstaat gern nennt.

In der Ferne glänzen ein paar weiße Häuser. Logisch, das Ganze heißt ja auch so: **White's City**. Von wegen. Der Apostroph hätte schon skeptisch stimmen sollen, denn er bringt die Wahrheit an den Tag. Seit der Cowboy Jim White 1901 die Höhlen zuerst entdeckte, ist White's City Eigentum der Familie White. Ihr gehört praktisch die ganze Stadt: Campingplatz, Motels, Restaurants, die Spielhalle und das Museum mit den schönen deutschen Puppenstuben und Kaufmannsläden. Nur die berühmten Höhlen gehören ihr nicht. Sie waren allerdings der Anlass für die Gründung von White's City, denn vom Ort sind es nur noch ein paar Meilen bis zum **Carlsbad Caverns National Park**.

Wer die Schönheitskönigin unter den wilden Wunderwelten der US-Parks ist, darüber wird gern gestritten. Nicht aber über die besondere Qualität der Tropfsteinhöhlen von Carlsbad, denn sie sind der einzige Nationalpark mit eingebauter Klimaanlage und damit von allen Launen des Reisewetters und der Jahreszeiten unabhängig. Konstante 13 Grad Celsius Kühle umgeben den Besucher auf seinem Abstieg in die 230 Meter tiefe, durch Sickerwasser entstandene Märchenunterwelt, eine der größten der Erde. Die ersten Siedler um 1880 nannten sie *Bat Cave*, Fledermaushöhle, wegen der Millionen Fledermäuse unterhalb des Höhleneingangs. Zwischen April und Ok-

tober starten sie vor Anbruch der Dämmerung zum luftigen Insekten-Dinner, einem Spektakel, das allabendlich Hunderte von Schaulustigen anlockt. Angeblich bringen es die Tiere auf drei Tonnen Nahrung pro Nachtmahl. Was davon übrigbleibt, die Guano-Ablagerungen, sind seit der Wende zum 20. Jahrhundert ein ebenso hochwertiges wie begehrtes Düngemittel, das unter anderem den süßen Früchten in den Zitrusgärten Kaliforniens zugute kommt.

Die Höhle selbst wurde erst in den 1920er Jahren erforscht und Schritt für Schritt zugänglich gemacht, bis sie 1930 zum Nationalpark erklärt wurde. Heute sorgt ein flotter Aufzug dafür, dass die 75 Stockwerke Höhenunterschied in einer Minute überwunden werden: eine Art kontrollierter freier Fall für alle, die wenig Zeit haben. Spannender ist nämlich der Abstieg zu Fuß durch die spukige Dunkelheit der Raumstrukturen und deren Formenfülle, die von Kleinkleckersdorf über Spaghetti-Eis und Streuselkuchen zu überwältigenden Steinkathedralen reicht.

Die hohe Luftfeuchtigkeit (etwa 95 Prozent) drückt auf die Lungen. Außerdem verführen die bizarren Höhlendecken leicht zur Genickstarre, was den Gleichgewichtssinn nicht gerade fördert. Viele wandern denn auch sichtlich benommen herum, schwanken und torkeln seltsam wie im Trancezustand. Es tröpfelt, ein Ranger flackert mit der Taschenlampe, ein bisschen Friedhofsgeruch lässt gruseln, und Geisterbahn-Effekte bleiben nicht aus.

Doch Ende gut, alles gut. Die technisch gestylte Boden- bzw. Verköstigungsstation wirkt so vertraut wie das Szenario eines antiquierten James-Bond-Films. Und Souvenirstände, Fotoshop und Cafeteria sorgen auch unter Tage für die gewohnte Sicherheit.

220

④ Infos: Terlingua, Marfa, Carlsbad, White's City

 The Barton Warnock Environmental Education Center
HC 70, P.O. Box 375
Terlingua, TX 79852
✆ (915) 424-3327
Tägl. 8–17 Uhr
Lehrreiche Exponate und Dioramen zur lokalen Fauna, Flora, Geologie und Geschichte. Wüstengarten. Eintritt $ 2.50.

 Big Bend Ranch State Park
P.O. Box 1180
Presidio, TX 79845
✆ (915) 229-3416
Zwischen Lajitas und Presidio, entlang Hwy. 170, erstreckt sich dieser Naturschutzpark, der hervorragende Wanderwege (wenn man etwas Glück hat, zu alten Minen oder einem ausgelaufenen Stausee) und einfache Campingplätze bietet.

 Chinati Foundation
P.O. Box 1135, 1 Cavalry Rd.
Marfa, TX 79843
✆ (915) 729-4362
Do–Sa 13–17 Uhr oder nach Voranmeldung ✆ (915) 729-4406
Gemeinnützige Kunststiftung, von Donald Judd 1986 als alternatives Forum für zeitgenössische Kunst gegründet. Zur Zeit sind im ehemaligen Fort D. A. Russell (800 m südlich von Marfa links von der US 67) und an verschiedenen Stellen in Marfa u. a. Werke von John Chamberlain, Richard Paul Lohse, ein überdimensionales Hufeisen von Claes Oldenburg (*Monument to the Last Horse* von 1991) und eine Aluminium-Installation des Minimal-Art-Pioniers und 1994 verstorbenen Donald Judd zu sehen.

 El Paisano Resort Hotel
207 N. Highland Ave.
Marfa, TX 79843
✆ (915) 729-3145
Ein bisschen altmodisch, aber voller Geschichte. Als der Streifen »Giganten« in der Nähe von Marfa gedreht wurden, wohnte hier die Filmcrew, während die Hollywoodstars James Dean, Liz Taylor und Rock Hudson in Privathäusern untergebracht waren. Architekt: Henry Trost. $$

 Carmen's Cafe
317 E. San Antonio St.
Marfa, TX 79843
✆ (915) 729-3429
Mexikanisches zur Stärkung. $

 Carlsbad Caverns National Park
Visitor Center
Carlsbad, NM 88220
✆ (505) 785-2232
www.reservations.nps.gov/
Tägl. im Sommer 8.30–18.30, im Winter bis 17.30 Uhr; Höhleneingang schließt für Fußgänger im Sommer 15.30 Uhr (im Winter 14 Uhr); letzter Lift abwärts 17 Uhr (15.30 Uhr).
Die **Red Tour**: mit dem Lift sofort in den **Big Room** und zurück (1 Std.), eher etwas für Senioren; **Blue Tour**: zu Fuß abwärts (und mit dem Lift zurück), dauert ca. 2–3 Std.; zu den Highlights zählen **Scenic Room**, **Veiled Statue**, **Green Lake Room** und **Kings Palace**. (Visitor Center und ein Teil der Höhlentour eignen sich auch für Rollstuhlfahrer; Vorsicht ist geboten für Besucher mit Herz- bzw. Atembeschwerden.) Eintritt $ 5.

 Best Western Guadalupe Inn
Carlsbad Caverns Hwy.
White's City, NM 88268-0128
✆ (505) 785-2291 und 1-800-CAVERNS
Fax (505) 785-2291
Schlicht, sauber, großer Pool und Tennisplatz. (Nebenan, mit besseren Zimmern: **Best Western Cavern Inn**. $$) $$

 White's City
Zu diesem Versorgungszentrum für Höhlenbesucher gehören außer den beiden zentral verwalteten Motels ein Restaurant mit Bar, Coffee Shop, Opernhaus, Museum, Shops, Jugendherberge und Campingplatz *(full hookups)*.

221

⑤ Wüster Gips
White Sands National Monument

»Der Rio Grande ist der einzige Fluß in Amerika, der bewässert werden muß.«

Will Rogers

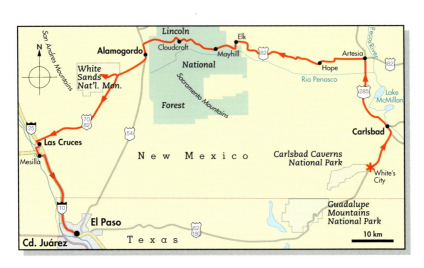

5. Route: White's City – Carlsbad – Alamogordo – White Sands National Monument – Las Cruces – El Paso (475 km/297 mi)

km/mi	Zeit	Route
0	9.00 Uhr	Von **White's City** US 62/180 nordostwärts nach
26/ 16		**Carlsbad**, auf US 285 nach Norden Richtung
86/ 54		**Artesia**, dort US 82 nach Westen über Hope nach
235/147	12.00 Uhr	**Cloudcroft**. US 54 nach Süden bis
265/166	12.30 Uhr	**Alamogordo** (1 Std. Pause). Weiter auf US 70/82 zum
296/185	14.00 Uhr	**White Sands National Monument** (ca. 2 Std.). Zurück zur US 70/82 Richtung Las Cruces
405/253	17.30 Uhr	**Las Cruces**.
475/297	18.30 Uhr	**El Paso**.

Wüster Gips: White Sands National Monument

Extra: Wandern im zerklüfteten **Guadalupe Mountains National Park**. An der US 180/62. Adresse: HC 60, Box 400, Salt Flat, TX 79847-9400, ✆ (915) 828-3251. Insbesondere lockt die wilde gewundene Schlucht des **McKittrick Canyon** (tägl. 8–16.30 Uhr; *Mountain Time*) mit kleinem quellgespeistem Bach und Ahorn-, Walnuss- und Wildkirschbäumen, Eichen und Eschen, die unterwegs für Schatten sorgen – sobald die Wüstenlandschaft zurückgelassen ist. Die Wanderwege sind bis zu 11 km lang, Rückweg eingeschlossen.

Zu den bemerkenswertesten Bäumen im Canyon gehört die seltene texanische *madroña*, ein malerischer Baum mit glatter, rötlicher Rinde und immergrünen Blättern. Im Herbst reifen leuchtendrote, beerenartige Früchte, die für die meisten Vögel ein gefundenes Fressen sind. Neben Wildhasen, Maultier- und Wapiti-Hirschen leben hier Coyoten, Stachelschweine, Graufüchse, Pumas und viele Fledermäuse. Schönste Jahreszeit: Ende Oktober/Anfang November, wenn sich die Blätter rot, gelb und orange färben.

Campingmöglichkeiten: Pine Springs und Dog Canyon. Achten Sie auf genügend Wasservorrat und plötzliche Wetterumschwünge; Kletterer sollten besonders an den Steilwänden vorsichtig sein, das Gestein gilt als brüchig und unsicher! Vorsicht auch mit Kakteen, Klapperschlangen und Skorpionen. Als Motel-Standquartiere bieten sich an: White's City, Carlsbad, Van Horn oder El Paso.

Abfahrt: von Cloudcroft ins Tal von White Sands

Nichts, aber auch gar nichts erinnert in *Carlsbad* an Karlsbad. Die meisten der rund 25 000 Einwohner werden das vermutlich bestätigen. Die Namensgebung liegt lange zurück: Am Ende des 19. Jahrhunderts meinte man, der Mineralgehalt einer nahen Quelle ähnele dem der Heilquellen des böhmischen Karlsbad. So wenig Carlsbad aber für Vergleiche mit der Alten Welt taugen mag, so sehr eignen sich seine Supermärkte zur Bevorratung für ein Picknick in den Dünen von White Sands.

Ein Stück gestauter Pecos River (Lake McMillan), Rinder hinter Gittern und Gattern, Ranchland und künstlich bewässerte Äcker begleiten die Fahrt bis **Artesia**, eine nicht unansehnliche Kleinstadt, die lange von Ackerbau und Viehzucht lebte, bis 1923 Ölfunde ihr Wachstum beschleunigten. Die Mineralquelle in der Umgebung verlieh dem Städtchen seinen poetischen Namen; gelebt aber hat es mehr von Ölprodukten. Die Raffinerie am Weg legt Zeugnis davon ab.

Westlich von Artesia gewinnt das *ranching* wieder die Oberhand und damit die Einsamkeit. Auch ein Nest wie **Hope** kann daran wenig ändern. Hier ist jeder erst mal auf sich selbst gestellt. Je näher die Berge rücken, um so lieblicher sehen die sanften Hügel aus, durch die sich der **Rio Penasco** zieht. Die Straße folgt seinem Lauf durch ein Tal mit fast paradiesischen Zügen, so schön und zugleich fruchtbar ist es. Überall werden Äpfel und Birnen, Pflaumen und Pfirsiche, Mais, Tomaten und Kürbisse angeboten. Es folgen kleine Siedlungen wie Elk und Mayhill, wir sind längst im **Lincoln National Forest** und ziemlich auf der Höhe, genauer gesagt, auf 2 637 Metern, hoch in den Wolken – der Name **Cloudcroft** deutet es an.

Dass die Gemeinde in einem Ferien- und Skigebiet liegt, das übrigens in seinem nördlichen Teil das Reservat der Mescalero-Apachen einschließt und auch von ihnen verwaltet wird, erkennt man leicht, denn aus den Ranches werden plötzlich Resorts und Ferienhäuser. Auf den Almwiesen grasen keine Kühe mehr, sondern Makler nach Zweitwohnungen und Skihütten.

Die Abfahrt aus dem Hochwald der Sacramento Mountains durch den steilwandigen Canyon ins knochentrockene **Tularosa Valley** vermittelt zweifellos die stärksten landschaftlichen Eindrücke am heutigen Tag; traumhafte Aussichten auf die gestaffelten Felslandschaf-

ten und im Hintergrund bereits White Sands wie ein Schneefeld – Breitwandkino vom Feinsten.

Vielleicht wird in **Alamogordo** gerade eine Fiesta gefeiert. Dann sollte man getrost seinen Picknickvorrat vergessen und sich unter das ohnehin bunte Volk mischen. Indianer, Mexikaner und Yankees, Kinder und Omas, Lasso schwingende *vaqueros* und Grundschullehrerinnen sind auf solchen Straßenfesten vereint und erkennbar bester Dinge; an Musik und Tanz, Essen und Trinken fehlt es nie.

Szenenwechsel. Von der menschenfreundlichen Fiesta zum lebensfeindlichen Gips, zum **White Sands National Monument**. Irgendwo hat man das fotogene Granulat schon einmal gesehen. Im Kino? Ja, in Westernfilmen, wo Pferde mit weißem Schaum vor dem Maul zusammenbrechen und den Gnadenschuss bekommen, während sich der Held mit rissigen Lippen und rotgeflecktem Gesicht zum nächsten Wasserloch schleppt.

In Wirklichkeit ist White Sands aber halb so schlimm. Wie sonst könnten die Dünen ein beliebter Wochenendtrip sein, auf dem sich die Wagenkolonnen, prall gefüllt und schwer beladen, zur riesigen Gipswüste schleichen. Dort wird geparkt und ausgepackt: Klappsessel, Grill und T-Bone-Steak. Derweil sausen die Kids auf Brettern die Dünen runter: *sand surfing*. Die Wüste lebt.

Dass sie das wirklich tut, sieht man erst, wenn die Besucherströme ihr Freizeit-Soll erfüllt haben und abgezogen sind, also wochentags oder zu ruhigeren Besuchszeiten im Frühjahr oder Herbst. Dann lockt der gewellte Puderzucker zu einzigartigen Wanderungen vor dem pupurnen Hintergrund der San Andres Mountains im Westen und der Sacramento Mountains im Osten. Wer möchte, kann sich im Visitors Center für eine Nachtwanderung bei Vollmond anmelden. Außerdem werden naturkundliche Führungen, Sternkundeprogramme und

White Sands National Monument

Einführungen in die Geologie angeboten.

Aber man kann auch einfach so durch den Gips laufen – barfuß und querbeet – oder sich still hinsetzen und dem fernen Gewitter zusehen. Obwohl die Dünen ratzekahl sind, haben sich einzelne Pflanzen den extremen Wachstumsbedingungen angepasst. Man hat schon welche mit einem Wurzelsystem von mehr als zehn Meter Länge gefunden. Andere Pflanzen stehen seltsam verloren da, weil die Düne bereits Kilometer weitergewandert ist. Auch für die wenigen Kleintiere, die zum Selbstschutz das Weiß ihrer Umgebung angenommen haben, ist das Überleben hier schwer. Keine Frage, die Begeisterung für die

Grenzfluss: der Rio Grande zwischen Texas und Mexiko in El Paso

Las Cruces, Organ Pipe Mountains, Mesilla

Gipsästhetik bleibt den Menschen vorbehalten.

In der Nähe von Las Cruces sorgen viele poppig bemalte Wassertürme für optische Abwechslung – strenge Konquistadoren, reitende Cowboys und torkelnde Astronauten. Die Raumfahrtgesellen erstaunen an dieser Stelle nicht, denn White Sands ist außer einem märchenhaften Naturwunder auch eine martialische Mischung aus Raumfahrtbahnhof, Raketentestgelände und – in seinen nördlichen Ausläufern – sogar Schauplatz der ersten Atombombenexplosion. Am 16. Juli 1945 ging sie in Trinity Site hoch, in jener Ebene mit dem bezeichnenden Namen *Jornada del Muerto*.

Im Osten wird **Las Cruces** geradezu alpin von den stattlichen **Organ Pipe Mountains** überragt, aus denen der Wind scharf gezackte Gipfel modelliert und eine Skyline der Orgelpfeifen geschaffen hat. Über ein halbes Jahrhundert lang, von 1849 bis 1902, beutete man die Bodenschätze der »Orgeln« aus – Kupfer, Zink und Blei. Die Stadt ist mit ihren rund 62 000 Einwohnern das größte Handelszentrum im südlichen New Mexico. Die »Kreuze« stammen angeblich von den Gräbern eines spanischen Trecks, der in der ersten Hälfte des 19. Jahrhunderts eine Attacke der Apachen nicht überlebte. Der ursprüngliche Name, *La Placita de las Cruces*, wurde später abgekürzt.

Die übrigen Stationen der Stadtgeschichte sind friedlicher: der anfängliche Indianer-Pueblo, die nachfolgende spanische Siedlung, die Versorgungsstation für die in Fort Seldon stationierten Soldaten, das Bergarbeitercamp. Nur kurz mögen die Querelen zwischen Billy the Kid und Pat Garrett dem Ruf der Stadt geschadet haben. Garrett, der 1881 den Outlaw Billy erschoss, liegt auf dem Masonic Cemetery begraben. Im 20. Jahrhundert jedenfalls ist die landwirtschaftliche Welt im fruchtbaren und klimatisch milden Mesilla-Tal in Ordnung – durch jede Menge Trauben, Nüsse, Chili und Baumwolle.

Die Plaza im alten **Mesilla** (»kleiner Tisch«) lohnt einen kleinen Abstecher.

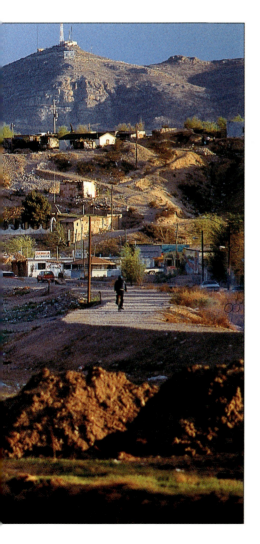

5 Mesilla

Dem idyllischen Platz rund um den bunten *gazebo*, den kleinen Pavillon, und der angrenzenden **San Albino Mission** sieht man das viele Kommen und Gehen nicht an, das sich hier früher abgespielt hat. In alten Tagen lag Mesilla am *Chihuahua Trail*, auf dem der Warenverkehr entlang dem Rio Grande vorbeirollte. Um die Mitte des 19. Jahrhunderts wurde hier der so genannte *Gadsden Purchase* unterzeichnet, der Kaufvertrag, der das heutige Süd-Arizona und New Mexico für ganze zehn Millionen Dollar den USA einverleibte und die heutige amerikanisch-mexikanische Grenze festlegte. Dann (1858–61) stoppten hier die Kutschen der *Butterfield Overland Mail Route*. Das heutige La Posta Restaurant war die ehemalige Poststation auf dem ebenso berühmten

»Border Patrol«: Grenzpolizei in El Paso

Mesilla, El Paso, Ciudad Juárez

wie langen Trail (4 473 Kilometer). Im Bürgerkrieg schließlich zogen die Texaner ein; 1861–62 besetzten die Konföderierten die Stadt.

Mesilla begreift sich heute keineswegs als Vorort von Las Cruces, sondern präsentiert sich seit einigen Jahrzehnten als eine eigene und selbstständige Gemeinde. Die Plaza, die ausnahmsweise nicht gerade der Szene-Treff der *locals* ist,

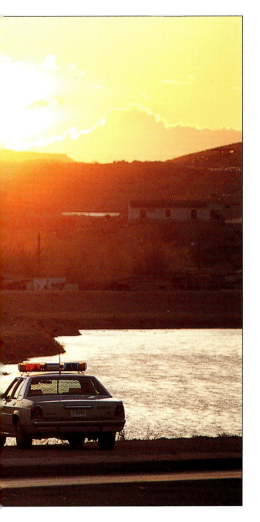

wurde sorgsam restauriert. Trotz ihrer touristischen Gastronomie und einem teils unsäglichen Angebot der Kunstgewerbeläden entfaltet sie durchaus ihren provinziellen Charme.

Auf dem letzten Wegstück nach Texas ziehen zahlreiche Rinderstationen vorbei, und schließlich schlüpft der Highway den Pass hinunter in die Stadt, die daher ihren Namen hat: **El Paso**. Der erste Blick streift die mexikanische Seite mit wild besiedelten Geröllbergen, armseligen Buden und Schrotthütten: **Ciudad Juárez**, die Schwesterstadt. Sie sorgt für viel schlechte Luft – auch in El Paso. Da redet man doch am besten übers Wetter. *Sun City*, El Pasos Untertitel, spielt auf die überdurchschnittlich vielen Sonnentage pro Jahr an und leuchtet jedermann sofort ein. *El Paso* selbst auch: Pass, Grenze und Schnittstelle dreier Kulturen: der indianischen, der hispanischen und der der Yankees.

Paso del Norte nannten die *conquistadores* diesen Fleck am Ende des 16. Jahrhunderts. Etwas über 1 000 Meter Höhe erreicht er zwischen den Juárez und Franklin Mountains, was soviel heißt wie zwischen dem Ende der Sierra Madre und dem Beginn der Rocky Mountains, die sich von hier aus über 5 000 Kilometer bis nach Alaska erstrecken. Auch sonst liegt die Grenzstadt irgendwie dazwischen. Symptomatisch: Hier und in der Umgebung herrscht *Mountain Time*, während in ganz Texas die Uhren anders gehen – nach der *Central Time*.

Abends flimmern unterhalb des erhöhten Freeway die Lichterteppiche von El Paso und Juárez. Nachts machen amerikanische Städte einen richtig guten Eindruck: Man sieht nichts mehr außer Lichtern und Reflexen. Dann fehlt nur noch ein guter Song im Autoradio.

Nächtliches El Paso und Gruppenbild – von Aspirantinnen der Miss-Texas-Wahl beim Fototermin in El Paso

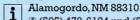 Infos: White Sands, Las Cruces, Mesilla, El Paso

White Sands National Monument
Superintendent, P.O. Box 458
Alamogordo, NM 88310
✆ (505) 479-6124 und (505) 679-2599
Tägl. 7–21 Uhr
Auskünfte, Camping-Erlaubnis für die Gipswüste. Eintritt $ 3.

Las Cruces Convention & Visitors Bureau
211 N. Water St.
Las Cruces, NM 88001
✆ (505) 541-2444 und 1-800-FIESTAS
Fax (505) 541-2164
cvb@lascruces.org
www.lascrucescvb.org

Holiday Inn
201 E. University Ave.
Las Cruces, NM 88001
✆ (505) 526-4411 und 1-800-HOLIDAY
Fax (505) 524-0530
www.holidayinnlc.com
Hotel mit Mehrzweck-Lobby (Empfang, Shops, Coffee Shop und Pool); gemütliche Bar (oft mit C & W Entertainment) und Restaurant. $$

Mesilla Plaza
Mesilla, NM 88046
Für die mexikanischen Restaurants an der Plaza, egal ob **El Patio, La Posta** oder **Double Eagle**, gilt: Folklore geht vor Gaumenfreude. Salate, kleine Vorspeisen und Weine liegen dafür deutlich über dem Niveau der Hauptspeisen. $$–$$$

El Paso Convention & Visitors Bureau
1 Civic Center Plaza
El Paso, TX 79901-1187
✆ (915) 534-0696 und 1-800-351-6024
Fax (915) 534-0686
www.visitelpaso.com
Mo–Fr 8–17 Uhr
Info-Kiosk. Gebührenfrei von Deutschland: ✆ 001-130-81-8401.

Camino Real Hotel
101 S. El Paso St.
El Paso, TX 79901
✆ (915) 534-3000 und 1-800-769-4300
Fax (915) 534-3024
elp@caminoreal.com

Rutschfeste Dünen: White Sands National Monument

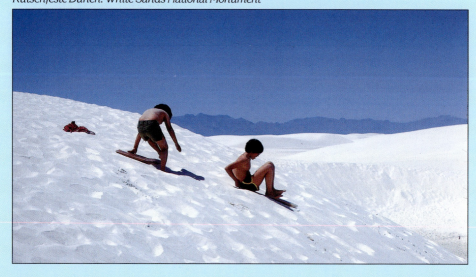

5 Infos: El Paso

www.caminoreal.com
Historisches Hotel (1912) im Zentrum, das u. a. schon Pancho Villa, LBJ, Charles Lindbergh und Herbert Hoover beherbergte. Schöne Bar, Restaurants, Pool, Sauna, Fitnessraum. $$$$ (Fr–So $$).

Days Inn
9125 Gateway Blvd. West
El Paso, TX 79925
✆ (915) 593-8400 und 1-800-329-7466
Fax (915) 599-1268
Ordentliches Motel. $$

Comfort Inn
900 N. Yarbrough Dr.
El Paso, TX 79915
✆ (915) 594-9111 und 1-800-221-2222
Fax (915) 590-4364
Solider Standard. $$

El Paso Airport Hilton
2027 Airway Blvd.
El Paso, TX 79925
✆ (915) 778-4241 und 1-800-742-7248
Fax (915) 772-6871
Bequem am Flughafen gelegen. Kinder übernachten kostenlos. Pools, Tennis, Restaurant, Sauna. $$$

Roadrunner Travel/Trailer Park
1212 Lafayette Dr. (Exit Yarbrough Dr.)
El Paso, TX 79907
✆ (915) 598-4469
Campground – zwischen Frühjahr und Spätherbst reservieren.

Mission RV Park
1420 RV Dr.
El Paso, TX 79927
✆ (915) 859-1133 und 1-800-447-3795
Ausfahrt von der I-10: Avenue of the Americas
Zwischen Frühjahr und Spätherbst reservieren.

Forti's Mexican Elder Restaurant
321 Chelsea St.
El Paso, TX 79905

Fiesta in Alamogordo, New Mexico

✆ (915) 772-0066
Mo geschl.
Gutes mexikanisches Restaurant. $–$$

Avila's Mexican Food
6232 N. Mesa St.
El Paso, TX 79912
✆ (915) 584-3621
Mexikanische und neumexikanische Gerichte. $

Pistolero Bar & Grill
5354 Doniphan Dr.

El Paso, TX 79932
✆ (915) 833-9594

Fun night spot mit *Honky-tonk*-Atmosphäre. Sa/So Bullenreiten und/oder anderes C & W-Entertainment.

Besonderes Fest:

Erste beide Februarwochen: **Southwestern Livestock Show & Rodeo** im El Paso County Coliseum mit viel Country Music.

⑥ Sun City
El Paso

Socorro Mission

6. Programm: El Paso

Vormittag	Besuch von **Ciudad Juárez**.
Mittag	Lunchvorschlag: **The Dome Grille** im **Camino Real Hotel**.
Nachmittag	Mission Trail: **Tigua Indian Reservation** und die Kirchen von **Ysleta**, **Socorro** und **San Elizario**.

Alternativen & Extras: Statt des Sprungs nach Mexiko kann man sich in Downtown El Paso auf Shoppingtour begeben oder das Kunstmuseum (s. u.) besuchen. Ausflugstipp: die **Hueco Tanks** im gleichnamigen State Park, gut 60 km östlich von El Paso auf US 180/62 und FM 2775 nach Norden. Die Mulden *(huecos)* in den mächtigen Basaltbrocken wirken wie steinerne Zisternen, in denen sich Regenwasser sammelt, die, weil es in der Region äußerst selten regnet, seit Jahrtausenden Menschen und Tiere anlocken. Sogar die Kutschen der *Butterfield Overland Mail Route* legten an dieser Oase einen Erfrischungsstopp ein – auf ihrem Weg von St. Louis nach San Francisco. Naturfreunde können rund um die Pools picknicken, wandern oder auf dem Campingplatz Quartier beziehen. Ideal für Kletterfreunde, denn die Löcher der *huecos* bieten Händen und Füßen guten Halt.

Prähistorische Felszeichnungen – man hat 5000 mythische Figuren, Menschen- und Tierbilder gezählt – deuten auf eine frühe indianische Mogollon-Kultur hin; jüngere Spuren verweisen auf Mescalero-Apachen. Die Spanier dagegen schienen die Wasserlöcher nicht zu kennen, was wiederum die Indianer nutzten, um von diesem Unterschlupf über die verhassten Eindringlinge herzufallen. **Hueco Tanks State Historical Park**, 6900 Hueco Tanks Rd., ✆ (915) 857-1135, tägl. 8 Uhr bis Sonnenuntergang. Eintritt $ 4.

El Paso eignet sich auch als Stützpunkt für einen Wandertag in den **Guadalupe Mountains** des gleichnamigen Nationalparks (vgl. S. 223).

Downtown El Paso, besonders **Santa Fe Street**, mischt munter Neuzeit und 1930er Jahre. Die älteren, oft angegammelten Discount-Läden sind fest in der Hand der hispanischen Bevölkerung, die auch hier wohnt, weil es in der Stadt sonst nirgendwo billiger ist. Tagsüber herrscht reges Geschäftsleben, nachts wird es spukiger. Doch trotz Schwarz- und Drogenhandels und patrouillierender Sheriffs gilt El Paso als sichere Stadt. 60 bis 70 Prozent der rund 700 000 Einwoh-

El Paso: Museum of Art; **Ciudad Juárez**

Zeichensalat: Ciudad Juárez, Mexiko

ner tragen spanische Familiennamen; zusätzlich kommen täglich Hunderte Tagelöhner über die beiden Brücken. Die Stadt ist komplett zweisprachig. Vor allem Schuh- und Bekleidungsindustrien haben sich hier festgesetzt – was zum Shopping insbesondere für *Western wear* ermutigen sollte.

Eine Möglichkeit, den Tag zu beginnen, ist der Besuch des **El Paso Museum of Art**. Der Grundstock der ständigen Sammlung ist die Kress-Kollektion aus den späten 1950er Jahren, die ihren Schwerpunkt in der italienischen Renaissance hat – in merkwürdigem Kontrast zum Ort des Gezeigten.

Oder man entschließt sich zu einem Morgenbesuch in **Mexiko**. Hinüber kommt man entweder zu Fuß, besser aber mit dem Taxi oder einem bequemen Shuttle-Bus, der von der Civic Center Plaza abfährt. Links und rechts am Brückengeländer sind die Wahrzeichen des *Tortilla*-Vorhangs befestigt, die Maschendrahtzäune, die im Stadtbereich scharf bewacht werden und ein paar Meilen flussauf- und -abwärts reichen; weiter

nördlich und südlich öffnet sich die Grenze wieder. Ähnlich wie in den meisten anderen Grenzstädten trägt das Flussbett im Stadtbereich ein Betonkorsett. Weil der Rio Grande zu oft seinen Lauf wechselte, wurde die Grenze irgendwann auf diese Art festgeschrieben, und so legte man den lebendigen Fluss in ein tristes Steinbett, einem Abwasserkanal nicht unähnlich. Der Rio Grande sei »keine Grenze, sondern eine Narbe«, formulierte einmal Carlos Fuentes in seinem Roman »Der alte Gringo«.

Mit einem Schlag konfrontiert die Millionenstadt **Ciudad Juárez** den Grenzgänger mit mexikanischer Lebensart:

Ciudad Juárez, Ysleta Mission

Friedhof von Socorro

Musik, aus Lautsprechern brüllende Reklame, abgasgefüllte Luft und Straßen, berstend von Fußgängern und Verkehrschaos, verursacht hauptsächlich durch Kolonnen vorsintflutlicher Busse, die ständig hupen.

Die **Avenida Juárez** ist der Dreh- und Angelpunkt dieses alltäglichen Gemischs. Während die an den Praxen der *dentistas* ausgestellten Prachtgebisse eher die zahnkranken (und kostenbewussten) Yankees reizen, werden in den Markthallen des **El Mercado** vorzugsweise die Einheimischen bedient. Aber auch die Straßenbasare in den Seitenstraßen quellen über von billigen Eßwaren, geröstete Schweineschwarten eingeschlossen. Sonntags sollte man unbedingt die sehenswerte alte **Mission de Nuestra Señora de Guadalupe** und die **Plaza** davor besuchen, wenn sich die herausgeputzten mexikanischen Familien von Musikern und Gauklern unterhalten lassen.

Nachmittags empfiehlt sich, ähnlich wie in San Antonio, eine Mission-Tour. Sie beginnt im Reservat der *Tigua Indians*, denen die Spanier nach der Pueblo-Revolte im Norden des heutigen New Mexico 1680 diesen neuen Siedlungsplatz zuwiesen. In der Nähe steht die **Ysleta Mission**, die älteste Kirche von Texas,

Indianisches Brot aus dem Lehmofen: Tigua Indian Reservation

Ysleta Mission, Socorro Mission, San Elizario Presidio

1682 erbaut, auch *Corpus Christi de Ysleta del Sur* genannt. Überschwemmungen und Feuer ruinierten allerdings den ursprünglichen Bau und etliche Nachfolger, und was man heute zu Gesicht bekommt, entstand 1908 auf den Fundamenten dieser Vorgängerbauten – eine Alamo-ähnliche Front mit einer integrierten kleinen Statue des heiligen Antonios und einer silbrigen Glockenturmkappe, die allerdings erst sehr viel später (1880) aufgesetzt wurde. Wie die meisten Missionskirchen des Südwestens ist die Kirche nach Osten ausgerichtet, denn die Indianer glaubten, dass ihre Götter aus dieser Richtung zurückkämen. Alle Gottesdienste sind heute in Spanisch.

Besinnliches Lagerfeuer: Fort Misery bei El Paso

Wie inzwischen in den meisten US-Indianerreservaten, ist auch bei den Tiguas das Glücksspielfieber ausgebrochen, das den Weißen Mann gewinnbringend erfassen soll. Das *Speaking Rock Casino* (122 S. Old Pueblo Rd.) funktioniert wie alle ihrer Art in den USA: Was die Staaten nicht erlauben, ist auf dem Boden der Indianerreservate legal, denn diese unterliegen lediglich der Bundes- und nicht der einzelstaatlichen Gesetzgebung. Und nicht Washington verbietet das Glücksspiel, sondern die Regierung jedes einzelnen Bundesstaats – Nevada und New Jersey ausgenommen.

Nächster Stopp: die **Socorro Mission**, deren Dachbalken noch aus den ersten Tagen dieser Kirche (1681) stammen. Ihre archaisch wirkende Fassadenform entspricht dem indianischen Regenwolkensymbol. Auch ihre Existenz hängt mit den Vorgängen in New Mexico zusammen, mit Socorro, von wo aus die christianisierten Indianer (und Spanier) nach dem erwähnten Aufstand flohen, um hier ihr neues Socorro *(del Sur)* zu gründen. Heute ist der Kirchenraum für tägliche Messen der ringsum schnell wachsenden Bevölkerung längst zu klein geworden; außerdem setzen Regen und Grundwasser den knapp zwei Meter dicken Lehmziegelwänden zu. Also beschränken sich die Gottesdienste nur noch auf Hochzeiten und Beerdigungen. Lohnend ist auch der Besuch des nahe gelegenen alten Friedhofs.

Am Ende der Mission-Kette steht die Kapelle *(Presidio Chapel San Elecario)* des **San Elizario Presidio** von 1789, ein kleines wehrhaftes Fort, das die spanischen Padres vor den Überfällen der marodierenden Apachen und Comanchen schützen sollte. Die heutige Gemeinde der Bauern ringsum ist stolz auf ihr Erbe, denn historische Dokumente belegen, dass an dieser Stelle das erste Erntedankfest auf amerikanischem Boden stattgefunden haben soll – und zwar 1598, und das sind 23 Jahre *vor* dem im historischen Plymouth im östlichen Massachusetts, wo die frommen Pilgerväter landeten. Es soll von den Kolonisten unter Don Juan de Oñate hier gefeiert worden sein, nachdem sie auf seiner Expedition eine lange karge Strecke durch die Wüste von Chihuahua hinter sich gebracht hatten. Man speiste Enten und Ziegen, während die (noch) friedlichen Indianer sie am Rio Grande mit frischen Fischen versorgten.

Infos: El Paso, Ciudad Juárez

 El Paso-Juárez Trolley Co.
One Civic Center Plaza (Start)
El Paso, TX 79901
℅ (915) 544-0061 und 1-800-259-6284
Im Sommer 10–17, im Winter 9–16 Uhr tägl. und stündlich Pendelverkehr (**The Border Jumper**) zwischen den Schwesterstädten. Eilige sollten sich ein Taxi an der Santa Fe Bridge nehmen. (Reisepass nicht vergessen!).

 Avenida Juárez und El Mercado
Ciudad Juárez, Mexiko
Am besten geht man von El Paso aus zu Fuß (oder nimmt ein Taxi) über die Santa Fe Bridge und über die Avenida Juárez mit den vielen Zahnarztpraxen bis zur Kreuzung Avenida 16 de Septiembre, dann links bis zum bunten Marktplatz des El Mercado.

 Mission de Nuestra Señora de Guadalupe
Ciudad Juárez, Mexiko (Downtown, Plaza)
Avenida 16 de Septiembre
1659 erbaute Kirche mit meterdicken Lehmwänden; erste der Missionskirchen der Gegend.

 El Paso Museum of Art
Main & Santa Fe Sts. (Downtown)
1 Arts Festival Plaza
El Paso, TX 79901
℅ (915) 532-1707
Di–Sa 9–17, Do bis 21, So 13–17 Uhr
Der Grundstock der ständigen Sammlung in der klassizistischen Villa ist die Kress-Kollektion aus den späten 1950er Jahren, die ihren Schwerpunkt in der italienischen Renaissance hat. Außerdem Wechselausstellungen. Eintritt frei.

 Magoffin Home State Historic Site
1120 Magoffin Ave. (Octavia)
El Paso, TX 79901
℅ (915) 533-5147
Führungen tägl. 9–16 Uhr
Typische, 1875 im Territorialstil erbaute Adobe-Hacienda von J. W. Magoffin, einer prominenten Pionierfamilie des Südwestens. Antike Möbel, Tafelbilder und andere Kunstgegenstände hinter dicken Lehmziegelwänden. Eintritt $ 2.

 Starr Western Wear
112 E. Overland Ave.
El Paso, TX 79901
℅ (915) 533-0113
Heißer Shopping-Tipp für Westernkleidung in Downtown: Stiefel, Hüte, Gürtel und Textilien.

 Tony Lama Factory Store
7156 Gateway East (Nähe Hawkins)
El Paso, TX 79905
℅ (915) 772-4327
Eine von mehreren Filialen des berühmten Schuhmachermeisters. Suchen Sie sich ein passendes Paar aus 15 000 Modellen.

 Lucchese Factory Outlet
6601 Montana Ave. & F St.
El Paso, TX 79925
℅ (915) 778-8060
Großes Sortiment an Westernstiefeln.

 Justin
7100 Gateway East
El Paso, TX 79905
℅ (915) 779-5465
Exzellenter Cowboy-Schuster.

 Tigua Indian Reservation and Pueblo
 122 S. Old Pueblo Rd.
El Paso, TX 79907
℅ (915) 859-7913 und (915) 859-3916
Tägl. 10–17 Uhr
Die Tigua-Indianer kamen 1680 nach Texas, wurden aber erst 1960 als Stamm rechtlich anerkannt. In den 1960er Jahren stellte die Regierung den beinahe völlig assimilierten Tigua-Indianern Millionenbeträge zur Verfügung, um ein Kulturzentrum (Pueblo) aufzubauen, wo heute Zeremonialtänze aufgeführt werden und Brot im Adobe-Ofen gebacken

Infos: El Paso, San Elizario

wird. Shop mit Kunsthandwerk und Kräutern, Cafeteria und ein neuerdings auf Reservatsgebieten obligatorisches Casino (**Speaking Rock**, 122 S. Old Pueblo Rd.).

 Ysleta Mission
Tigua Indian Reservation
108 Old Pueblo Rd.
El Paso, TX 79907
✆ (915) 859-9848
Tägl. 9–16 Uhr
Die älteste Missionskirche in Texas wurde 1681 von den Spaniern erbaut, die vor dem Indianeraufstand in New Mexico geflohen waren. Die heute zu besichtigende Kirche entstand 1908 auf den Fundamenten ihrer verschiedenen Vorgängerbauten, die durch Überschwemmungen und Feuer zerstört wurden.

 Socorro Mission
328 S. Nevarez Rd./FM 258 (südöstl. von El Paso)
El Paso, TX 79927
✆ (915) 859-7718
Die Dachbalken stammen noch aus den ersten Tagen dieser von Piro-Indianern erbauten Kirche von 1681 mit der wahrscheinlich ältesten aktiven Gemeinde in Texas. Ihre Fassadenform entspricht dem indianischen Regenwolken-Symbol. Nur noch Bruchstücke des ehemaligen Gebäudes sind erhalten, was heute sichtbar ist, stammt von 1840. Lohnend ist auch der Besuch des nahen alten Friedhofs.

 San Elizario Presidio
Socorro Rd.
San Elizario, TX 79849
✆ (915) 851-2333
Die Missionskirche von 1773 gehört zum Presidio, das die Padres vor den Überfällen der Apachen schützen sollte. Gegenüber: das alte Gefängnis.

 La Hacienda Restaurant
1720 Paisano
El Paso, TX 79901
✆ (915) 533-1919
Mexikanische Variationen – einfache und feinere Gerichte, gegrillt mit Mesquiteholz. Hübscher Patio (einer der wenigen in El Paso) in einem alten Gebäude genau an der Stelle, wo Don Juan De Oñate 1598 den Rio Grande überquerte. $$

 Cafe Central
One Texas Court
 109 N. Oregon St. (Downtown)
El Paso, TX 79901
✆ (915) 545-2233
Lounge und Restaurant zum *fine dining* mit originellen Gerichten – eine kulinarische Oase in Downtown. So geschl. $$–$$$

 Cattleman's Steakhouse
Indian Cliffs Ranch
Fabens/Nähe El Paso, TX 79838
✆ (915) 544-3200
www.cattlemanssteakhouse.com
Institution für anspruchsvolle Steakfreunde in Western-Milieu außerhalb der Stadt: *family style country western dining*. Besonders zum Sonnenuntergang sitzt man hier schön. (Anfahrt gute $1/2$ Std.: auf I-35 etwa 56 km nach Osten bis Exit 49, dort 8 km nach Norden). $$–$$$

Hauptsache Hüte: Western Store, El Paso

ZWEI ROUTEN FÜR DEN TEXAS PANHANDLE

❶ Yellow Rose of Texas
❷ Amarillo

This country's so flat you can see for two days.

Redensart

1. Programm: Amarillo

Vormittag Flug nach **Amarillo**.

Nachmittag **Old Jacinto District** und **Cadillac Ranch**.

Yellow Rose of Texas: Amarillo

2. Route: Amarillo – Panhandle Plains Historical Museum – Palo Duro Canyon State Park – Amarillo (94 km/59 mi)

km/mi	Route
0	Abfahrt von **Amarillo**, an der Kreuzung I-40/I-27 die I-27 nach Süden Richtung CANYON und LUBBOCK. (Achtung: Die Baustelle der Kreuzung I-40/I-27 wird voraussichtlich noch bis 2002 bestehen. Solange heißt es, weniger Fahrspuren, langsamer fahren, Umleitungen für Auf- und Abfahrten beachten.) Ausfahrt nach Canyon und geradeaus, an der Ampel 4th Ave. stehen Schilder für das Museum und den Palo Duro Canyon: hier links bis zur nächsten Ecke
27/17	**Panhandle Plains Historical Museum.** Vom Museum weiter über 4th Ave. (= TX 217 und Texas Plains Trail) nach Osten zum
48/30	**Palo Duro Canyon State Park.** State Park Rd. 5 führt durch den Canyon. – Rückfahrt nach Amarillo: Vom Parkausgang über die gleiche Straße zurück. Am ersten Blinklicht rechts die Texas Farmroad 1541, eine schöne Landstraße, nach Norden bis
94/59	**Amarillo.**

Extras: Amarillo Livestock Auction – wichtigste Viehauktion ihrer Art in ganz Texas, jeweils dienstags. Übers Jahr wechseln hier mehr als 300 000 Rinder den Besitzer (100 S. Manhattan St., Western Stockyards, ✆ 806-373-7464).
– Auch wenn man nicht unbedingt ein Pferdeliebhaber ist, lohnt der Besuch des **American Quarter Horse Heritage Center and Museum**, I-40 East, Exit 72 (Quarter Horse Dr.), ✆ (806) 376-5181. Es gibt Einblick in die Cowboy-Kultur und die Geschichte ihrer Lieblingspferderasse, der American Quarter Horses, muskulöser Gesellen, die sich auf kurzen Strecken als äußerst schnell erweisen.
– Bei einem längeren Aufenthalt in Amarillo: Ausflug zum **Alibates Flint Quarries National Monument**, P.O. Box 1460, Fritch, TX 79036, ✆ (806) 857-3151. Von Amarillo: auf Hwy. 136 etwa 51 km nach Nordosten, dann 1,5 km hinter Turkey Creek Plant links auf Alibates Rd. abbiegen. Zügig zieht sich die Straße aus der Stadt zurück auf plattes Land, vorbei an Kraftwerken, Fleischfabriken, Sonnenblumenfeldern, Kupferveredlungsbetrieben und Weiden. Dann der alte Steinbruch am Südufer des **Lake Meredith**, aus dem die Indianer der High Plains, 7 000 Jahre bevor die Ägypter ihre Pyramiden errichteten, Flintgestein abbauten, um Waffen und Werkzeuge herzustellen, die in Nordamerika gehandelt wurden. Pueblo-Ruinen und Petroglyphen nur mit Ranger-Führung. (Touren beginnen zwischen Memorial und Labor Day tägl. 10 und 14 Uhr, sonst nach **telefonischer Voranmeldung** zu besichtigen.) Schöne Aussichten auf den nahen Lake Meredith. Für die kleine Wanderung zum und im Steinbruch braucht man feste Schuhe, Sonnenschutz und genügend Atem. Für sportliche Angebote am/im See: Lake Meredith Recreation Area, Box 1305, Borger, TX 79008, ✆ (806) 865-3391.

Texas Panhandle

Auf dem kurzen Flug oder der langen Autofahrt nach Amarillo bleibt Zeit, sich ein paar Gedanken über den **Texas Panhandle** zu machen.

Ein spanischer Kolonist, der sich hier 1808 von San Antonio nach Santa Fe durchzuschlagen versuchte, notierte: »Es gab nichts als Gras und ein paar Regenlöcher ... Auf der Prärie, wo wir kampierten, musste man Pfähle für die (Anbindung der) Pferde einschlagen.« Diese bestückten ein Hochplateau, die High Plains, die sich von hier nach New Mexico erstrecken, eine riesige Mesa an einem Stück, die so aussieht, als sei sie wie ein Sockel aus dem umliegenden Gebiet herausgedrückt worden.

Lange galt die Gegend als unbesiedelbar. Die Meinung änderte sich erst, als man die Indianer vertrieben hatte. Weiße Büffeljäger rückten nach, und bald entstanden große Ranches wie beispielsweise die »XIT«, »Matador«, »JA«, »T Anchor« und »LS«. Der berühmte Viehzüchter Charles Goodnight (1836–1929), der sich als Texas Ranger und Erfinder des *chuck wagon* (der bei den Pionieren beliebten Proviant- und Feldküche) einen Namen machte, war der erste, der seine Riesenherde hierher trieb und sich niederließ. Als man unterm Gras fruchtbaren Boden entdeckte, wich das Ranchland mehr und mehr Baumwoll- und Getreidefarmen.

Im Ersten Weltkrieg nahm die Weizennachfrage drastisch zu, und immer mehr Farmer gingen dazu über, die Decke des ehemaligen Büffelgrases zu lüften und die Erde unterzupflügen. Das bot der Winderosion unbegrenzte Angriffsflächen. Die Oberbodenverluste gingen schließlich so weit, dass die gesamte Region unter den Sammelbegriff der *Dust Bowl* – Staubschüssel – rückte, die durch Steinbecks Roman »Die Früchte des Zorns« zu literarischen Ehren kam.

Erst nach dem Desaster kümmerten sich die Farmer um effizienteren Wind-

Gruppenbild mit Cowboy: Western Stockyards in Amarillo

Stonehenge, USA: die »Cadillac Ranch« bei Amarillo

schutz und Bewässerungsmethoden. Heute gehört der *Golden Spread* des Panhandle wegen seiner ausgeprägten Bewässerungskunst zu den fruchtbarsten Gebieten der USA.

Wenn man in **Amarillo** jemandem begegnet, der wie ein Cowboy aussieht, kann es passieren, dass er auch einer ist. Die große Wahrscheinlichkeit, dass jemand oder etwas echt ist, trägt dazu bei, dass in dieser rund 1 000 Meter hoch gelegenen und 1887 gegründeten Metropole des Panhandle, die aus einer *ragtown* genannten Zeltstadt herauswuchs, noch der selbstzufriedene und familiäre Ton des Old West kursiert. Wer hier wohnt, nennt seine Stadt *The Yellow Rose of Texas*. Verständlicherweise. »Amarillo« heißt nun mal »gelb« auf Spanisch, und auch das Wasser des nahen Creek trägt diese Farbe.

Bodenständigkeit und Viehauktion passen besonders gut zusammen, was sich vor Ort feststellen lässt. Von romantischer Schwärmerei und *Urban cowboy*-Mode keine Spur. Alles dreht sich um propere Bullen, nüchterne Kaufleute und harte Dollars. Über 70 Prozent aller texanischen Rinder wechseln in Amarillo den Besitzer. Neben dem Viehhandel rühmt sich die Stadt, Zentrum der nordtexanischen Öl- und

Amarillo, Cadillac Ranch

Gasindustrie und Sitz der weltgrößten Heliumfabrik zu sein. Auch für ästhetische Tupfer ist Platz. Immerhin leistet man sich ein Sinfonieorchester und eine Ballett-Truppe. In Downtown hat der Kunstmäzen Stanley Marsh 3, eine Art Peter Ludwig des Panhandle und Sponsor der »Cadillac Ranch«, Verkehrsschilder witzig verfremden lassen.

Wer sich den Tag über nicht in den gemütlichen Cafés und Souvenirläden an der **6th Avenue** vergnügt, der sollte sich zu den schrägen Caddies der kuriosen **Cadillac Ranch** aufmachen, die sicher kein hinreichender Programmpunkt auf einem Pandhandle-Besuch sind, aber doch ein notwendiger, denn kurios ist er schon, dieser Auto-Gag auf dem Acker, Stonehenge, USA. Zehn zur Hälfte eingegrabene Cadillacs strecken ihr Hinterteil *(tail fins)* in die Höhe, in Schieflage wie die Enten im See, hübsch ordentlich hintereinander. Die Installation stammt von der Künstlergruppe »Ant Farm« (Chip Lord, Doug Michels und Hudson Marquez) aus San Francisco, die den Auftrag und das Geld dazu von dem ebenso reichen wie exzentrischen Texaner Stanley Marsh 3 erhielten.

An Interpretationen hat es diesem Autofriedhof nie gemangelt. Einer der Urheber sprach von einem »weißen Schrott-Traum«, was allerdings heute

Western-Nostalgie: unterwegs zum »Cowboy Lookout« im Panhandle

Panhandle Plains Historical Museum, Palo Duro Canyon

nicht mehr ganz nachvollziehbar ist, denn über die Jahre haben die Touristen Hand angelegt und die Karosserien eingekratzt, besprüht, bepinselt oder mit Kugeln durchsiebt. Der Mäzen meinte, die Ranch symbolisiere »die große Flucht, die sexuelle Freiheit, die Freiheit der Wahl, die Möglichkeit, einfach abzuhauen«.

Ein spannendes Museum und ein toller Canyon füllen einen weiteren Tag in Amarillo aufs Beste. Im **Panhandle Plains Historical Museum** kann man sich unter anderem schon einmal ein Bild vom Canyon machen, weil man hier die Schlucht in Miniatur besichtigen kann.

Brettgerade führt der *Texas Plains Trail* zum **Palo Duro Canyon State Park**. Kein Berg, nicht mal ein Hügel. Kann denn hier überhaupt ein Canyon sein? Damit wird klar, wie hoch die Ebene selbst schon liegen muss und dass es nur noch abwärts gehen kann. Prompt zeigen sich auch die ersten rosten Furchen: Vorboten des Canyon, der von einer der drei Gabeln des Red River gegraben wurde.

Der Name *Palo Duro* ist spanisch und bedeutet »hartes Holz« – wahrscheinlich in Anspielung auf die zähen Juniper- und Mesquitebäume an den knallroten Canyonwänden. Die farbigen Felsschichten und die hervorstechenden, durch Wind- und Wassererosion erzeugten Steinpfähle *(hoodoos)* machen den Reiz der Schlucht aus. Wer in sie hinabsteigt, legt dabei auch Millionen Jahre geologische Entwicklung zurück – im Zeitraffertempo versteht sich.

Der heutige Park umfasst nur einen Teil des weitläufigen Canyon, in dem schon vor 12 000 Jahren Nomaden Büffel jagten, wie Funde belegen. Auf seiner Suche nach den sieben goldenen Städten bekam Coronado das Territori-

Charles Starrett, einer der Film-Cowboy-Heroen der 1930er und 1940er Jahre

um 1541 auf seiner Expedition zu Gesicht, als er hier in einen schlimmen Hagelsturm geriet und fast scheiterte.

Im Zuge der Westbesiedlung wurden Comanchen und *comancheros* (Mexikaner, die mit den Comanchen handelten) bis 1874 nach und nach aus der Region vertrieben. Zwei Jahre später grasten bereits die Rinder der großen T-Anchor-Ranch an dieser Stelle, die Charles Goodnight, einer der berühmtesten texanischen Rancher, für sich und die Seinen ausgeguckt hatte.

Vergangenheitsbewältigung, freilich aus ganz anderer Perspektive, betreibt das historisch-patriotische Freilichtmusical »Texas«, das während der Sommermonate im Pioneer Amphitheater vor der Canyon-Kulisse über die Bühne geht – ein Dauerbrenner seit Jahren, bei dem vor allem texanische Patrioten voll auf ihre Kosten kommen.

245

Infos: Amarillo, Canyon

 Amarillo Convention & Visitor Council
1000 S. Polk & 10th Sts.
Amarillo, TX 79105
✆ (806) 374-1497 und 1-800-692-1338
Fax (806) 373-3909
www.amarillo-cvb.org
Mo–Fr 8–17 Uhr

 Preiswerte Motels ($) gibt es an und in der Nähe von Amarillo Blvd. (Rt. 66), z. B. das **Interstate Motel** (7401 Amarillo Blvd. W.), **Route 66 Inn** (2806 Amarillo Blvd. E.) oder **Civic Center Inn** (715 S. Fillmore St.).

 Ambassador Hotel
3100 I-40 W. (Exit 68 B)
 Amarillo, TX 79102
✆ (806) 358-6161 und 1-800-922-9222
Fax (806) 358-9869
Erste Adresse in der Stadt: Restaurant, Pool, Fitnessräume, Sauna. $$$

 Holiday Inn
1911 I-40 E. (Exit Ross/Osage)
 Amarillo, TX 79102
✆ (806) 372-8741 und 1-800-465-4329
 Fax (806) 372-2813
Guter Standard. Restaurant, Pool, Fitnessraum, Sauna, Minigolf. Die Lobby hat man durch einen »Feriendom« ersetzt, eine leicht chlorgeschwängerte Badeanstalt für die ganze Familie. $$–$$$

 Best Western Amarillo Inn
1610 Coulter Dr.
 I-40, Exit 65, 3 Blocks nach Norden
Amarillo, TX 79106
✆ (806) 358-7861 und 1-800-528-1234
Fax (806) 352-7287
www.bestwestern.com
Mit Restaurant, Atrium-Pool, Münzwäscherei und kleinem Frühstück. $$

 Cadillac Ranch
In Amarillo ein paar Meilen auf I-40 West, Exit 60 (Arnot Rd.), und auf der gegenüber liegenden Seite über die Frontage Road ein Stück zurückfahren. Die 10 schräg in den Acker gerammten und nach Westen ausgerichteten Cadillacs (Baujahre 1948–64) ergeben keine Ranch, eher ein Stück *land art* oder ein Denkmal für das goldene Zeitalter der Route 66 und die amerikanische Autokultur, gesponsert 1974 vom Prärie-Mäzen und Helium-Millionär Stanley Marsh 3 aus Amarillo.

 Historic Route 66 Old San Jacinto District
 W. 6th Ave., Georgia & Western Sts.
Amarillo, TX
Bunte Nostalgie- und Flohmarkt-Meile im kleinstädtischen Viertel von Old San Jacinto mit Läden, Cafés und kleinen Imbissrestaurants. Etwa **Alex's 66 Antiques**, 2912–18 W. 6th Ave. (✆ 806-376-1166), und **Route 66 Antique Mall**. Zur Stärkung: **Golden Light Cafe**, unscheinbar, aber beliebt – seit 1946 ununterbrochen, 2908 W. 6th Ave. (zwischen Kentucky und Alabama Sts.) So geschl.

 Harrington House Historic Home
1600 S. Polk St.
Amarillo, TX 79102
✆ (806) 374-5490
Einstündige Führungen Di, Do, So nach Anmeldung
Für Architekturfreunde: Die prächtige, klassizistische Villa (1914) des betuchten Ranchers John Landergrin wird seit 1983 von der Panhandle Plains Historical Society betreut.

 Panhandle Plains Historical Museum
2401 4th Ave. (nahe 24th)
 Canyon, TX 79016
✆ (806) 651-2244
Mo–Sa 9–17, So 13–18 Uhr, zwischen Memorial und Labor Day bis 18 Uhr
In diesem geräumigen Art-déco-Gebäude (1933) ist nicht nur eine Western Town komplett und originalgetreu wieder aufgebaut worden, sondern auch andere Elemente der Besiedlung des Panhandle:

1 2 Infos: Canyon, Amarillo

zum Beispiel ein *drilling rig*, ein imposanter Ölbohrturm. Außerdem sind Oldtimer der Automobilszene zu bewundern.
Gut aufgemacht ist auch das Thema *windmills of the west*, das die texanische Windradkultur nachzeichnet. Es gab einen *windmiller*, der dafür verantwortlich war, die Räder aufzubauen und darauf zu achten, dass sie in Schwung kamen und funktionstüchtig blieben. Diese Leute arbeiteten sowohl als Angestellte der Ölfirmen als auch als Unabhängige. Besonders sehenswert ist die 1. Etage, die sich fast komplett dem Thema Petroleum widmet: mit einem Defilee von Bohr-Rüsseln und dem Nachbau des herrschaftlichen, holz- und lederträchtigen Büros eines Ölbarons.
Im »Petroleum Theatre« läuft ein Film über die Ölgewinnung. In der Tierabteilung gibt es neben vielen Monstern, Knochen und Zähnen u. a. Bison-Skelette, Mammutzähne aus dem Pleistozän und ein Gerippe des Allosaurus, der einer der gefährlichsten Fleischfresser der Jurassic-Periode war. Eintritt $ 4.

Palo Duro Canyon State Park
Canyon, TX 79015
Juni–Aug. tägl. 6–22, sonst 8–22 Uhr
Der zweitgrößte Canyon in den USA erwächst aus dem Prairie Dog Town Arm des Red River. Scenic Drive, Wander- und Reitwege, Pferde kann man mieten, Campingplatz. Eintritt $ 5. Die Freilichtbühne **Pioneer Amphitheater** zeigt Mitte Juni bis Ende August Mo–Sa 20.30 Uhr das Musical »Texas«. Tickets an der Theaterkasse und beim »Texas« Information Office in Canyon, 2010 4th Ave. Reservierung: ✆ (806) 655-2181.
Wer den Kurzbesuch des Canyon zu einem zünftigen Western-Erlebnis ausbauen möchte, ist auf der **Figure 3 Ranch** gut aufgehoben (Rt. 1, Box 69, Claude, TX 79019, ✆ 806-944-5562 oder 1-800-658-2513): Die Ranch veranstaltet in aller Frühe zweistündige Exkursionen mit dem Pferdewagen zum Canyonrand mit einem herzhaften Cowboy-Frühstück (ca. $ 20). Diese Touren bieten Ein- und Ausblicke, die man sonst nicht bekommt, weil sich die *vista points* auf privatem Landbesitz befinden. (April–Okt., vorher reservieren; für die Anfahrt von Amarillo sollte man etwa 1 Std. rechnen: I-40 East, Exit 77, FM 1258 erst nach Süden, dann nach Südosten.)
Jeep-Fahrten in einem privaten Teil des Canyon werden angeboten bei: **Elkins Ranch** (✆/Fax 806-388-2100), ebenso 2 1/2-tägige Cattle Drives zwischen Mai und Oktober auf Anfrage.

Marty's
2740 Westhaven Village (34th Ave.)

Amarillo, TX 79109
✆ (806) 353-3523
Steaks und Meeresfrüchte (die *clam chowder* schmeckt und der *blackened snapper* erst recht). Live-Entertainment in der Lounge mit einem Gute-Alte-Zeit-Charme, den viele Westernhüte und LOLs (*little old ladies*), genießen. Aus der Not eine lokale Tugend machen bedeutet hier, zum Essen einen texanischen Cabernet zu bestellen, z. B. einen gereiften »Llano Estacado«, sprich: Texas High Plains Cabernet Sauvignon von einem Weingut in Lubbock. $$

Ohms Gallery Cafe & Catering
619 S. Tyler St.
Amarillo, TX 79101
✆ (806) 373-3233
Gemütliche Cafeteria mit originellen Gerichten (u. a. mit vegetarischen – in Amarillo!!) zur Selbstbedienung. Oft Live-Musik. Den Namen des Lokals lesen viele Einheimische als eine Abkürzung: »On Her Majesty's Service« = OHMS. $

Catfish Shack & Seafood Grill
3301 Olsen Blvd. (Nähe Paramount)
Amarillo, TX 79109
✆ (806) 358-3812
Fisch im Schlafrock oder nackt vom

Infos: Amarillo

Grill. Nichts Tolles, aber ebenso populär wie die Evergreens aus dem Lautsprecher, allen voran »Peggy Sue«. Auch zum Draußensitzen. $–$$

Stockyard Cafe
100 S. Manhattan St. & E. 3rd Ave.
Amarillo, TX 79104
℅ (806) 374-6024
Treff der Cowboys und Züchter seit 1945. Gewaltige Frühstücksportionen, preiswerte Riesensteaks (auch Lunch). $–$$

The Big Texan Steak Ranch & Opry
7700 I-40 E. (Lakeside Dr., Exit 75)
Amarillo, TX 79104
℅ (806) 372-6000 und 1-800-657-7177
Gastronomisches Wahrzeichen des Panhandle. Vieles von dem, was ringsum kreucht und fleucht, wird hier verbraten: Büffel und Klapperschlangen. Hausgemachter Gag: Wer das berühmte *72 oz steak* (über 2 000 g) in einer Stunde verdrücken kann, braucht es nicht zu bezahlen. Vorsicht: Im gleichen Zeitraum muss man auch die Beilagen verschlungen haben (Folienkartoffel, Shrimp-Cocktail, Salat, Brötchen). Wer aufgibt (strenge Kontrolleusen überwachen die Futterer), kommt ans Zahlen. Di C & W-Musik *(live opry)*, Tanz und Gesang. $$

 Midnight Rodeo
4400 S. Georgia St.
Amarillo, TX 79110
 ℅ (806) 358-7083
Tanzclub und Bar mit DJ-Musik.

 The Caravan
3601 Olsen Blvd.
 Amarillo, TX 79109
℅ (806) 359-5436
Live-Musik und viel Platz zum Tanzen.

Wichtige Feste:

Juni: **World Championship Chuckwagon Cookoff** und **Cowboy Roundup;** Oktober: **U.S. Team Penning Association National Finals;** November: **Working Ranch Cowboys Ranch Rodeo/ World Championship.**

Mond und Motel in Canyon, Texas

Service von A–Z

An- und Einreise 249	Notfälle 255
Auskunft in Deutschland 250	Öffentliche Verkehrsmittel 255
Auskunft vor Ort 250	Post 255
Ausflüge nach Mexiko 250	Reservierung 255
Autofahren/Verkehrsregeln 250	Restaurants/Essen und Trinken 256
Automiete 252	Sicherheitshinweise 257
Feiertage 252	Sprachtipps 258
Geld 252	Telefonieren 259
Hinweise für Behinderte 253	Trinkgeld 259
Kinder 253	Unterkunft 260
Klima/Kleidung 253	Zeitzonen 260
Maße und Gewichte 254	Zoll 260
Medizinische Versorgung 254	

An- und Einreise

Wichtigste Zielflughäfen in Texas sind **Dallas/Fort Worth** und **Houston**. Nonstopflüge verschiedener Fluggesellschaften erreichen aus Europa nach rund 10 Stunden Flugzeit (und 7 Stunden Zeitunterschied) meist am frühen Nachmittag die texanischen Airports. Über preiswerte Holiday- und andere Sondertarife sowie Charterflüge informieren die Reisebüros.

Während des Fluges haben Sie Gelegenheit, das Einreise- und Zollformular auszufüllen. Dabei sollte man möglichst eine konkrete Adresse in den USA angeben: ein Hotel (in Fort Worth z. B.) mit Anschrift. Eine Visumspflicht für Besucher aus Deutschland, Österreich und der Schweiz besteht nicht, sofern der Aufenthalt nicht länger als 90 Tage dauert.

Vor der Gepäckausgabe wartet der *immigration officer*, der Beamte der Einwanderungsbehörde, der sich nach Zweck *(holiday)* und Dauer der Reise erkundigt und daraufhin die Aufenthaltsdauer feststetzt. In einigen Fällen fragt er auch nach dem Rückflugticket und der finanziellen Ausstattung.

An den Flughafenausgängen bringen Sie die Pendelbusse der Autovermieter sofort und kostenlos zum Mietbüro. Der Dallas/Ft. Worth Airport (DFW) liegt etwa 30 km von beiden Stadtzentren entfernt. Zwischen Flughafen und den Städten verkehren Schnellbusse und Taxis.

Wer mit dem Auto anreist, erreicht Texas von den angrenzenden Bundesstaaten durch Interstate Highways und US-Bundesstraßen. Von Osten, d. h. von Louisiana, führen zwei Interstates nach Texas: die I-10 (im Süden) in Richtung Beaumont und Houston; und die I-20 (weiter nördlich) in Richtung Dallas. Im Nordosten verbindet die I-30 Arkansas mit Texas, d. h. Little Rock und Dallas.

Die wichtigste Nord-Süd-Achse bildet die I-35, sie kommt aus Oklahoma und führt nach Dallas und weiter nach Austin, San Antonio und Laredo. Wer Texas nur kurz durchfahren möchte, hat dazu nur im »Panhandle« die Chance: über die I-40, die in Ost-West-Richtung an Amarillo vorbeiführt (und die der legendären Route 66 folgt). Den Westzipfel von Texas erreicht man – von New Mexico oder Arizona kommend – über die I-10 in El Paso. Die Überlandbusse benutzen dieselben Fernstraßen. Alle größeren Städte in Texas haben im Innenstadtbereich Busbahnhöfe der Greyhound bzw. Trailways-Linien.

Service von A–Z

Mit der Eisenbahn ist es in Texas nicht weit her. Nur wer mit **Amtrak** von New Orleans oder Los Angeles anreist, kann dreimal pro Woche die Bahnhöfe in San Antonio und Houston erreichen.

Auskunft in Deutschland

Texas Tourism
c/o Mangum Management GmbH
Herzogspitalstr. 5
D-80331 München
℡ (089) 23 66 21 43, Fax (089) 2 60 40 09
www.Traveltex.com
Auch die hier im Buch gelisteten regionalen Chambers of Commerce bzw. die Convention & Visitors Bureaus in den USA geben telefonische und schriftliche Auskunft.

Auskunft vor Ort

Fast alle größeren Orte besitzen, meist sogar gut ausgeschildert, ein Visitors Bureau oder eine Chamber of Commerce, die Unterkünfte vermitteln und Tipps für Unternehmungen und Veranstaltungshinweise geben (vgl. Routen-Infos). Man muss nicht unbedingt dort hinfahren, sondern kann anrufen.

Mitglieder des ADAC, des schweizerischen oder österreichischen Automobilclubs sollten sich die *TourBooks* der *American Automobile Association (AAA)* besorgen, die es bei Vorlage des eigenen Mitgliedsausweises kostenlos gibt und die u. a. ein zuverlässiges Hotelverzeichnis enthalten (als Ergänzung bzw. Bestätigung der hier im Buch empfohlenen Häuser). Unter den gleichen Bedingungen erhält man beim AAA auch exzellente Straßenkarten. AAA-Büros findet man in allen Großstädten, die Adressen im örtlichen Telefonverzeichnis; Bürozeit ist gewöhnlich Mo–Fr 8.30–17.30 Uhr.

Ausflüge nach Mexiko

Stippvisiten ins Nachbarland beschränken sich in der Regel auf die Grenzstädte Ciudad Juárez, Nuevo Laredo, Reynosa und Matamoros bzw. auf die vielen kleinen Dörfer am Rio Grande. Für diese genügt in allen Fällen der Reisepass. Zollbestimmungen sind an den Übergängen und bei den örtlichen Touristenbüros zu erfahren. Leihwagenfahrer sollten wissen, dass es keine Verleihfirma aus versicherungsrechtlichen Gründen erlaubt, über die Grenze nach Mexiko zu fahren. Es empfiehlt sich daher, den Mietwagen an der Grenze zu parken und entweder das (meist) kurze Stück über die Brücke zu Fuß zu gehen oder sich ein Taxi zu nehmen. Ein Umtausch von Dollars in Pesos ist in der Regel nicht nötig, da alle Geschäfte, Restaurants, Hotels etc. im grenznahen Teil von Mexiko Dollars akzeptieren.

Autofahren/Verkehrsregeln

Im allgemeinen fährt man in Texas, wie in den USA überhaupt, disziplinierter als in Europa. Das schließt nicht aus, dass so manchen Texaner auf Rädern der Teufel reitet – insbesondere in den Großstädten. Für den europäischen Gast empfiehlt es sich allerdings, trotz verführerischer Platzmengen auf den Highways und der Einsamkeit, die Verkehrszeichen und Tempolimits zu beachten. Die Straßenpolizei verhält sich gelegentlich wie in Pionierzeiten: Wer zu schnell fährt und kein Bargeld für ein Protokoll dabei hat, landet auch schon mal für eine Nacht auf dem Revier. Manche, selbst erfahrene US-Reisende, glauben immer noch, der Sheriff in der Wildnis akzeptiere Kreditkarten.

Folgende grundsätzliche Verkehrsregeln sollten Sie sich besonders einprägen:
– Unterlassen Sie es nach Möglichkeit, andere Autofahrer zu bedrängen bzw. durch Hupen, zu nahes Auffahren oder Schneiden zu provozieren. Viele Texaner sind innerhalb ihrer Vehikel unberechenbarer als außerhalb von ihnen;
– Fußgänger sind an mehr Rücksicht und größere Sicherheitsabstände gewöhnt als in Europa;
– innerhalb von Ortschaften gilt die Begrenzung von 25 bzw. 30 m.p.h. (40 bzw. 48 km/h);
– außerhalb von Ortschaften, auch auf den Highways, beträgt die Höchstgeschwindigkeit

Service von A–Z

Yellow Roses of Texas: Lunch-Time in Taylor

55 bzw. 65 m.p.h. (88 bzw. 104 km/h);
– haltende Schulbusse, die Kinder holen oder bringen, dürfen, wenn die Warnlampen blinken, nicht passiert werden; (auch nicht in Gegenrichtung);
– Rechtsabbiegen an roten Ampeln ist erlaubt, nachdem man vorher angehalten hat und wenn es nicht ausdrücklich durch einen entsprechenden Hinweis verboten ist;
– in Texas herrscht Anschnallpflicht;
– Parken außerhalb von Ortschaften ist nur dann gestattet, wenn das Auto nicht mehr auf der Straße steht.

Die Farben an den Bordsteinkanten regeln das Halten und Parken:
Rot: Halteverbot
Gelb: Ladezone für Lieferwagen
Gelb und Schwarz: LKW-Ladezone
Blau: Parkplatz für Behinderte
Grün: 10–20 Minuten Parken
Weiß: 5 Minuten Parken während der Geschäftszeiten.

Wenn keine Farbe aufgemalt ist, darf man ungestraft und unbegrenzt parken, aber nie an Bushaltestellen und vor Hydranten!

An Tankstellen muss man manchmal im Voraus bezahlen (PAY FIRST) bzw. eine Kreditkarte hinterlegen. Die Preise variieren: gegen Barzahlung und/oder bei Selbstbedienung (SELF SERVE) gibt es mehr Sprit als auf Kreditkarte und/oder beim Tankwart (FULL SERVE).

Zur Verdeutlichung der Straßentypen hier die in Texas üblichen Unterscheidungen:
Interstate Highway (I-35 oder IH-35 z. B.): gut ausgebaute, kreuzungsfreie Autobahnen. Gerade Zahlen stehen für die Ost-West-Richtung, ungerade für die Nord-Süd-Richtung.
US-Federal (US): auch interstaatlich, aber nicht ganz so aufwendig,
Texas (z. B. S 71 oder SR 71): texanische Landstraßen,
Farmroad oder **Ranchroad** (FM oder RM): kleine, aber in der Regel gut ausgebaute Landstraßen innerhalb von Texas, wo man am meisten vom Land sieht.

Service von A–Z

Mietwagenfahrer sollten sich bei **Pannen** auf jeden Fall telefonisch mit dem Mietbüro in Verbindung setzen, um alle weiteren Schritte abzustimmen. Auch in abgelegenen Gebieten werden die Straßen von der *Highway Patrol* und manchmal auch vom Flugzeug aus überwacht, die dann den Abschleppdienst, Notarzt usw. benachrichtigen.

Mit Rat und Tat stehen (auch für Nicht-Mitglieder) die Büros der *American Automobile Association (AAA)* zur Verfügung, die es u. a. in Amarillo, Austin, Beaumont, Corpus Christi, Dallas, El Paso, Fort Worth, Houston, Laredo, Lubbock und San Antonio gibt. Adressen und Rufnummern finden Sie in den örtlichen Telefonbüchern.

Automiete

Zur Anmietung eines Leihwagens benötigt man den Führerschein und eine anerkannte Kreditkarte. Hat man keine, muss man im Voraus bezahlen. Es empfiehlt sich daher, den Mietwagen schon in Europa zu bestellen und zu bezahlen. Das ist meist billiger und unkomplizierter. Außerdem ist es ratsam, in Europa bereits die *Loss Damage Waiver* (LDW; Vollkaskoversicherung) und die *Additional Liability Insurance* (ALI; Haftplichtversicherung) abschließen.

Achtung bei verdeckten Kosten! Die Autovermieter jubeln dem Besucher (über den CDW hinaus) vor Ort gern weitere Versicherungen unter. Prüfen Sie daher vorher, ob die angebotenen Leistungen nicht schon anderweitig (Haftpflicht, Kreditkarten) oder bereits mit dem Gutschein für die Automiete abgedeckt sind. Den Wagen sollte man bei Übernahme genau überprüfen (Reserverad, Automatikschaltung) und gegebenenfalls (bei Campern) genau erklären lassen.

Feiertage

Neujahr 1. Januar
President's Birthday 3. Montag im Februar
Texas Independence Day 2. März
San Jacinto Day 21. April
Memorial Day Letzter Montag im Mai
M. L. King Day 3. Montag im Januar
Unabhängigkeitstag 4. Juli
Lyndon B. Johnson's Birthday 27. August
Labor Day 1. Montag im September
Columbus Day 2. Montag im Oktober
Veterans Day 11. November
Thanksgiving Day 4. Donnerstag im November
Weihnachten 25. Dezember

Geld

Wie in anderen US-Bundesstaaten sollte man auch in Texas darauf vorbereitet sein, auf drei Arten bezahlen zu können: mit der Kreditkarte (z. B. VISA, EUROCARD, AMERICAN EXPRESS), mit Reiseschecks und in bar. Aus Sicherheitsgründen ist es ratsam, möglichst wenige Dollar in bar mitzunehmen. Man sollte so oft es geht Reiseschecks und Kreditkarten benutzen. Reiseschecks auf Dollarbasis werden in Restaurants, Warenhäusern oder Hotels meist sofort akzeptiert, vorausgesetzt, sie sind auf eine in den USA bekannte Bank ausgestellt – also z. B. American Express Bank oder Citicorp. Auch viele Banken wechseln sie ein, meist nach Vorlage des Reisepasses.

Euroschecks dagegen sind in den USA wertlos. Mit der Kreditkarte hat man außerdem die Möglichkeit, telefonische Reservierungen bei Hotels oder Fluggesellschaften vorzunehmen. Die meisten Banken sind Mo–Do 10–15 und Fr 10–18 Uhr geöffnet.

Der US-Dollar ist in 100 *cents* unterteilt. Es gibt Münzen zu 1 ¢ *(penny)*, 5 ¢ *(nickel)*, 10 ¢ *(dime)*, 25 ¢ *(quarter)*, 50 ¢ *(half dollar)* und 1 $. Bei Dollar-Scheinen *(bills, notes)*, die im Wert von 1, 2, 5, 10, 20, 50, 100 $ kursieren, sollte man hinsehen, denn sie sind alle gleich groß und grün.

Hundert-Dollar-Noten werden ungern gesehen und in manchen Läden und Tankstellen (vor allem nachts) nicht akzeptiert. Deshalb sollte man überhaupt nur Banknoten/Reiseschecks in $-20- und $-50-Stückelung mitnehmen; wenn man sie aber dennoch dabei hat,

Service von A–Z

sollte man sie am besten an der Hotelrezeption wechseln lassen.

In Großstädten geben die Banken Bargeld gegen Vorlage von Kreditkarte und Reisepass ab. In den USA muss man nicht nur bei der Automiete auf verdeckte Kosten achten. Es ist üblich, Preise grundsätzlich ohne Umsatzsteuer anzugeben, d. h. man bezahlt immer mehr, als ausgewiesen ist: Auf alle ausgezeichneten Beträge kommen, je nach Region und Kommune, mindestens 8 % *(sales tax)* hinzu! Bei den Hotels in den Städten zahlt man zusätzlich Hotelsteuer (in Fort Worth z. B. 13 %) sowie auch noch Parkgebühr, die leicht bis zu $ 20 pro Übernachtung betragen kann.

Hinweise für Behinderte

Einrichtungen für Rollstuhlfahrer finden sich in den USA erheblich öfter und besser ausgestattet als z. B. in Deutschland. Allgemein kann man sich darauf verlassen, dass alle öffentlichen Gebäude (z. B. Rathäuser, Postämter, Besucherzentren) mit Rampen versehen sind. Das gilt auch für die meisten Supermärkte, Museen Vergnügungsparks. Durchweg sind Bordsteine an den Fußgängerüberwegen abgeflacht. In vielen Hotels und Hotelketten (z. B. Motel 6) gibt es Rollstuhlzimmer. Die Firma AVIS vermietet Autos mit Handbedienung.

Kinder

Die Amerikaner sind durchweg kinderfreundlich. Kindermenüs, eigene Sitzkissen und Kindertische in den Restaurants, billige, wenn nicht gar kostenlose Unterbringung in Hotels und Motels sind selbstverständlich. Visitors Bureaus und Hotels in den Städten vermitteln Babysitter.

Klima/Kleidung

Charakteristisch für das wetterwendische Texas ist der viele Sonnenschein: das ganze Jahr über von der Golfküste bis zu den hohen Bergen. Die Faustregel lautet: heiße Sommer; milde Winter im Süden, kalte im Norden; trocken im Westen; feucht und mehr Regen im Osten.

Wer sagt: »Ich mag das Wetter in Texas nicht«, bekommt prompt zu hören: »Warte fünf Minuten, dann ändert es sich.« Das stimmt. Grauen Dauerregen gibt es hier nicht, das Wetter wechselt schneller. Temperaturstürze kommen hauptsächlich im Winter (und dann im »Panhandle«, im nördlichsten Teil) vor. »Winter« heißt in Texas eigentlich nur Januar und Februar.

Schnee gibt es in der Regel nur in den High Plains. Ansonsten bedeutet Wintersport in Texas: Angeln, Segeln und Picknick am Strand.

Der Frühling gehört zu den schönsten Jahreszeiten. Die Tagestemperaturen sind angenehm, abends wird es kühl bis kalt. Das Strandleben beginnt, und das ganze Land blüht in allen Regenbogenfarben – mit Wildblumen und auch schon Kakteen.

Sommertage können sehr heiß werden, aber die Luftfeuchtigkeit ist (bis auf Ost-Texas) im Allgemeinen gering und die Innenräume (auch die meisten Autos) klimatisiert. Das Meer, die vielen Seen und Flüsse, Wasservergnügungsparks und die Pools in den Hotels bringen dann die ersehnte Abkühlung.

Ausgesprochen angenehm und farbenfroh sind die Herbsttage von Oktober bis in den Dezember hinein, wenn das Herbstlaub leuchtet, die Mücken tot und die meisten Touristen schon wieder zu Hause sind. Besonders attraktiv ist dann die Golfküste: milde Tage mit leuchtend blauem Himmel und kühle Nächte.

Extrem, aber äußerst selten: Hurrikane und Tornados. Sollte sich wirklich ein Hurrikan der Küste nähern, wird so früh gewarnt, dass man noch in Ruhe ins Landesinnere entkommen kann. Die Fluchtwege sind ausgeschildert: EVACUATION ROUTE. Im Übrigen trösten sich die Golfbewohner damit, dass der Fischreichtum danach umso größer ist. Über Tornados, die ab und an Flecke im Inland heimsuchen, macht sich in Texas selbst offenbar keiner Gedanken.

Als Kleidung empfiehlt sich für alle Jahreszeiten der flexible Zwiebelstil, d. h. mehrere Stücke übereinander zu tragen, die man dann

Service von A–Z

je nach Bedarf an- oder ausziehen kann. Da es ab und zu, je nach Jahreszeit und Aufenthaltsort, zu Temperaturschwankungen kommen kann bzw. die Abende stark abkühlen können, sollte man wärmere Kleidung dabeihaben (Pulli, lange Hose, feste Schuhe). Wichtig ist vor allen eine winddichte Jacke.

Anfang April z. B. kann es in den Bergen im Big Bend Park nachts frieren, aber sich tagsüber dann auf 30° C erwärmen. An der Golfküste kann der Wind im Frühjahr recht kalt pfeifen, während man doch windgeschützt in der Sonne braten kann. Ansonsten ist legere bzw. sportliche Freizeitkleidung immer angebracht; es sei denn, Sie möchten elegant dinieren; das geht selten ohne Krawatte und entsprechendes Zubehör.

Maße und Gewichte

Vor einigen Jahren schien die Umstellung der USA auf das metrische System schon in Sicht,

Längenmaße:	1 inch (in.)	= 2,54 cm
	1 foot (ft.)	= 30,48 cm
	1 yard (yd.)	= 0,9 m
	1 mile	= 1,6 km
Flächenmaße:	1 square foot	= 930 cm²
	1 acre	= 0,4 Hektar
		(= 4 047 m²)
	1 square mile	= 259 Hektar
		(= 2,59 km²)
Hohlmaße:	1 pint	= 0,47 l
	1 quart	= 0,95 l
	1 gallon	= 3,79 l
Gewichte:	1 ounce (oz.)	= 28,35 g
	1 pound (lb.)	= 453,6 g
	1 ton	= 907 kg

Temperaturen:

Grad Fahrenheit (°F)
104 100 90 86 80 70 68 50 40 32
Grad Celsius (°C)
40 37,8 32,2 30 26,7 21,1 20 10 4,4 0

doch heute ist wieder alles beim Alten, d. h. bei *inch* und *mile, gallon* und *pound*. Man muss sich also wohl oder übel umstellen. Die Tabelle links unten soll dabei helfen.

Medizinische Versorgung

In Notfällen rufen Sie den **Operator** (»0«) und nennen Sachlage, Adresse, Name und Telefonnummer. Oder wählen Sie den Notruf *(emergency number)* der nächstgelegenen **Feuerwehr** (Innenseite des Telefonbuchdeckels). Die schickt einen *paramedics*, einen für solche Fälle eigens ausgebildeten Sanitäter, oder – wenn nötig – einen Ambulanzwagen. Die Kosten für Transport und anschließende Behandlung tragen Sie.

Spezielle Medikamente sollten Sie sich in ausreichenden Mengen mitbringen. Rechnen Sie damit, dass es manche Medikamente, die Sie aus Europa kennen, hier nicht gibt. Selbst wenn es sie gibt, sind sie in Texas vielleicht nur auf Rezept zu haben. Das bedeutet, dass man einen Arzt aufsuchen muss, Zeit verliert und Kosten entstehen.

Apotheken: siehe unter *pharmacies* in den gelben Telefonbuchseiten. Man findet sie meist innerhalb von *drugstores*, die außer Pharmazeutika auch Toilettenartikel, Kosmetika und Seifen verkaufen. Auch in den meisten Supermärkten gibt es Medikamente, für die kein Rezept nötig ist.

Entweder können Sie einen **Arzt** Ihrer Wahl konsultieren oder sich an die **Poliklinik** wenden. Leider bleiben nach Praxisschluss der Ärzte und vor allem an Wochenenden nur die Notstationen (Polikliniken) der Krankenhäuser einsatzbereit.

Vor Reisebeginn sollten Sie (falls nicht privat versichert) auf alle Fälle eine **Reisekrankenversicherung** abschließen, denn alles, was in den USA mit medizinischer Vorsorge zu tun hat, ist teuer. Ob Sie versichert sind oder nicht, ist vor Ort egal. In jedem Fall müssen Sie bei **Ärzten und in Krankenhäusern im Voraus zahlen**. Da die wenigsten eine Menge Bargeld mit sich herumtragen werden, ist es gut, eine Kreditkarte zu besitzen.

Service von A–Z

Notfälle

In Notfällen ruft man den Operator (»0«) oder die Notrufzentrale (»911«) an und nennt Namen, Adresse oder Standort und Sachlage. Der Operator informiert dann Polizei, Rettungsdienst oder Feuerwehr.

Bei Autopannen lohnt es sich, im Automobilclub zu sein: Der amerikanische Club AAA hilft auch den Mitgliedern der europäischen Clubs (Mitgliedsausweis mitbringen). In den Nationalparks haben die Ranger die Polizeigewalt; sie sind auch für Notfälle zuständig.

Falls der Pass verlorengegangen ist:

Generalkonsulat der Bundesrepublik Deutschland
1330 Post Oak Blvd., Suite 1850
Houston, TX 77056
℄ (713) 627-7770

Schweizer Honorarkonsulat
1000 Louisiana, Suite 5670
Houston, TX 77002
℄ (713) 650-0000
Informations- und Hilfsstelle, keine Amtshandlungen.

Österreichisches Honorarkonsulat
Dr. Otmar Kolber
Texas Commerce Bank N.A.
P.O. Box 35841
Houston, TX 77235-5841
℄ (713) 723-9949
Informations- und Hilfsstelle, keine Amtshandlungen.

Öffentliche Verkehrsmittel

Reisen in Texas ohne eigenes Auto bringt keinen Spaß. U-Bahnen gibt es nirgendwo, und da sich die Städte nach allen Himmelsrichtungen munter ausdehen, sind Taxis teuer und Busse unerträglich langsam. In Fort Worth verkehren **Busse** in bestimmten Zonen der Innenstadt immerhin kostenlos; außerdem gibt es Busverbindungen zu den Stockyards und in den Cultural District. In Dallas fährt zwar eine schicke **Straßenbahn**, aber nicht allzu weit und selten.

Wenn, dann bekommt man **Taxis** am besten bei den großen Hotels. Auf der Straße sind sie meist nicht, von Ausnahmen werktags zwischen 9–17 Uhr in Downtown Fort Worth, Dallas, Austin, San Antonio, El Paso und Houston abgesehen.

Ein typisch texanisches Produkt ist die hocheffiziente **Southwest Airlines**: keine Klassenunterschiede, keine Mahlzeiten an Bord; dafür preiswert, schnell und meist von City-nahen Flughäfen, d. h. nicht von den internationalen Mega-Airports. Eine gute Buslinie in der Luft.

Post

Postämter gibt es in jedem Ort, sei er noch so klein. Sie sind Mo–Fr 8–17 Uhr geöffnet, oft auch am Samstagmorgen. Man kann hier Briefmarken kaufen oder Päckchen verschicken – aber weder telefonieren noch Telegramme aufgeben. Die Anschrift des nächsten Postamts steht in den weißen Telefonbuchseiten unter »United States Government«.

Man kann sich postlagernde Sendungen schicken lassen, wie folgt adressiert:
(Name)
c/o General Delivery
Main Post Office
Houston, TX.......USA
In den USA hat das Telefonsystem mit dem Postwesen nichts zu tun, daher findet man in den Postämtern auch keine Telefonzellen. Telegramme können bei der *Western Union Telegraph Company* aufgegeben werden (auch telefonisch).

Reservierungen

Das verbreitete Klischee vom »Amerikaner« (zupackend, Kaugummi kauend-lässig, pragmatisch und voller Improvisationstalent) verleitet oft zu dem Schluss, sein Land sei eine jederzeit jedermann zugängliche *drop-in culture*, eine Gesellschaft, in die man mir nichts, dir nichts hineinplatzen kann, weil alle doch immer so gut gelaunt sind und es deshalb

255

Service von A–Z

schon irgendwie klappen wird mit der Übernachtung, dem Tisch im Restaurant. Die Praxis sieht meist anders aus. Ob Nobelrestaurant oder Motel, Kanutrip oder Ranchbesuch – die Standardfrage lautet eisern »Haben Sie reserviert?« Amerikaner sind geradezu besessen von Reservierungen, Vorkehrungen, Bestätigungen und so weiter; das gehört ganz einfach zu ihren Spielregeln.

Restaurants/Essen und Trinken

Ihre kulinarische Vielfalt verdanken die USA hauptsächlich ihren ethnischen Töpfen und Küchen. Die großen Städte sind inzwischen Probierstuben einer neuen Kaffeekultur geworden, denn die Amerikaner haben tatsächlich damit begonnen, guten Kaffee zu brühen und zu trinken. Die lange Zeit der Plörre scheint abzulaufen, die der *endless cup*, die unendliche *refills* von Labberkaffee ermöglichte. Vor allem das Kaffee-Imperium Starbucks hat diesen Wandel eingeläutet und in den letzten Jahren duftende Kaffee-Boutiquen aus dem Boden gestampft, in denen Espresso, Cappuccino und *caffelatte* keine Fremdwörter mehr sind und wo auch frische Backwaren und Sandwiches angeboten werden.

Die neue amerikanische Kaffeehausszene mit ihren süßen Theken präsentiert sich oft in Kombination mit Buchhandlungen oder Zeitungsständen. Diese Läden sind meist gemütlich, bunt und anheimelnd eingerichtet, ganz im Gegensatz zum Sanitärdekor vieler neudeutscher Bäckerei-Ketten.

Leider hat dieses Geschmacksniveau noch nicht die Landstraße erreicht. Ob Essen oder Trinken: **Die amerikanische Provinz ist nach wie vor kein Schlemmertopf.** Im Gegenteil, sie ist fest in der Hand der Fastfood-Ketten.

Für Kleinigkeiten und Zwischenmahlzeiten sind Supermärkte dagegen oft wahre Fundgruben, weil sie Gemüse, Obst, Sandwiches, Gebäck usw. frisch, lecker und preiswert anbieten – und oft zu jeder Tages- und Nachtzeit. Auch die Shops der Tankstellen sind als Versorgungsstationen nicht zu verachten. Pick-nickfreunde und Selbstversorger sollten überdies wissen, dass man sich in den Restaurants grundsätzlich alles, was man einmal bestellt hat, zum Mitnehmen einpacken lassen kann.

Im Vergleich zu Europa essen die meisten Amerikaner früh zu Abend; in kleineren Städten heißt das: bis 21 Uhr. Selbst in den Großstädten fällt es mitunter schwer, nach 22 Uhr noch ein offenes Restaurant zu finden.

Thema **Rauchen.** Die USA sind inzwischen zu einem gnadenlos raucherfeindlichen Land geworden.

Die kulinarische Szene von Texas wird von drei typischen Gerichten beherrscht: *Barbecue*, *Tex-Mex* und *Chicken-fried Steak*.
Der Begriff **Barbecue** kommt aus dem Spanischen. *Barbacoa* bezeichnet einen Grill, auf dem Fleisch gebraten wird. Barbecue bedeutet einmal die Art der Fleischzubereitung, aber auch das gesellschaftliche Ereignis um das Essen herum. Was Pasta für Italien, bedeutet BBQ für Texas: Alles (außer Eiscreme) wird hier gegrillt. An erster Stelle steht natürlich Rindfleisch (gefolgt von Hähnchen, Würstchen etc.) – das, mit einer würzigen Sauce ständig bestrichen – über einem offenen Feuer gegrillt wird. Überall im Staat servieren Restaurants BBQ in großen Mengen billig und selten ohne die Begleitung großer Bierhumpen.

Hier einige Merkmale, an denen man zünftige BBQ-Restaurants erkennen kann: 1. Mesquite-Holz ist draußen gestapelt, 2. BBQ wird auf Pergamentpapier serviert anstatt auf Tellern, 3. schon von weitem sollen Geruch und Rauch den Anschein erwecken, als würde das Lokal brennen, 4. Plastikbesteck (wenn überhaupt), bloß kein Silberbesteck!

Tex-Mex: Diese Mischgerichte haben mit mexikanischen Nationalgerichten, die leicht und fein im Geschmack sind, nichts zu tun. Tex-Mex ist schwerer, fetter und flüssiger, aber lecker. Die meisten Gerichte sind wegen des dazugehörigen Chili rotbraun, würzig bis scharf, mit Käse überbacken und müssen billig sein, sonst sind sie nicht echt Tex-Mex.

Weitere Erkennungsmerkmale: Bilder von Stierkämpfern an den Wänden, Dekor mit Kakteen, Plastikrosen und -bullen, mit der Speisekarte werden sofort Tortillachips mit scharfer

Service von A–Z

Soße gebracht, mexikanisches Bier steht auf der Speisekarte.

Chicken-fried Steak: Dieses Nationalgericht (ein Überbleibsel aus der Zeit der Depression) hat nichts mit Hähnchen zu tun. Es ist ein preiswertes Stück Rindfleisch, paniert, gebraten und zart genug, um es mit der Gabel zu zerteilen. Die Kruste soll knusprig und hell aussehen. Dazu: Kartoffelpüree und über allem braune Soße. Die guten Adressen erkennt man an den Polizeiautos und Pick-ups mit Gewehrhaltern, die zur Lunchzeit auf dem Parkplatz stehen; am Geräusch vom Plattschlagen der Fleischstücke; daran, dass Chicken-fried Steak an erster Stelle auf der Karte als Spezialität aufgeführt ist, und – dass es billig ist.

In Texas gibt es nach wie vor Gemeinden, die der Prohibition treu geblieben sind, *dry counties*, in denen kein **Alkohol** verkauft werden darf und wo die meisten Restaurants auch keinen servieren. Für Hotelgäste gibt es dann oft die Möglichkeit, »Mitglied« in einem der dortigen Privatclubs zu werden, um an einen Drink zu kommen. Von einer »trockenen« Gemeinde muss man in eine »nasse« *(wet county)* fahren, um sich dort einzudecken.

Sonntags wird in der Regel nirgendwo in Texas Alkohol in den Geschäften verkauft. Ansonsten bekommt man Bier, Schnaps oder Wein am preiswertesten in Supermärkten oder Discountläden. Mehr zahlt man meist in *liquor stores*, die sich auf Alkohol und Zigaretten spezialisiert haben. Unter den Biersorten ist die Marke »Lone Star« das unumstrittene Nationalbier. Mitteleuropäischen Gaumen schmeckt das mexikanische Bier würziger als das leicht wässrige US-Bier: z. B. Bohemian, Tecate, Dos Equis, Carta Blanca und Corona.

Wenn Tequila pur, dann bitte nur die mexikanischen Marken wie z. B. »Cuerro«, »Herradura«.

Die unter den Routen-Infos empfohlenen Restaurants sind nach folgenden Preiskategorien für ein Abendessen (ohne Getränke, Steuer und Trinkgeld) gestaffelt:

$ – bis 15 Dollar
$$ – 15 bis 25 Dollar
$$$ – über 25 Dollar

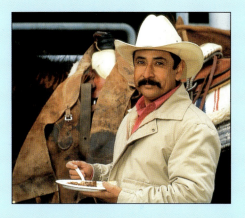

Sicherheitshinweise

Zu beurteilen, wie sicher ein Ort ist, fällt umso schwerer, je weiter dieser vom eigenen Lebenskreis entfernt liegt. Trotz der deprimierenden Kriminalstatistik mancher US-Metropolen sind die USA insgesamt ein sicheres Reiseland. Tagsüber auf jeden Fall. Ethnische Wohnviertel mit aktiven Straßengangs bergen die meisten Gefahren für den Fußgänger, aber auch mit dem Auto kann es dort böse Überraschungen geben. Nach dem Abendessen oder Barbesuch muss man nicht noch einmal »um den Block« spazieren oder zum Hotel zu Fuß zurücklaufen. Nehmen Sie ein Taxi!

Auch die so genannte freie Natur birgt Risiken, die viele der an Parks und Stadtwälder gewöhnten Mitteleuropäer unterschätzen. Die Wildnisregionen in den USA eignen sich nur bedingt zur Kaffeefahrt oder zum unbekümmerten Spaziergang! Skorpione, Klapperschlangen, Schwarze Witwen oder Moskitos können den Urlaub ebenso verhageln wie plötzliche Regengüsse und die in den Wüsten des Westens gefürchteten *washes* – plötzlich durch Niederschläge verursachte Sturzbäche, die alles mit sich reißen.

Wussten Sie zum Beispiel, dass in der Wüste mehr Menschen ertrinken als verdursten? Informieren Sie sich bei den Rangern der Nationalparks über die potentiellen Gefahren und wie man ihnen vorbeugt! Achten Sie auch dar-

Service von A–Z

auf, dass Sie in der heißen Big-Bend-Region stets genügend Trinkwasser mit sich führen. Auch festes Schuhwerk ist unumgänglich.

Sprachtipps

Der folgende Schnellkurs über die Linguistik des Wilden Westens soll Engpässe in der Verständigung vermeiden helfen. Sie können schon durch ungewohnte Wortbetonungen entstehen, z. B. durch die typisch texanische Aussprache der Vokale, die oft so lang gedehnt werden, dass man einen Mittagsschlaf auf ihnen halten kann. Da hört man etwa:

all	gesprochen	*oil*	
ranch		*ray-inch*	
dance		*day-ins*	
great		*gra-a-a-ayt*	

In anderen Fällen wiederum legen die Texaner Tempo bei der Aussprache vor, z. B. bei *business* (gesprochen wie *bidness*), *real* (gesprochen wie *rill*), *deal* (gesprochen wie *dill*) und dadurch, dass sie bei vielen »*ing*«-Endungen das »g« nicht mitsprechen.

An einige texanische Redensarten gewöhnt man sich schon deshalb schnell, weil sie immer wieder vorkommen, z. B.:

Howdy	– Kürzeste Begrüßungsformel, Cowboy-Version des korrekten »*How do you do*«
How ya' doin'?	– Dasselbe, nur etwas länger
Y'all	– Linguistisch: die Abkürzung von *you all*; soziologisch: Anrede, die aus nur zwei Personen gleich eine ganze Gruppe macht
Y'all come back	– Abschiedsgruß und Einladung zugleich
Aggies	– Studenten der Landwirtschaftsschule »Texas A & M University« in College Station, östlich von Austin. Über sie kursieren, ähnlich wie bei uns über die Ostfriesen, jede Menge Witze, in denen *Aggies* als Tölpel vorkommen.
bandana	– Halstuch
blowout	– Öl, das unter großem Druck aus dem Bohrloch schießt (früher auch *gusher* genannt)
bolo tie	– modisches Detail im Western-Look: Brosche, an Lederriemchen getragen – wie und anstelle einer Krawatte
Boot Hill	– Friedhof für die Bösen, so genannt, weil sie mit ihren Stiefeln begraben wurden. Im Gegensatz zu den Guten, die, wie es sich gehört, im Bett und ohne Schuhe starben.
buckle	– Gürtelschnalle
buffalo chip	– Kuhfladen
chaps	– lederner Beinschutz für Reiter (modische Version: Fransen-Look)
chuck wagon	– Feldküche auf Rädern, wie sie während der Viehtrecks mitfuhr
fly low	– (mit dem Auto) rasen
cow town	– Stadt mit Eisenbahnstation, wo die Cowboys und *cattlemen* (Viehtreiber) ihre Herde ablieferten
Gimme cap	– die typischen Mützen mit Schirm und Gummizug. »*Gimme*« kürzt das »*Give me*« ab, mit dem die Leute nach solchen Kappen verlangten, als es sie noch in Geschäften und an Tankstellen gratis gab.
honky-tonk	– Kneipe mit Parkplatz voller Pick-ups mit Gewehrhaltern, einfach eingerichtet, oft mit Live-Band oder Jukebox. Andere Typen: *Texas ice house* (der Männerwelt vorbehalten, wo es Eis und Bier zu kaufen gibt), und der *beer joint*: noch rauer und rauchiger als der *honky-tonk*, ohne Band.
longneck	– beliebte Bierflasche mit langem Hals, außerhalb von Texas nur noch selten in den USA gebräuchlich
maquiladora	– grenznahes mexikanisches Montagewerk in US-Besitz,

Service von A–Z

maverick	der billigeren Arbeitskräfte wegen – streunendes Vieh ohne Brandzeichen. Im übertragenen Sinn: eine freiheitsliebende, unabhängige Person – so, wie sich die Texaner selbst gern sehen.
old boy	– jede männliche Person über 18 Jahre
shitkickers	– Slang für Stiefel
six pack	– Karton mit 6 Bierbüchsen/-flaschen
snowbirds	– Leute, die im Winter nach Süd-Texas kommen, weil es dort so schön warm ist
tall boys	– Bierbüchsen, etwas länger als das Standardformat
wildcatter	– Ölsucher und -erschließer, der auf eigene Faust und nicht als Angestellter einer Firma arbeitet
Yankee	– jeder, der nördlich des Red River geboren wurde

Telefonieren

An öffentlichen Telefonen herrscht in Texas kein Mangel. Benutzen Sie sie! Bei Auskünften, Reservierungen, Führungen etc. hilfreich ist der Operator (»0«), der/die die Rufnummern vermittelt, Vorwahlnummern *(area codes)* und die Preiseinheiten für Ferngespräche angibt. Um eine Nummer herauszufinden, ruft man die *directory assistance*, die man im eigenen Vorwahlbezirk unter der Nummer »411« erreicht; für andere Bezirke wählt man die jeweilige Vorwahl (...) und dann die 555-1212. Auskünfte über die gebührenfreien »1-800«-Nummern gibt es unter 1-800-555-1212.
Das Telefonieren aus der Telefonzelle, dem *payphone*, erfordert etwas Übung. Ortsgespräche *(local calls)*, sind einfach. Man wirft 25 ¢ ein und wählt die siebenstellige Nummer. Wie man Ferngespräche *(long distance calls)* führt, wird meist in der Aufschrift am Telefon erläutert. Häufig wählt man die dreistellige Vorwahl und die Nummer, doch ist manchmal eine 1 oder andere Zahl als Vorwahl erforderlich. Danach meldet sich der Operator oder eine Computerstimme und verlangt die Gesprächsgebühr für die ersten 3 Minuten. Es empfiehlt sich also, 25 ¢ Stücke zu horten, um allzeit telefonbereit zu sein.
Vom Hotel/Motel aus kann man entweder über den Hotel-Operator oder direkt innerhalb der USA und auch nach Europa telefonieren. Falls man über einen Code (auf dem Apparat angegeben; meist 7 oder 8) eine Amtsleitung bekommt, wird meist nach der Zimmernummer gefragt, damit das Gespräch abgerechnet werden kann.
Bequem und praktisch sind »Direkt«-Gespräche, bei denen man auch von der Telefonzelle aus eine Vermittlung in Deutschland, der Schweiz oder Österreich erreicht und keine Münzen braucht, weil der Empfänger die Gebühren zahlt:

Deutschland Direkt 1-800-292-0049 und Nummer
Austria Direkt 1-800-624-0043 und Nummer
Schweiz Direkt 1-800-745-0041 und Nummer

Die »Direkt«-Gespräche sind auch deshalb von Telefonzellen aus so bequem, weil man noch nicht einmal für die Vermittlung Münzen braucht. Die *calling cards* der diversen Telefongesellschaften bringen Vorteile. Man kann damit praktisch von jeder Straßenecke aus den Rest der Welt erreichen, ohne pfundweise Kleingeld bei sich tragen zu müssen. Außerdem spart man die Zuschläge der Hotels auf die Gebühren. Die Handhabung ist denkbar simpel, und man bekommt über alle geführten Gespräche eine detaillierte Rechnungsaufstellung mit angerufener Nummer, Datum, Ort, Zeit und Gebühr.

Trinkgeld

Tipping ist Wasser auf die Mühlen des Tourismusbetriebs: bei den *bellboys*, den Kofferträgern, gibt man, je nach Hotelklasse, etwa 50 ¢ bis $ 1 pro großes Gepäckstück, Taxifahrern und Frisören etwa 15–20 % vom Rechnungsbe-

Service von A–Z

trag, in den Bars etwa 50 ¢ je Drink und dem Zimmermädchen bei mehrtägigem Aufenthalt $ 1 pro Nacht.
In Restaurants lässt man rund 15 % des Rechnungsbetrages als *tip* auf dem Tisch liegen. Dies ist allerdings nicht als hohes Trinkgeld aufzufassen, da das Bedienungsgeld in den USA nicht im Preis enthalten ist und die Bedienung im Wesentlichen von den Trinkgeldern und nicht vom Gehalt lebt.

Unterkunft

Nicht anders als sonst in den USA verfügt auch Texas über ein breites Spektrum an Unterkünften. In individuell geführten **Motels** kann man am preiswertesten übernachten. Meist sind sie einstöckig, autogerecht, mit Pool, aber ohne Restaurant. **Ketten-Motels** (oder Motor Inns) kosten bereits mehr, bieten aber neben größerem Komfort fast immer einen Coffee Shop und/oder ein Speiselokal im Hause (z. B. Ramada Inn, Quality Inn, Best Western, Howard Johnson, TraveLodge, Holiday Inn etc.).

Bed & Breakfast ist das angelsächsische Pendant zum Hotel garni: Zimmer mit Frühstück also, und zwar meist in historischem Rahmen. Bei den Amerikanern stehen sie seit langem hoch im Kurs. Offenbar schätzen viele das gemütliche Frühstück mit hausgemachter Marmelade und ziehen das Flair nostalgischer Zimmer den stereotypen Motelräumen vor. Außerdem wirkt das im Preis eingeschlossene Frühstück (so mager es sein mag), als spare man Kosten.

Country Inns (manchmal auch Bed & Breakfast-Hotels) sind häufig historische Bauten, die statt moderner Einrichtungskonfektion die individuelle Note in einem kleinen Kreis von Gästen pflegen.

Dude Ranches gibt es in Texas besonders viele: für Ferien auf dem Bauernhof mit frischer Luft und sportlicher Betätigung im Wildweststil. Die meisten Guest Ranches bieten, mal robuster, mal luxuriöser: Reiten, Lagerfeuerromantik, *cookouts*, Angeln, Tennis- und andere Sportanlagen für die ganze Familie. Außerdem gibt es noch aktive Ranches (*working ranches*), die nur ein paar Besucher aufnehmen, die sich gern mal den Betrieb ansehen möchten.

Apartments/Kitchenettes findet man vor allem in Urlaubsgebieten, die für einen längeren Aufenthalt geeignet sind (z. B. an der Golfküste). Die komplett eingerichteten Küchen helfen Unkosten senken. **Resorts**, großräumig angelegte Sporthotels, liegen meist fernab der großen Siedlungsgebiete und bieten erstklassige Sport- und Freizeitanlagen (Golf, Tennis, Segeln, Angeln).

Luxushotels präsentieren sich entweder als (meistens) geschmackvoll restaurierte Grandhotels oder als (nicht immer sofort anheimelnde) hypermoderne Glaspaläste.

Campingmöglichkeiten gibt es in der Regel in allen staatlichen Parks (National Park, State Parks etc.) aber auch sonst und privat.

Die meisten Motels/Hotels haben *non smoking rooms*.

Die bei den Hotel-Empfehlungen der Routen-Infos angegebenen Preiskategorien gelten jeweils für einen *double room*. Einzelzimmer sind nur unwesentlich billiger, während man für ein zusätzliches Bett etwa $ 5–10 zuzahlen muss. Für Kinder, die im Zimmer der Eltern schlafen, wird meist kein Aufpreis berechnet.

Die Bedeutung der Dollarsymbole für einen *double room* (zwei Personen) in diesem Buch:

$ – bis 50 Dollar
$$ – 50 bis 80 Dollar
$$$ – 80 bis 120 Dollar
$$$$ – über 120 Dollar

Zeitzonen

Ganz Texas liegt innerhalb der *Central Standard Time Zone* (7 Stunden früher als MEZ) – mit Ausnahme von El Paso, wo die Uhren entsprechend der *Mountain Time* eine Stunde früher anzeigen.

Zoll

Besucher aus Europa passieren in den meisten Fällen auf dem Dallas/Fort Worth Airport den

Service von A–Z

Zoll und die Einwanderungskontrolle. Fragen zu amerikanischen Visa- und Zollbestimmungen beantworten die amerikanischen Konsulate in Europa oder:

U.S. Customs Service
P.O. Box 7118
Washington, D.C. 20044
℅ (202) 566-8195

Zollfrei dürfen in die USA eingeführt werden:
- 400 Zigaretten oder 100 Zigarren oder 500 g Tabak
- 1 Liter Wein mit mehr als 22 % Alkohol oder 2 Liter Wein mit weniger als 22 % Alkohol oder 2 Liter Sekt
- 250 g Kaffee oder 100 g Kaffeepulver
- Geschenkartikel im Wert bis zu 100 Dollar. Pflanzen, Gemüse, Obst und Fleisch dürfen nicht eingeführt werden. Backwaren, Käse und Süßigkeiten (ohne alkoholische Füllung) dagegen schon. Hunde und Katzen können mit einer tierärztlichen Bescheinigung, dass sie keine auf Menschen übertragbaren Krankheiten haben, mitgebracht werden.

Auch Ihr Auto können Sie aus Europa mitbringen. Die Erlaubnis gilt für ein Jahr. Danach muss der Wagen den üblichen Sicherheits- und Abgaskontrollen unterzogen werden. Wollen Sie ihn innerhalb eines Jahres verkaufen, müssen Sie Zoll bezahlen und die oben genannten Kontrollen passieren. Ohne Probleme können Sie in den USA ein Auto kaufen. Beim Verlassen des Landes können Sie den Wagen und alles, was Sie möchten, mitnehmen – nur sollten Sie vorsichtshalber über die Zollbestimmungen im eigenen Land informiert sein.

Bei Schwierigkeiten mit dem Pass und/oder wenn Sie eine Information benötigen, wenden Sie sich an die zuständigen Konsulate.

Danksagung/Acknowledgement

I wish to thank those who have been assisting me in putting this update version of the Texas travel guide book together: **Malcolm Smith** and **Bradley Smyth**, State of Texas Department of Economic Development, Tourist Division, Austin; **Gil Stotler**, Fort Worth Convention & Vistors Bureau; **Gerlinde Van Werth**, **Rebecca Loredo**, **Angela E. Herrera** and **Dee Dee Poteete**, San Antonio Convention & Visitors Bureau; **Allan Alderman**, San Antonio Hilton; Visitors Bureau; **Katherine Millet**, Dallas Convention & Visitors Bureau; **Kim Lemley**, **Alexandra Ballard** and **Ann Neese**, Corpus Christi Convention & Visitors Bureau; **Bob Conwell**, Corpus Christi; **Christine Hopkins**, Galveston Convention & Visitors Bureau; **Terry Leibowitz** and **Anita Miranda Clark**, Houston Convention & Visitors Bureau; **Gwen Spain**, Austin Convention & Visitors Bureau; **Giddings Brown**, Ruidoso, New Mexico; **Charles Meeks**, El Paso Convention & Visitors Bureau; **Axel Kaus**, Marketing & PR Representative, c/o KMS, Hannover, Germany, and **Maria Kirchner**, Mangum Management, Munich.

HSB

Orts- und Sachregister

Fett hervorgehobene Seitenzahlen verweisen auf ausführliche Erwähnungen, die *kursiv* gesetzten Begriffe und Seitenzahlen beziehen sich auf den Service am Ende des Buches.

Für die amerikanischen Bundesstaaten werden die geläufigen Abkürzungen verwendet:
IL – Illinois
KS – Kansas
MS – Mississippi
NM – New Mexico
OK – Oklahoma
TX – Texas
WY – Wyoming

Abilene, KS 48, 189
Adobe vgl. Lehmbaukunst
Alabama-Coushatta Indian Reservation 17, 24, 162, 166, 167
Alamo Village (vgl. auch San Antonio) 21, 29 f., 184, 186, 188 ff., 192, 216
Alamogordo 222, 225, 232
Albuquerque, NM 23, 27
Aloe vera 179 f.
Alpine 201, 210, 212, 213, 216
– Museum of The Big Bend 213
– Sul Ross State University 213
Amarillo 23, 24, 25, **240–248**
– 6th Avenue 244
– Amarillo Livestock Auction 241
– American Quater Horse Heritage Center and Museum 241
– Harrington House Historic Home 246
– Historic Route 66 Old San Jacinto District 246
– Old Jacinto District 240
Ambrose Mountain 17
Amerikanisch-mexikanischer-Krieg 17 f., 32, 216
Amistad Reservoir vgl. Lake Amistad
An- und Einreise 249 f.
Apache Mountains 219
Appalachen 165
Aransas Bay 147
Aransas National Wildlife Refuge 145, 146
Aransas Pass 145, 147, 148
Arlington 55 f.

Armadillo (Gürteltier) 165, 195
Armstrong Ranch 171
Artesia 222, 224
Ausflüge nach Mexiko 250
Auskunft 250
Auskunft vor Ort 250
Austin 13, 14, 15, 23, 38, **70–81**, 82, 87, 104, 105, 190, 196, 200, *255*
– Artist's Market 74
– Austin Museum of Art (Downtown) 79
– Austin Museum of Art (Laguna Gloria) 79
– Congress Avenue Bridge 73, 80
– Driskill Hotel 73, 78, 81
– Elisabet Ney Museum 79
– Fiesta Gardens 81
– French Legation Museum 73, 79
– Governor's Mansion 73
– Guadalupe Street 73
– National Wildflowers Research Center 82, 83, 87
– Paramount Theater 79
– Sixth Street 73, 77
– State Capitol Building 72
– Town Lake 74, 78, 80
– Universität 13, 36, 190
– Warehouse District 77
– Zilker Park & Barton Springs Pool 74, 79
Austin County 29
Autofahren/Verkehrsregeln 250 ff.
Automiete 252

Badenthal-Farm 91
Bandera 98, 99, 103, 106
Barbecue 59, 94, 170, *256*
Barnhart 25
Barrier Islands 146
Basin Junction 200
Bay City 144
Beaumont 17, 24, 36, 156, 157, **158 ff.**, 162
– Chili cookoff 159 f.
– County Fair Grounds 159
– Gladys City 157, 158 f., 161
– McFaddin-Ward House 161
– Spindletop Boomtown 121, 158 f., 161

Benbrook Lake 41
Bergheim 90
Big Bend National Park 21, 24, **194–211**, 214
Big Bend Ranch State Park 221
Big Thicket National Preserve 17, 24, 27, **162 ff.**, 167
Black-tailed jackrabbit (Wüstenkaninchen) 199
Bluebonnets 41, 83, 86, 162, 187
Blumenthal 83
Boerne 33, 90, 91, 94
Bolivar-Halbinsel 157
Boquillas Canyon 198, 209, 211
Boquillas del Carmen (Mex.) 209, 211
Borger 241
Brackettville 21, 184, 186, 188, 192
Brazoria 144
Brazos River 30, 41, 71
Brownsville 32, 39, 151, 191
Brush Country 17, 169 f.
Buffalo Bayou 30, 121
Büffel 41, 90, 197
Burro Mesa 207
Butterfield Overland Mail Route 228, 234

Cadillac Ranch 21, 240, 244 f., 246
Candelilla (Wachspflanze) 200
Canyon 241, 245
– Panhandle Plains Historical Museum 21, 241, 245, 246 f.
Canyon Lake 82, 86
Carlsbad, NM 220, 221, 222, 223, 224
Carlsbad Caverns, NM 24, 212
Carlsbad Caverns National Park, NM 21, 220, 221
Carrizo Springs 184
Casa Grande 199
Cascade Caverns 90
Castolon 203, 205, 206, 211
Cat Springs 29
Catarina 184
Chalk Mountain 25
Cheyenne, WY 189

Orts- und Sachregister

Chicago, IL 189
Chihuahua (Mex.) 216
Chihuahua Trail 216, 228
Chihuahua-Wüste (Mex.) 21, 190, 198, 213, 237
Chili cookoff 159 f., 201, 203
Chisholm Trail 42 f., 189
Chisos Mountain Basin 200, 203, 207
Chisos Mountains 198, 199, 200, 202, 207 f.
Ciudad Acuña (Mex.) 184, 186, 191, 193
– Avenida Hidalgo 191
– Plaza 191
Ciudad Juárez (Mex.) 17, 19, 38, 191, 229, 234, **235 f., 238**
– Avenida Juárez 236, 238
– El Mercado 236, 238
– Mission de Nuestra Señora de Guadalupe 236, 238
– Plaza 236
Claude 247
Cleburne 25
Clinton 25
– Route-66-Museum 25
Cloudcroft 222, 224
Coahuila 28
Coastal Plains 91
Coleman 25
Colorado Canyon 211
Colorado River 71, 73, 74
Comal River 84, 85, 87
Comstock 26, 195, 202
Copano Bay 146
Corpus Christi 16, 17, 23, 24, 75, 144, 145, 147, **148–152**, 154 f., 169, 170, 188
– Art Museum of South Texas 150, 154
– Harbor Bridge 148
– Heritage Park 149, 150, 154
– Ocean Drive 149
– Water Street Market 149
Corpus Christi Bay 149
Corsicana 17
Country & Western Music 11, 13, 74 ff., 91, 158
Crane 25
Cross Plains 25
Crystal Beach 156, 157 f.

Dallas 9, 11, 13, 23, 24, 39, 41, 46, 47, **54–69**, 70, 104, 105, 120, 255
– Adolphus Hotel 59, 64

– Arts District 62
– Carrollton 60
– Dallas City Hall 66
– Dallas County Historical Plaza 65
– Dallas Museum of Art 55, 63, 65
– Dallas Theater Center 66
– Deep Ellum 63, 69
– Farmers Market 55, 63, 67
– Founder's Plaza 65
– Greenville Avenue 63
– Hall of State 55
– Highland Park 60, 63, 67
– Kalita Humphreys Theater vgl. Dallas Theater Center
– Kennedy Memorial Plaza 65
– Lake Carolyn 58
– Las Colinas 58
– Love Field (Airport) 23
– Magnolia Petroleum Building 59
– Majestic Theater 59
– McKinney Avenue 54, 62
– Morton H. Meyerson Symphony Center 66
– Museum of Natural History 55
– Old City Park 67
– Old Red Courthouse 64
– Plano 60
– Plaza of the Americas 61, 62
– Reunion Tower/Hyatt Regency 65
– Reunion-Komplex 54, 62
– Richardson 60
– State Fair Park 55
– Thanks-Giving Square 61
– The Crescent 62
– The Sixth Floor Museum 54, 61, 65
– Union Station 62, 65
– West End 55, 63
– Women's Museum 55, 60
Dallas/Fort Worth Internationalnal Airport 13, 23, 24, 25, 60, *249*
Davis Mountains 212
Davis Mountains State Park 213
De Leon 25
Del Rio 21, 24, 184, 185, 186, 190 f. 192 f., 194, 195, 202
Delaware Mountains 219
Denison 38
Denver, CO 189
Deutschland 33

Deutschsprachige Institutionen 255
Devils River 194
Dinosaur Valley State Park 25
Dodge City, KS 189
Dog Canyon 223
Dryden 197
Dublin 25

Eagle Mountain Lake 41
Eagle Pass 184
Edwards Plateau 91
El Capitan 220
El Paso 20 f., 23, 24, 26, 27, 37, 191, 222, 223, 229, 232 f., **234–239**, 255
– Civic Center Plaza 235, 238
– El Paso County Coliseum 233
– El Paso Museum of Art 235, 238
– Magoffin Homestead 238
– San Elizario Presidio vgl. San Elizario
– Santa Fe Bridge 238
– Santa Fe Street 234, 238
– Socorro Mission vgl. Socorro
– Tigua Indian Reservation 234, 236, 238 f.
– Ysleta 234, 239
– Ysleta Mission 236 f., 239
Elk 224
Elkins Ranch 247
Enchanted Rock State Park 90
Erdöl 17, 36, 38, 44, 121, 158 f., 247

Falcon Lake 178, 179
Falcon State Park 179, 182
Feiertage 252
Figure 3 Ranch 247
Flying L Guest Ranch 99
Fort Bliss 37
Fort Davis 212, 213
Fort Davis National Historic Site 213
Fort Seldon 227
Fort St. Louis 27
Fort Worth 11, 13, 23, 25, 37, 39, **40–53**, 54, 55, 104, 105, 187, 255
– Amon Carter Museum of Western Art 46 f., 49, 50
– Bass Performance Hall 47, 50 f.
– Billy Bob's Texas 45, 49, 50

263

Orts- und Sachregister

- Coliseum 44, 49
- Convention Center 47
- Cultural District 46, 49
- Fort Worth Nature Center and Refuge 41
- Kimbell Art Museum 41, 46, 49, 50
- Livestock Exchange Building 41, 43, 49
- Main Street 43
- Modern Art Museum 49, 50
- Sid Richardson Collection of Western Art 50
- Stock Yards Station 45 f.
- Stockyards 44 f., 49, 50
- Stockyards Historic District 41
- Sundance Square 41, 47, 49
- Trinity Park 48, 49
- Water Gardens 47, 49, 50
Franklin Mountains 229
Fredericksburg 11, 32, **90–97**, 98, 99, 106
- Admiral Nimitz Museum and Historical Center 99, 106
- Country Court House 98
- Japanischer Friedensgarten 99 f.
- Marienkirche 100
- Pioneer Museum Komplex 98, 99, 106
- Sunday Houses 94
- Vereins Kirche 94, 98, 99
Freeport 144, 146
Fritch 241
- Alibates Flint Quarries National Monument 241
Fulton 144, 147, 153
- Fulton Mansion 145, 147, 153

Galveston 15, 16, 23, 24, 32, 34, 35, 36, 121, 128, 131, **134–137**, 140 ff., 144, 146, 156, 157
- 1894 Grand Opera House 142
- Ashton Villa 136, 142
- Bishop's Palace 137
- Broadway 137
- East Beach/R. A. Apffel Beach Park 137, 141
- Moody Gardens 134, 142
- Moody Mansion and Museum 137, 142
- Seawall 136, 144, 157
- Strand District 137
- The Strand 135

Galveston Bay 134
Galveston Island 27, 134
Garcia Santa Berta Ranch 171
Garcitas Creek 27
Geld 252 f.
Glen Rose 25
Golf von Mexiko 10, 22, 23, 26, 27, 136, 147 ff., 172 f., 177
Goliad 28, 29
Goodnight-Loving Trail 189
Granbury 25, 41
- Nutt House Hotel And Dining Room 41
- Town Square 41
Grand Prairie 55
Grapevine 45
Great Plains 11, 21, 26, 37, 165, 189, 191, **240 ff.**
Green Gulch 200, 207
Gruene 82, 86, 88 f.
- General Store 86
- Gruene Hall 86, 89
Guadalupe Hidalgo 32
Guadalupe Mountains 21, 24, 219, 234
Guadalupe Mountains National Park 219 f., 223
Guadalupe Peak 220
Guadalupe River 84, 87, 100

Harlingen 17, 23, 172, 174, 176 ff.
Heidelberg, TX 178
Hidalgo 178
Hidalgo County 178
High Island 157
High Plains 241, 242
Hill Country vgl. Texas Hill Country
Hillsboro 71
Hinweise für Behinderte 253
Hollywood, CA 11, 56
Hope 222, 224
Hot Springs 208 f.
Houston 11, 15 f., 23, 29, 36, 38, 39, 57, 60, 104, 105, **120–134**, **138 ff.**, 249
- Artcar Museum 140
- Astrodome 127
- Bayou Place 125, 127
- Byzantine Fresco Chapel Museum 139
- Children's Museum of Houston 140
- Cockrell Butterfly Center 139

- Contemporary Arts Museum 130, 138
- Cy Twombly Gallery 139
- Deutsche Kolonialkirche 124
- Downtown 120, 121, 124
- The Galleria Shopping Center 131, 140
- Glassell School of Art 130
- Heights 122
- Holocaust-Museum 140
- Houston Hobby (Airport) 23, *249*
- Houston International Airport 23, *249*
- IMAX Theater 139
- Lyric Center 125
- Magnolia 122
- The Menil Collection 130, 139
- Mission Control Center 134
- Montrose 122, 129
- The Museum of Fine Arts 129, 138
- Museum of Health and Medical Science 139
- Museum of Natural Science 139
- NASA Johnson Space Center 16, 131 ff.
- National Museum of Funeral History 140
- Pennzoil Palace 124
- Post Oak District 131
- Post Oak Galleria 128
- River Oaks 122, 131
- Rothko Chapel 130 f.
- Sam Houston Park 124
- South MacGregor 122
- Texas Medical Center 121
- Tranquility Park 124
- Westheimer Road 131
- Wortham Center 125
Houston Ship Channel 121, 136, 157
Hueco Tanks 24, 234
Hueco Tanks State Historical Park 234
Humble 36
Huntsville 162, 163, 166

Industry 29
Intracoastal Waterway 146
Irving 55
Isleta Pueblo, NM 27

J.F. Kennedy Causeway 151
Juárez vgl. Ciudad Juárez
Juárez Mountains 229

Orts- und Sachregister

Känguruhratte 198
Kansas City, KS 189
Karlsbad (Böhmen) 224
Kemah 140
Kennedy Ranch 171
Kerrville 98, 100, 106, 189
– Cowboy Artists of America Museum 98, 100, 106
– Hill Country Museum 100, 106
– Olde Town 100
Kilgore 17
Kinder 253
King Ranch 17, 24, 33, 168, 169, 170 f., 174, 186
Kingsville 169, 171
Klima/Kleidung 253 f.
Konsulate 255
Kountze 162, 167
Ku-Klux-Klan 35, 37
La Gata Ranch 171
La Junta de los Ríos vgl. Presidio
La Réunion 33
Laguna Madre Bay 152, 172
Lajitas 202, 203, 204, 205, 210, 211, 212, 213 f., 217, 221
Lake Amistad 192, 194 f., 202
Lake Buchanan 15
Lake Granbury 41
Lake Livingston 17, 24, 162, 166
Lake Marble Falls 15
Lake McMillan 224
Lake Medina 15
Lake Meredith 241
Lake Sam Rayburn 166
Lake Travis 15, 74, 78
Lake Worth 41
Langtry 21, 194, 196 f., 202
– Judge Roy Bean Visitor Center
Laredo 17, 24, 39, 176, 180 f., 184
– San Agustin Plaza 180
– St. Agustin 180, 182
– St. Agustin Church 182
– St. Mary's University Law School 180
Las Cruces 21, 222, 227, 229, 232
– Masonic Cemetery 227
Lavaca Bay 144, 146
LBJ-Ranch 93
Lehmbaukunst (Adobe) 211, 238
Lincoln National Forest 224

Livingston 162, 163
Llano Estacado vgl. Great Plains
Longhorn-Rinder 33, 35, 41, 46, 55, 90, 98, 170, 188 ff.
Los Mochis (Mex.) 216
Los Olmos Creek 171
Lost Mine Trail 207 f.
Louisiana (Staat) 16, 17, 27, 28
Lubbock 23, 38, 241, 247
Luckenbach 11, 83, 90, 91 f.
– Luckenbach Dance Hall, General Store 97
Lyndon B. Johnson State Historical Park 90

Madroña (Baumart) 223
Marathon 194, 197, 202
– The Gage Hotel 194, 197
Marfa 21, 212, 217 f., 221
– Chinati Foundation 218, 221
– El Paisano Hotel 217 f., 221
Marfa Lights 218
Marsical Canyon 211
Maße und Gewichte 254
Matagorda Bay 27
Matamoros (Mex.) 17, 19, 151, 181, 191
Mayan Dude Ranch 99, 104
Mayhill 224
McAllen 17, 39, 176, 178
McCamey 25
McDonald Observatory 212
McKittrick Canyon 223
McLean 25
Medina 98, 101
Medina River 15, 101
Medizinische Versorgung 254
Meeresschildkröten 17, 173, 175
Mercedes 178
Mesilla 227 ff., 232
– Plaza 229, 232
– San Albino Mission 228
Mesilla-Tal 227
Mexiko 8, 16, 17, 19, 28, 29, 31, 32, 35, 55, 114, 116, 121, 177 f., 181, 188, 191, 199, 209, 235, *250*
Midland 23, 26
Missionen, spanische 11, 28, 113 ff., 119, 234, 236 f., 238 f.
Mississippi, MS 8
Mogollon-Kultur 224
Monahans 25

Mountain Home 98
Mustang 170
Mustang Island 16, 23, 145, 147, 148, 153, 172

NASA 11, 16, 38, 120, 121, 131 ff.
NASA Johnson Space Center vgl. Houston
Natural Bridge Caverns 90
Neches River 163
Neu-Spanien 27
New Braunfels 11, 15, 33, 71, **82–89**, 90, 91, 94
– Conservation Plaza 86
– Faust Hotel 85, 87
– First Protestant Church 85
– John Faust House 85
– Landa Park 82, 85, 89
– Landa-See 89
– Lindheimer Home 85, 87
– Main Plaza 85
– Museum of Texas Handmade Furniture 86, 88
– Prince Solms Inn 84, 85, 87
– River Road 86, 89
– Schlitterbahn 86, 88
– Sophienburg Museum 88
– The Hummel Museum 84, 85, 88
New Mexico (Staat) 21, 26, 32, 199, 200, 227, 228, 232, 237
Niederwald 83
Norias Ranch 171
Notfälle 255
Nueces 34
Nueces River 17, 32, 188
Nueces Valley 190
Nuevo Laredo (Mex.) 17, 24, 180 f., 182
– El Mercado 181, 182
– Guerrero 181
– International Bridge 183

Oakhurst 162
Ocotillo-Sträucher 195, 215
Odessa 23, 25
Öffentliche Verkehrsmittel 255
Ojinaga (Mex.) 216
Oklahoma (Staat) 189
Oklahoma City, OK 25
– Cowboy Hall of Fame 25
Old Santa Elena Maverick Road 205
Onion Creek 79
Orange 159
Organ Pipe Mountains 227

Orts- und Sachregister

Padre Island 31, 151 f.
Padre Island National Seashore 195, 215
Palacios 144, 146
Palo Duro Canyon 21, 247
Palo Duro Canyon State Park 241, 245, 247
Panhandle 11, 21, 23, 25, **240–248**
Panhandle Plains Historical Museum vgl. Canyon
Panther Junction 202
Panther Pass 207
Parker 55
Pecos 24 f.
Pecos High Bridge 194, 195
Pecos River 224
Phelps 162
Piedras Negras (Mex.) 184 f.
Pine Springs 223
Pioneer 25
Plains 165, 189, 199
Port Aransas 145, 153 f.
Port Arthur 159
Port Bolivar 156
Port Isabel 169, 172, 174
– Lighthouse 172, 174
Port Mansfield 172
Post 255
Prairie Dog Town Arm 247
Prairie dog (Erdhörnchen) 21, 41
Presidio 24, 212, 214, 215 f., 221
Prohibition 18, 37, 215, *257*
Punta del Monte Ranch 171

Queen Isabella Causeway 169, 172
Quemado 185

Rankin 25
Red River 9, 35, 245, 247
Reservierungen 255 *f.*
Restaurants/Essen und Trinken 256 *f.*
Reynosa (Mex.) 17, 176, 178, 181, 182
Rheingold 83
Rio Grande 12, 17, 18, 20, 24, 26, 27, 29, 32, 114, 116, 176 ff., 191, 195, 196, 206, 208 f., 214, 215, 216, 228, 235, 237
Rio Grande City 178
Rio Grande Valley 17, 23, 24, 176 ff., 206
Rio Grande Village 203, 208, 211

Rio Pecos 12, 21
Rio Penasco 224
Río Bravo del Norte (mexikan.) vgl. Rio Grande
Río Conchos 199, 206, 215, 216
River Road 170, 214 f.
Rock art 26, 234, 241
Rockport 147
Rocky Mountains 20, 229
Rodeo 36, 44, 53, 55, 69, 109, 127, 168, 233
Roma 176, 178, 182
Ross Maxwell Drive 207
Route 66 21, 23, 25, 246

Sabine Pass 34
Sabine River 17
Sacramento Mountains 224, 225
Salado 70, 71, 78
– Stagecoach Inn 71, 78
Salado Creek 71
Salt Flat Basin 219
Sam Houston National Forest 166
San Andres Mountains 225
San Angelo 25
San Antonio 9, 15, 23, 24, 26, 28, 29, 33, 34, 35, 37, 38, 60, 98, **104–119**, 181, 184, 186, 189, *255*
– Alamo 111, 118, 184
– Alamodome 105
– El Mercado/Market Square 111, 118
– Farmers Market 111
– Fiesta Texas 105
– Hemisfair Plaza 105
– Hyatt Regency Hill Country Resort 99
– Institute of Texan Cultures 111, 112, 118, 186
– King William District 35, 109, 111, 112, 186
– La Villita 119
– Majestic Theater 118
– Marion Koogler McNay Art Museum 113, 118, 186
– Menger Hotel 189
– Mission Concepción 115, 119
– Mission San Francisco de la Espada 115, 119
– Mission San José 109, 115, 119
– Mission San Juan Capistrano 115, 119
– Mission Trail 113 f.

– River Walk 15, 104, 117, 119
– Rivercenter Mall 119
– San Antonio de Valero 111, 118
– San Antonio Museum of Art 113, 118, 186
– Sea World San Antonio 105, 119
– Spanischer Aquädukt 115, 119
– Spanish Governor's Palace 111, 118
– Steves Homestead 118
– Tower Life Building 117
San Antonio River 109, 115
San Elizario 234, 239
– San Elizario Presidio 237, 239
San Felipe de Austin 28
San Felipe Springs 190
San Jacinto 30, 31
San Jacinto River 30
Sanderson 197
Santa Elena (Mex.) 205, 206 f., 209, 211
Santa Elena Canyon 205, 211
Santa Elena Junction 207
Santa Gertrudis Creek 171
Sauer-Beckmann-Farm 93
Scharbauer Ranch 26
Schulenburg 83
Seminole Canyon 26
Seminole Canyon State Historical Park 26
Sezessionskrieg 18, 34, 35, 37, 42, 105, 158, 164, 189, 229
Shafter 21, 212, 216 f.
Shamrock 25
Ship Channel vgl. Houston Ship Channel
Shreveport 17
Sicherheitshinweise 257 *f.*
Sierra del Carmen 198, 209
Sierra Diablo 219
Sierra Madre 20 f., 229
Sipe Springs 25
Sipe Springs County 25
Sisterdale 90, 91
Sisterdale Valley Historic District 91
Six Flags Over Texas 55, 56
Socorro 234, 237, 239
– Socorro Mission 237, 239
Sotol Vista Overlook 207
South Fork Ranch 39, 55
South Grape Creek 90

Orts- und Sachregister

South Padre Island 17, 24, 146, 169, 172 f., 174 f., 176
South Rim 199
Spadefoot toad (Krötenart) 198
Spanien 55, 109
Spindletop vgl. Beaumont
Sprachtipps 258 f.
Staked Plain vgl. Great Plains
Steinhagen 163
Stephenville 25
Stonewall 38
Study Butte 194, 200, 202, 205, 209, 210, 211, 212, 213
Sullivan 178
Surfside 144, 146

T-Anchor-Ranch 245
Tall Mountain 199
Telefonieren 259
Terlingua 160, 200 f., 202 f., 205, 210, 211
– La Kiva 201, 203, 210
– Starlight Theater 200, 203
– The Barton Warnock Environmental Education Center 221
– Villa de la Mina 201
Terlingua Creek 203, 205, 211
Tex-Mex 17, 116, 176, 180, 257
Texarkana 35

Texas Hill Country 14, 23, 71, 74, 83, 91, **98–109**
Texas Hill Country Trail 186
Texas Plains Trail 241
Thomas Ranch 171
Tivoli 146
Tornillo Creek 208
Trans-Pecos-Gebiet 21, 24, 195, 213
Travis Lake 78
Trinity River 42, 163
Trinity Site 227
Trinkgeld 259 f.
Tularosa Valley 224
Tumbleweed (Strauchart) 217
Turkey Creek Plant 241
Tusculum 33, 91
Twin Points Beach 41

Unterkunft 260
Utopia 15
Uvalde 186

Val Verde 190
Val Verde Winery 190
Valentine 212, 219
Van Horn 21, 212, 219, 223
Verkehrsregeln vgl. Autofahren

Waco 36, 71
Washington, D.C. 72
Waterloo 71

Waterwood National Resort 162
Weimar 83
West 71
Western art 44, 50, 101
Western Trail 189
Western wear 42, 50, 55, 235
White Sands 21, 24, 224, 225
White Sands National Monument **222–233**
White's City, NM 24, 212, 220, 221, 222, 223
Whooping crane (Schreikranich) 146
Wichita County 44
Window View Trail
Woodlands, The 17, 24, 162, 166, 167
Woodville 162, 165 f.
Woodward Agate Ranch 213

Y. O. Ranch 98, 189
Ysleta del Sur (vgl. auch El Paso, Ysleta) 27
Yturria Ranch 171

Zacate Creek 180
Zapata 176, 179
Zeitzonen 260
Zoll 260 f.

Namenregister

African-Americans 8, 36, 60, 124, 177, 213
Alabama-Indianer 17, 27, 28, 163 f., 166
Allan, Brüder 121
Altgeld, Ernst Hermann 35
Apachen 24, 115, 181, 199, 213, 224, 227, 234, 237, 239
Attacapas 26, 31, 163
Aubry, Eugène 139
Austin, Stephen F. 14, 28, 29, 71, 74, 180
Autry, Gene 48, 76

Balli, Padre Nicholas 151
Barnstone, Howard 139
Bass, Gebrüder 47
Bean, Roy 12, 21, 194, 196 f.
Beauvoir, Simone de 111
Bierstadt, Albert 50
Billy the Kid 12, 227
Bingham, George Caleb 50
Bird Johnson, Lady 87, 97
Blind Lemon Jefferson
Bonnie und Clyde 17, 59
Börne, Ludwig 31, 91
Bowie, Jim 29
Brancusi, Constantin 138
Brando, Marlon 178
Braque, Georges 138
Breughel, Familie 138
Bryan, John Neely 65
Büchner, Georg 31, 91
Burgee, John 62
Busch, Adolphus 59
Bush, George 39
Bush, George W. 39

Caddo-Indianer 26, 27, 33, 163
Cajuns 11, 68, 158
Callas, Maria 62
Carter, Amon 46, 49, 50
Caruso, Enrico 44
Cassidy, Butch 44
Catlin, George 50
Cézanne, Paul 119, 138
Chamberlain, John 221
Charles, Ray 142
Chavez, Cesar 19
Cherokees 31, 32
Chinesen 191
Chirico, Giorgio de 139
Chisholm, Jesse 32, 48
Cicero 91
Clements, Bill 39
Coahuiltecans 26, 115
Columbus, Christoph 188

Comanchen 26, 32, 35, 42, 115, 181, 199, 237, 245
Comancheros 245
Connally, John 8
Cook, W. D. 60
Coronado, Francisco Vásquez de 27, 188, 245
Cortez, Hernando 188
Coushattas 17, 27, 28, 164, 166
Crockett, David 29
Crouch, Hondo 91 f.

Dalai Lama 131
Davidianer 71
Davis, Jefferson 190
Dean, James 218, 221
Delawares 32
Demuth, Charles 50
Deutsche 11, 14, 31, 32, 33, 34, 83–86, 91, 93 f., 114, 137
Dubuffet, Jean 124
Dufy, Raoul 119

Earp, Wyatt 12
Eisenhower, Dwight D., General 38
Engel, Ben 91
Engel, Minna 91
Ernst, Friedrich 29
Ernst, Max 139
Ewing, J. R. vgl. Hagman, Larry

Fallersleben, Hoffmann von 11, 31, 90, 91
Faust, Walter 85
Fender, Freddy 76
Ferguson, James E. 37
Fourier, Charles 33
Franziskaner 26, 114 f.
Franzosen 27, 28, 33
Fuentes, Carlos 86, 235

Garrett, Pat 227
Gatlin, Larry 76
Gauguin, Paul 119, 138
Gogh, Vincent van 119
Goodnight, Charles 242, 245
Granger, General 35
Greco, El 119
Griffith, Nancy 75
Grüne, Antoinette 86
Grüne, Ernst 86

Haas, Richard 43
Hagman, Larry 12, 39, 63
Hals, Frans 138

Hardin, John Wesley 12
Heine, Heinrich 31, 91
Henderson, J. P. 32
Hepworth, Barbara 124
Hidalgo, Pater Miguel 28
Hill, Lon C. 176
Hilton, Conrad 64
Hispanics 8, 11, 18, 20, 60, 85, 94, 117, 124, 177, 181, 229, 234
Holly, Buddy 38, 76
Homer, Winslow 50, 138
Hoover, Herbert 233
Houston, Sam 30, 32, 34, 42, 111, 166
Hudson, Rock 218, 221
Hummel, Schwester Maria Innocentia 88
Hunt, Familie 8, 47, 56, 62
Hunt, H. L. 56

Indianer 26 f., 32, 33, 35, 191, 199 f., 213, 225, 229, 237

Jagger, Mick 209
James, Jesse 107
Jennings, Waylon 13, 76, 91, 92
Johnson, Lyndon B. 8, 38, 90, 93, 187, 233
Johnson, Philip 47, 50, 61, 62, 65, 121, 124, 154
Joplin, Janis 75
Joplin, Scott 35
Judd, Donald 218, 221
Judge Roy Bean vgl. Bean, Roy

Kahn, Louis 46, 50
Kammlah, Heinrich 106
Karankawas 26, 27, 31, 151
Kennedy, John F. 12, 38, 59, 61, 65, 154
Kimbell, Kay 50
King, Martin Luther 139
King, Richard 33, 170 f.
Kiowas 26, 32
Kleberg, Familie 29, 171
Kleberg, Robert 171
Klein, Betty 93
Koock, Guich 92
Koogler McNay, Marion 118
Kristofferson, Kris 76

La Salle, René Robert, Sieur de 27
Lafitte, Jean 153
Lamar, Mirabeau B. 31

268

Namenregister

Landergrin, John 246
Langford, Herr 209
Langtry, Lillie 196
LBJ vgl. Johnson, Lyndon B.
Liebermann, Max 66
Lincoln, Abraham 34
Lindbergh, Charles 233
Lindheimer, Ferdinand 33, 85, 87
Loetscher, Ila 173, 175
Lohse, Richard Paul 221
Lopez, Trini 76
Lord, Chip 244
Ludwig, Peter 244

Magoffin, J. W. 238
Magritte, René 139
Malliol, Aristide 130
Marcus, Stanley 56
Marquez, Hudson 244
Marsh 3, Stanley 244, 246
Matisse, Henri 130
May, Karl 11
Menil, Dominique de 130
Menil, John de 130
Menil, Familie 130
Mescalero-Apachen 224, 234
Mestizen 170
Meusebach, Ottfried Hans von 32, 95 f.
Mexikaner 17, 18, 20, 28–31, 108, 111, 170, 178, 181, 188, 191, 207, 217, 225, 245
Michels, Doug 244
Midland Minnie 26
Mies van der Rohe, Ludwig 129
Miller, Steve 75
Miró, Joan 124
Mitchell, George 166
Mix, Tom 48
Moneo, Rafael 138
Monet, Claude 138
Moore, Emily 214
Moore, Henry 66, 124
Moran, Thomas 50
Morgan, Kathy 91, 92
Moscoso, Luis de 27

Nelson, Willie 13, 23, 38, 76, 92, 117, 215
Newman, Barnett 139

Ney, Elisabeth 79
Nicklaus, Jack 78
Nimitz, Admiral 38, 99, 100
Nimitz, Karl 99
Noguchi, Isamu 130

O'Keeffe, Georgia 50, 138
Oldenburg, Claes 124, 218, 221
Olmsted, Frederick Law 71, 72
Oñate, Juan de 237, 239
Oswald, Lee Harvey 61, 65

Peale, Charles Willson 138
Pei, Ieoh Ming 66
Pellis, Cesar 121
Perot, Ross 57, 66
Pershing, General 37
Piano, Renzo 130, 139
Picasso, Pablo 119, 138
Piñeda, Alonso Alvarez de 27
Piro-Indianer 239
Pollock, Jackson 50
Ponce de Léon, Juan 209
Postl, Karl Anton 11, 31
Presley, Elvis 44
Pueblo-Indianer 26, 199, 227, 236, 241

Quinn, Freddy 190

Remington, Frederic 50, 101, 106, 138
Renoir, Auguste 138
Richardson, Sid 49, 50
Rivera, Diego 119
Rodin, Auguste 130
Roeder, von, Familie 29
Rogers, Kenny 76, 188
Rogers, Will 48, 222
Ronstadt, Linda 117
Rothko, Mark 130 f.
Ruby, Jack 61
Russell, Charles M. 50, 101, 106
Russell, D. A. 221

Sahm, Doug 76
Sánchez, Tomás de la Barrera y Gallardo 180
Santa Ana, General 29, 30, 111

Santleben, August 215
Schmidt, Dr. Charles 92 f.
Schmidt, Loretta 93
Schreiner, Charles 106
Schreiner, Charles III. 189
Schreiner, Familie 98
Schwarzenegger, Arnold 23
Sealsfield, Charles 31
Shaw, Jim 32
Sierra, Joe 160, 161
Sisley, Alfred 138
Solms-Braunfels, Carl Prinz zu 31 f., 83
Soto, Hernando de 27
Spanier 27, 28, 114, 149, 170, 199, 227, 234, 236, 237
Steinbeck, John 242
Stella, Frank 50, 130
Stetson, John B. 35
Stifter, Adalbert 164
Sundance Kid 44

Taylor, Elisabeth 218, 221
Tejas 27, 144
Tiguas 27, 234, 236, 237
Tonkawas 26, 33
Toulouse-Lautrec, Henri de 119
Travis, William Barret 29
Trost Henry 221
Tubb, Ernest 76
Tucker, Tanya 76

Vaca, Cabeza de 27
Villa, Pancho 37, 206, 214, 233
Vlaminck, Maurice de 138

Walker, Jerry Jeff 92
Warhol, Andy 50
Warnock, Prof. 213
Wayne, John 190, 192
West Texas Cave Dwellers 26
White, Edward H. 38
White, Familie 220
White, Jim 220
Wilhelm I., König von Preußen 112
Willis, Bruce 65
Wills, Bob 76
Wimar, Carl 50
Wright, Frank Lloyd 66, 83

269

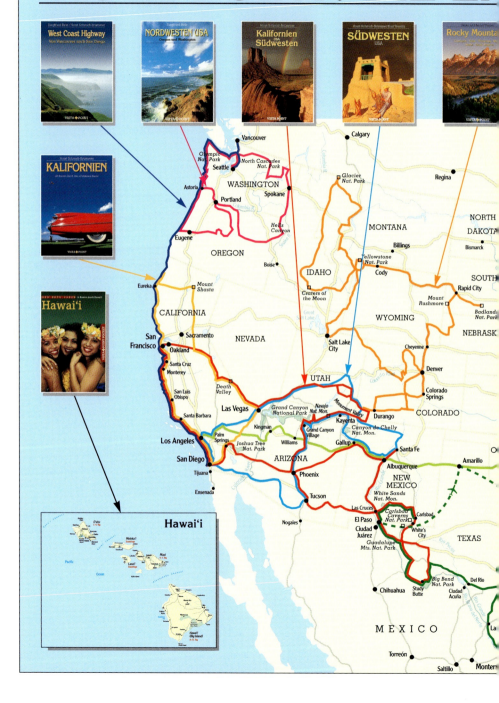

ECKUNG AMERIKAS

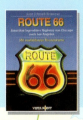
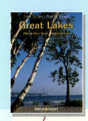

Bildnachweis und Impressum

Adolphus Hotel, Dallas: S. 59
Big Bend National History Association: S. 211
Frieder Blickle, Hamburg: S. 6/7, 243
Corpus Christi Convention & Visitors Bureau: S. 152
Dallas Convention & Visitors Bureau: S. 11 o., 63, 70, 127
Hauke Dressler/LOOK, München: S. 12, 57, 226/227, 228/229, 242, 248
Galveston Convention & Visitors Bureau: S. 143
Peter Ginter, Köln: S. 17, 112 u., 133, 150/151, 196, 199, 209, 223, 224/225, 239
Christian Heeb/LOOK, München: Haupttitel (S. 2/3), S. 8, 14 u., 15, 45 u., 47, 75, 76, 81, 92, 94, 100, 102, 105, 113 o., 130, 132, 134, 167, 170, 178 u., 184, 185 u., 190, 195, 197, 202, 203, 206, 217, 230/231
Greater Houston Convention & Visitors Bureau: S. 121, 122/123, 125
Institute of Texan Cultures, San Antonio: S. 35 u., 37, 39 o.
Kimbell Art Museum, Fort Worth: S. 46
King Ranch, Kingsville: S. 174
Library of Congress, Washington, D.C.: S. 26
El Paso Convention & Visitors Bureau: S. 230 o., 235 u., 236 u., 237
The Rothko Chapel, Houston: S. 131
San Antonio Conservation Society: S. 36
San Antonio Convention & Visitors Bureau: S. 10/11, 25, 117, 257
Horst Schmidt-Brümmer, Köln: S. 13, 42 o., 44, 45 o., 53, 56, 58, 62, 72, 73, 77, 80, 83, 86, 95, 96, 99, 103 o., 104, 111, 113 u., 114/115, 116, 146, 148/149, 160, 161, 163, 175, 185 o., 187, 188, 208, 215, 219, 232, 233, 235 o., 236 o.
Texas Department of Commerce/Tourism Division, Austin: Titelbild, S. 14 o., 16, 18/19, 22, 42/43, 55, 61, 69, 84, 85, 88, 89, 100/101, 112 o., 135, 136, 138, 155, 157, 158, 164, 165, 171, 172, 173, 178 o., 179, 180, 181, 183, 201, 214, 218, 244, 251, Umschlagrückseite
Texas State Library, Archives Division, Austin: S. 31, 35 o.
Wolfgang R. Weber, Darmstadt: S. 205, 207

Alle übrigen Abbildungen stammen aus dem Archiv des Autors.

Titelbild: Cookout auf einer Dude Ranch im Hill Country. Foto: Texas Department of Commerce/Tourism Division, Austin
Vordere Umschlagklappe (innen): Übersichtskarte von Texas mit den eingezeichneten Routenvorschlägen
Haupttitel (S. 2/3): Kaktus, Cowboy und Windrad. Foto: Christian Heeb/LOOK, München

Konzeption, Layout und Gestaltung dieser Publikation bilden eine Einheit, die eigens für die Buchreihe der **Vista Point Reiseführer** entwickelt wurde. Sie unterliegt dem Schutz geistigen Eigentums und darf weder kopiert noch nachgeahmt werden.

© 2001 Vista Point Verlag, Köln
Alle Rechte vorbehalten
Reihenkonzeption: Horst Schmidt-Brümmer, Andreas Schulz
Lektorat: Britta Körber, Kristina Linke
Layout und Herstellung: Kerstin Hülsebusch, Sandra Penno-Vesper
Reproduktionen: Litho-Köcher, Köln
Kartographie: Berndtson & Berndtson Productions GmbH, Fürstenfeldbruck
Gedruckt auf chlorfrei gebleichtem Papier

Printed in Spain

ISBN 3-88973-219-4